Mut zum Psychodrama

Eva Leveton

Mut zum Psychodrama

iskopress

Die Deutsche Bibliothek – CIP-Einheitsaufnahme

Leveton, Eva:
Mut zum Psychodrama / Eva Leveton. [Aus dem Amerikan. übers.
von Karl-Rudolf Höhn]. - 4. Aufl. – Salzhausen: iskopress, 2000

Einheitssacht.: A Clinician's Guide to Psychodrama <dt.>
ISBN 3-89403-426-2

4. Auflage 2000

Copyright © bei iskopress 1996

Satz und Layout: Alrun Kerksiek
Umschlaggestaltung: Mathias Hütter, Schwäbisch Gmünd
Illustrationen: Arlene Goldbard
Druck: Runge, Cloppenburg

Für meinen Mann Alan,
für seine geduldige und konstruktive Hilfe,
und für meine Kinder, Sasha und Julian.

Inhalt

Vorwort

Als Jacob Moreno zu Beginn dieses Jahrhunderts das Psychodrama entwickelte, hätte er niemals voraussehen können, wie sehr seine „Technik" die Psychotherapie verändern würde. Psychodrama war maßgeblich daran beteiligt, daß in den fünfziger und sechziger Jahren die dritte Kraft der Psychotherapie entstehen konnte. Wenn amerikanische Psychiater und Psychologen ein Psychodrama gesehen hatten, wußten sie, daß alles möglich war. Und bald schon zeigten sich diese Möglichkeiten: in der Gestalttherapie, der Encounterbewegung, in der Transaktionsanalyse, der Primärtherapie, in der Familientherapie, der Gruppentherapie und in der Kunsttherapie. Das Psychodrama gab einen so starken Impuls, daß fast alle therapeutischen Verfahren davon beeinflußt wurden.

Heutzutage wird Psychodrama überall praktiziert. In jeder amerikanischen Klinik wird man jemanden beim Rollenspiel beobachten können. Man findet Psychodrama in der kognitiven Verhaltenstherapie, in der Drogentherapie, in der Dramatherapie, im Training von sozialen Skills, in Streß-Management-Seminaren und in den sozialwissenschaftlichen Fächern der High School. Psychodrama ist Teil unserer Kultur geworden: Man kann das Motiv des Doppelgängers und die Umkehr von Rollen in Filmen sehen, in Fernsehshows, in Komödien und bei Computerspielen. Psychodrama ist derart in unser Leben integriert, daß wir es oft schon gar nicht mehr wahrnehmen.

Ja, es stimmt, Psychodrama ist *alt*. Früher mußte das Psychodrama um seine Anerkennung kämpfen. Heute geht es darum, seine spezifischen Techniken einem breiteren Kreis von Therapeuten vorzustellen und auf seine Anwendungsmöglichkeiten hinzuweisen. Dies leistet Eva Levetons anregendes Buch.

Eva Levetons Perspektive ist nicht ausschließlich durch den Erfinder des Psychodrama inspiriert. Sie ist keine dogmatische Moreno-Schülerin. So wie die Zeiten rebellisch waren, in denen ihre Ausbildung begann, so rebelliert Eva gegen Etiketten, gegen Stereotype, gegen einengende Modelle. Angezogen von Visionären wie Perls, Erickson und Moreno, entwickelt sie ihren ganz persönlichen Stil. Ihre Skepsis, die sie ursprünglich zum Psychodrama führte, zeigt sich heute in ihrer kritischen Haltung gegenüber Nutzen, Risiken und Konventionen dieser Methode. Sie rebelliert jedoch nicht gegen ihre Rolle als Therapeutin, gegen die Notwendigkeit, sich hervorragende klinische Fertigkeiten anzueignen oder sich für ihre Klienten zu engagieren. Deshalb ist dies nicht nur ein Buch über das Psychodrama und für den angehenden „Psychodramatiker", sondern es demonstriert auch, was es heißt, eine sehr gute Therapeutin zu sein. Und vor allem aus dieser Perspektive spricht sie zu uns.

Aus diesem Grunde wird dieses Buch auch weiterhin gebraucht. Es ist erfrischend, lebendig, detailliert und praxisorientiert und zugleich persönlich und witzig. Evas unabhängige Einstellung spricht aus jeder Zeile; sie führt einen ständigen Dialog mit sich selbst: sie stellt Fragen, macht sich Mut oder verzeiht sich schreckliche Fehler, die man für brillante therapeutische Interventionen halten könnte. Das ist sehr fesselnd. Vielleicht wird es Ihnen so gehen wie mir, daß Sie sich plötzlich laut mit ihr, ihren Klienten und mit all den Mitspielern unterhalten. Wenn Ihre Familie nicht ungewöhnlich tolerant ist, so sollten Sie dieses Buch lieber im stillen Kämmerlein lesen!

Eva liebt Widersprüche: Freiheit entdecken, indem man dem Therapeuten die Führung überläßt, in der Verwirrung die Wahrheit finden oder durch Trance munter werden. Ist es nicht witzig, daß man sich durch Rollenspiel von einengenden, starren Rollen befreien kann? In diesem Tanz der Ideen, in dieser Hingabe an die innere Bewegung zeigt Eva eine persönliche Vision, die weit über das Psychodrama hinausgeht, nämlich ihre Leidenschaft für Spontaneität und Spiel.

Der Lärm der frühen Tage ist verstummt. Moreno ist tot. In Evas Buch finden wir kein Vermächtnis und keine Gedenkfeier für den Meister, sondern fundierten therapeutischen Rat, spielerischen Elan und die Ermutigung, etwas Bewährtes auszuprobieren, um uns selbst als Therapeuten zu erneuern. Auf mich wirkte dieses Buch befreiend.

David Read Johnson, PH. D.
Yale University School of Medicine

Prolog

Als ich mit meiner ersten Psychodrama-Gruppe anfing, war ich nicht nur unsicher, sondern auch reichlich skeptisch – und beides aus gutem Grund. Ich war in Morenos hochspezialisierten Psychodrama-Techniken nicht ausgebildet und aufgrund meiner mißtrauischen Natur geneigt, solche Techniken als „Spielereien" abzutun. Ich zweifelte, ob ich ein Psychodrama anleiten könnte und ob ich es überhaupt wollte, selbst wenn ich es könnte. So war es mir bislang immer gegangen. Und wie so oft in meinem Leben – und so typisch für mich – suchte ich mir wieder meinen eigenen Weg; viele mühsame Anläufe brachten mich zwar ins Stolpern, doch die Neugier und die Faszination des Lernens gaben mir immer neuen Schwung.

In San Francisco begannen damals – Anfang der sechziger Jahre – die Aktivitäten jener Bilderstürmer, die so entscheidend zur Revolutionierung der Psychotherapie beitragen sollten, erste Kreise zu ziehen. Familientherapeuten wurden am Mental Research Institute in Palo Alto ausgebildet. Die jungen Studenten drängten sich in Eric Bernes Seminare; in Scharen liefen wir zu einem gewissen Fritz Perls, der Gestalttechniken vorführte. Verunsichert und zugleich fasziniert hörten wir von Tanz, Kunst und Körpererfahrung als Therapieformen – Worte, die uns wie der heiße Dampf aus den Quellen von Esalen zu überströmen schienen. Es war eine Zeit des Experimentierens; eine Zeit, in der viele lernten und wenige sich als Experten qualifizierten.

Als eines der größten ambulanten Behandlungszentren in San Francisco eine Psychodrama-Gruppe einrichten, aber niemand die Leitung übernehmen wollte, versuchte eine Freundin, mich dazu zu überreden. Sie kannte mich lange genug, um zu wissen, daß ich neben meiner Tätigkeit als Psychologin am U. C. Medical Institute auch am Theater ziemlich aktiv gewesen war – als Schauspielerin, Regisseurin und Schauspiellehrerin. Sie wußte auch, daß ich mehr über Gruppentherapie lernen wollte. Ich hatte Interesse – großes Interesse –, aber auch

Hemmungen. Ich konnte ja soviel lesen wie irgend möglich und konnte nach New York fliegen, um an Morenos Institut einen Schnellkurs zu belegen; andererseits wußte ich, daß mir ein solches Mammutprogramm nicht viel bringen würde. Ich bin kein schneller Lerner. Ich muß anfangen mit dem, was ich schon weiß und kann, mich erst einmal vortasten zur Formulierung von Fragen und Problemen, um mir dann bei anderen Rat zu holen. Ich beschloß, die Gruppe zu übernehmen, falls das Ganze als Experiment, als Lernsituation für mich, definiert würde. Die ersten sechs Wochen wollte ich kostenlos arbeiten und während dieser Zeit versuchen, mit Hilfe meiner Theater-Erfahrung einige Techniken zu entwickeln. Die Institutsleitung war einverstanden.

Ich erinnere mich noch, wie ich auf dem Podium einer großen Turnhalle saß vor ungefähr dreißig Leuten, die fast alle beängstigend angespannt, scheu und verschlossen aussahen. Normalerweise war ich nicht so nervös, wenn ich auf einer Bühne saß und die Beine herunterbaumeln ließ; so hatte ich immer meinen Schauspielunterricht gehalten – wenn ich etwas vormachen mußte, war ich eben aufgesprungen. Dies hier war etwas anderes. Ich sprach ein bißchen über den experimentellen Charakter unseres Vorhabens. Das half; nun wurde wenigstens nicht mehr die „Psychodrama-Leiterin" von mir erwartet. Und dann gab ich Schauspielunterricht für Anfänger – einfache Sinnerfassungsübungen, ganz nach Stanislavsky. Eine Patientin zeigte uns pantomimisch, wie sie ihr Zimmer aufräumt, und eine andere, wie sie Essen kocht. Ich merkte, daß das Darstellen dieser Tätigkeiten die Patienten motivierte; sie waren mit sich zufrieden, weil sie etwas taten. Die Patienten wurden bestärkt von Therapeuten, die sich selbst durch das Konzept der aktiven Darstellung verunsichert fühlten. Wir begannen, die Rückkehr vom Therapiezentrum nach Hause in Pantomimen zu spielen: Treppen steigen, Schlüssel suchen, Mantel irgendwohin werfen, etwas zu trinken holen, sich hinsetzen mit ausdruckslosem Gesicht. Immer wieder dasselbe: entweder war sonst niemand in der Wohnung oder man begegnete sich gehemmt, verkrampft. Als jeder einmal auf der Bühne gewesen war, redeten wir darüber, wie wir uns fühlten. Alle hatten das Gefühl der Einsamkeit und Leere gehabt. Es hatte Tränen gegeben. Jetzt wirkten die Gesichter entspannter. Ich wußte, daß ich beim Psychodrama bleiben würde.

Das Personal des Zentrums unterstützte mich bei der Leitung der auf die Bühnenarbeit folgenden Diskussionen. So konnte ich nicht nur etwas über Gruppentherapie lernen, sondern auch die Wirkungen meiner Techniken überprüfen. Natürlich fing ich an, geradezu gierig zu lesen – Moreno, immer wieder Moreno (in seinem unvergleichlichen Hauptwerk, „Psychodrama", drei Bände, Beacon, N.Y. 1946, revidierte Auflage 1964, hat er wirklich alles gesagt. Uns Nachkömmlingen bleiben nur noch einzelne Aspekte zur detaillierten Ausarbeitung). Daneben las ich Papiere, Aufsätze, Sammelbände, kurz: alles, was mir zugänglich war. Ich besuchte verschiedene Kurse, die von den Morenos selbst bzw. von ihren Schülern (u. a. Dr. Richard Korn, Berkeley, und Bobker ben Ali, Los Angeles) durchgeführt wurden. Und ich ließ mich mitreißen von der Woge expressiver Techniken, die mit neuen Begriffen wie „Encounter" oder Kunst- und Bewegungstherapie operierten.

Ich bin Eklektikerin geblieben. Ich merkte, wie meine Verunsicherung drastisch zunahm, so oft ich „Spezialistin" sein wollte – Psychodrama- oder Encounter-Moderatorin, Kunst- oder Bewegungstherapeutin. Ich wehre mich gegen Etikette. Ich wehre mich gegen die Übernahme fremden Vokabulars. Es ist eine innerliche Auflehnung, die sich nach außen in Verkrampfung und Ängstlichkeit äußert. Ich fühlte mich sicherer, nachdem ich bewußt nur noch versprach, was ich auch halten konnte. Ich konnte versprechen, daß mit Techniken gearbeitet würde, die etwas mit Dramaturgie zu tun haben, und daß dabei psychische Probleme einbezogen würden; „Psychodrama" schien dafür immerhin der nächstliegende Begriff. Einen „klassischen" Ansatz im Sinne Morenos konnte ich nicht versprechen; diesen Punkt versuche ich immer wieder – wie jetzt für Sie, verehrte Leser – klarzustellen.

Dieses Buch ist eine Schilderung meiner Experimente. Seit fast zehn Jahren leite ich in der Woche mindestens zwei Psychodrama-Gruppen für ambulante oder stationäre Patienten, veranstalte Einführungskurse zu meinen psychodramatischen Techniken und arbeite an der Integration dieser Techniken in die reguläre klinische Behandlung von Einzelpersonen, Familien und Gruppen. Ich möchte Ihnen erläutern, welche Techniken mir nützlich erschienen, und Ihnen so umfassend wie möglich meine praktischen Erfahrungen mit diesen Techniken vermitteln: meine Vorbehalte, meine Fragen, meine Probleme. Ich hoffe, es ist mir gelungen, auch mein Verständnis der Funktion eines Gruppenleiters zum Ausdruck zu bringen – als zusätzliche Option für Sie, wenn Sie mit ähnlichen Techniken arbeiten.

Während ich dies schrieb, wurde ich von der Stimme meines Gewissens zunehmend unter Druck gesetzt:

„Das kannst du nicht machen, Eva. Wenn du es schon ‚Psychodrama' nennst, dann mußt du dich auch genau an das Konzept der Morenos halten. Du kannst nicht einfach einen Teil davon herausgreifen, wie aus einem Büfett auswählen. Und es genügt nicht, einfach zu beschreiben, was du machst – da fehlt die Theorie. Du mußt Morenos theoretischen Ansatz aufarbeiten, mit Freud vergleichen, Lewins Feldtheorie einbauen, das Ergebnis durch die Gruppentherapie filtern und abbinden mit einer Mischung aus griechischer Katharsis und bewußtem Erleben einer Encountergruppe. Du machst dich unbeliebt, Eva; man wird dich nicht akzeptieren."

Mir wäre wohler, wenn ich diese Vorhaltungen irgendwie ignorieren könnte. Das ist natürlich unmöglich. Ich habe große Bedenken, dieses Buch zu schreiben, und ich habe Angst vor der ganzen Kritik. Trotzdem möchte ich es riskieren. Ich hoffe, daß ich die theoretische Arbeit vorerst anderen überlassen darf. Mein großer Traum ist, Moreno sagen zu hören: „Weiter so, Eva. Es freut mich, daß du von meinen Vorschlägen so viele gebrauchen konntest und daß du meine Arbeit würdigst, indem du sie fortsetzt. Bediene dich nach Belieben der Techniken, die zu deinem Stil passen, und kümmere dich nicht um den Rest." – Hoffnungen und Träume gehen nicht immer in Erfüllung – das ist das Risiko.

Die meisten der im folgenden beschriebenen Techniken gehen auf Moreno zurück; einige stammen von mir. Meine Absicht ist, dem Leser eine zwanglose Zusammenstellung psychodramatischer Techniken an die Hand zu geben und in einiger Ausführlichkeit zu schildern, wie ich selbst in der Praxis damit arbeite.

Eva Leveton, Februar 1977

Manchmal entwickeln sich die Dinge besser als erwartet. Nach der Veröffentlichung meines Buches schrieb mir Zerka Moreno. Ein lebhafter Briefwechsel begann. Ich entschloß mich daraufhin, das Manuskript in einigen Punkten zu verändern. Die Bekanntschaft mit Zerka Moreno war außerordentlich wertvoll für mich. Ich freute mich sehr, daß sie später ein Exemplar meines Buches, das ich J. L. Moreno gewidmet hatte, in die Sammlung seiner Schriften in Harvard aufnahm. Ich genoß es sehr, auf diese Art eine gewisse offizielle Anerkennung zu gewinnen.

Seit 1977 habe ich Psychodramatechniken auch weiterhin in Gruppen und in Familien, aber auch bei Einzelpatienten eingesetzt. Milton Ericksons Gebrauch von Hypnose, Geschichten und Metaphern hat meine therapeutische Praxis stark beeinflußt. Die Ähnlichkeiten zwischen Hypnose und Psychodrama überraschten mich. Darüber finden Sie mehr in dem Kapitel „Trance und Psychodrama". Außerdem verbrachte ich lange Zeit im Südwesten der USA, wo ich einiges über die Rituale der Indianer lernte. Hypnose und Ritual bestärkten meine Ideen über die Wurzeln des Psychodramas: Der Mensch braucht ein Forum, wo er wichtige Gefühle und Phantasien, unterstützt durch eine Gruppe, darstellen kann.

Inzwischen können wir eine neue Entwicklung in diesem Feld beobachten: die Dramatherapie, eine Methode, die ähnlich begann wie ich selbst, nämlich mit dem Ziel, Theatertechniken in den Dienst der psychologischen Entwicklung zu stellen. Einige der neuen Anwärmaktivitäten, aber auch eine Reihe therapeutischer Beispiele stammen aus meiner Lehrtätigkeit in der Abteilung für Drama-Therapie am California Institute of Integral Studies in San Francisco.

Eva Leveton, Januar 1991

1
Wer ist verantwortlich?

In seinen Patientensitzungen kann der Therapeut auf ein reichhaltiges Angebot unterschiedlich orientierter Führungsstrategien zurückgreifen. So mancher Therapeut scheut allerdings die mehr aktivitäts- und erfahrungsbetonten Techniken; die Ursache hierfür liegt in der Frühzeit seiner Ausbildung, als ihm Grundsätze eingetrichtert wurden wie: „Sei nicht-direktiv... mach nicht den ersten Schritt, aber hilf beim zweiten... rede so wenig wie möglich... laß im wesentlichen die Gruppe (bzw. den Patienten) entscheiden, wie die Zeit verbracht werden soll."

Unser typischer Therapeut besitzt – besonders, wenn er, wie ich, vor der Mitte der sechziger Jahre ausgebildet wurde – ausgefuchstes Geschick in der Kunst der subtilen Manipulation. Er versteht sich darauf, die Sitzung zu steuern, während er die Rolle der weißen Leinwand spielt, auf die der Patient projizieren soll, oder mit dem dritten Ohr lauscht oder schweigend dem auf der Couch liegenden Patienten zuhört. Klar und eindeutig irgendeine Aktivität anleiten kann er dagegen nicht: Diese Möglichkeit war in seiner Ausbildung an keiner Stelle vorgesehen. Er würde in einem solchen Fall – meint er – doch nur grob, verständnislos, diktatorisch und manipulativ erscheinen. Also zieht er sich lieber zurück und meidet das Risiko.

Gegenwärtig existieren zwei scharf gegeneinander abgegrenzte Richtungen in der Psychotherapie. Die extreme Linke – sämtlich Aktivisten, wie sie aus Esalen und anderen Ausbildungsinstitutionen massenweise hervorgegangen sind – ist des Redens überdrüssig und sucht nach Wegen, Lernprozesse durch aktive Erfahrung anstatt durch bloßes Nachdenken in Gang zu bringen. Die Position des Gruppenleiters als die eines Koordinators der Aktivitäten wird im Endeffekt gestärkt. Die extreme Rechte hält – in ungebrochener, im Zuge der Ausbildung noch gefestigter Loyalität gegenüber Freud – daran fest, daß die menschliche Psyche nur durch Verstehen zur Veränderung fähig ist und daß die einzig geeigneten Methoden einer starken Zweierbeziehung zwischen Patient und Therapeut bedürfen, deren Hauptaufgabe darin besteht, Beziehungen herzustellen zwischen den – ausschließlich aus Gesprächen erschlossenen – früheren und gegenwärtigen Lebensumständen des Patienten. Die Steuerung erfolgt hier subtil und indirekt. Die meisten Therapeuten sind Eklektiker und tragen den Widerspruch zwischen beiden Extremen mit sich selbst aus. Ich werde versuchen, in diesem Kapitel einige Vorschläge zu unterbreiten, wie man auf direktem Wege steuern kann, ohne deshalb grob und verständnislos zu wirken. Psychodrama-Gruppen sind – zumindest in der Anfangsphase – auf eine klare Führung angewiesen.

Animateure, Psychodrama-Leiter und Theater-Regisseure operieren alle mit demselben Paradoxon: Sei spontan. Leite eine Spielgruppe; dirigiere die Kreativität des Schauspielers; führe eine Gruppe und bring ihr bei, wichtige Probleme spontan und angstfrei in Rollenspiele umzusetzen. Ermutigen Sie Spontaneität; falls aber jemand die Leitung an sich zu ziehen versucht, machen Sie ihm klar, daß er damit nur die anderen gegen sich aufbringen würde. Ermutigen Sie Spontaneität; falls aber zu viele sich spontan zurückziehen, müssen Sie etwas unternehmen – es geht um Aktivität. Ermutigen Sie Spontaneität; aber definieren Sie auch Grenzen – wir sind hier nicht im Zoo.

Wer möchte heute arbeiten? Wer möchte Doppelgänger sein? Wer möchte die Rollen in einer fiktiven Situation übernehmen? Worüber wollen wir heute arbeiten? Ich habe festgestellt, daß ich im Psychodrama weit mehr als in der üblichen Gruppentherapie-Situation dazu tendiere, Verantwortung für die Aktivitäten der Gruppe zu übernehmen und der Gruppe zu helfen, indem ich für sie die Antworten auf die oben gestellten Fragen zu finden versuche. Unter Berücksichtigung der Hintergrundinformationen, die ich jeweils zusammentragen kann, plane ich den Einstieg. Während der gesamten Sitzung sehe ich mich um nach Gruppenmitgliedern, die offensichtlich gern etwas arbeiten möchten, die vom aktuellen Geschehen emotional betroffen sind. Von ihnen kann ich Unterstützung erwarten in Form von Vorschlägen, Beteiligung, freiwilliger Mitarbeit.

Der Leiter oder Regisseur eines Psychodramas muß fähig sein zu demonstrieren, wie er sich „Spontaneität" vorstellt und was die Gruppe tun könnte. Die an ihn gerichteten Erwartungen unterscheiden sich beträchtlich. Manche sind gekommen im Glauben, ein Spektakel zu erleben. Andere haben Angst, in einer öffentlichen Zurschaustellung ihrer Schwächen gedemütigt zu werden. Viele sind einfach interessiert an einer eventuell unterhaltsamen neuen Form, etwas über sich selbst zu erfahren. Nur ganz wenige haben immerhin eine vage Vorstellung davon, daß und wie sie selbst mitwirken können. Als Gefangener seines Paradoxons muß der Gruppenleiter Formen finden, die den Teilnehmern ermöglichen, ihre Gefühle in spontanem Rollenspiel auszudrücken. Die Auswahl der geeigneten Aktionsformen verlangt ein hohes Maß an Sensitivität für das Verhalten des einzelnen wie für die Gruppe.

Häufig ist Psychodrama eine neue Technik in einem schon bestehenden Rahmen. Obgleich Psychodrama schon lange existiert, haben verschiedene Faktoren eine größere Verbreitung verhindert. Dazu gehört auch die Einschränkung der Kreativität durch die Kultur. Selbst dort, wo schon längere Zeit mit Pychodrama gearbeitet wurde, betrachten die Mitarbeiter von Kliniken und Beratungsstellen diese Methode häufig zögernd und ängstlich. Fortbildungen der Mitarbeiter und Demonstrationen der Methode können diese Probleme verringern. Außerdem kann es eine therapeutische Allianz schaffen, die die weitere Entwicklung der Gruppe wesentlich unterstützt.

Ein Psychodrama-Leiter wird einzelnen Teilnehmern hin und wieder gestatten, eine Szene zu leiten. Zum Beispiel könnte ein Protagonist den Wunsch haben, sich mit seinen Themen auseinanderzusetzen, indem er Regie führt in einer Szene aus seinem Leben. Dabei übernimmt eine andere Person seine Rolle. Das erlaubt ihm eine größere Distanz zu diesen Themen, ehe er das Risiko eingeht, selbst an dem Stück teilzunehmen. In einigen Gruppen gibt es viele Leute, die darauf erpicht sind, ein Psychodrama zu leiten. Diese Personen möchten vielleicht deshalb leiten, weil sie etwas lernen möchten. Andere übernehmen gern Verantwortung, oder es sind Personen, die dazu neigen, die bestehende Leitung herauszufordern. Als Leiterin ermutige ich andere, eine Zeitlang die „Regie" zu übernehmen. Während sie Regie führen, kann ich die Gruppe beobachten oder vielleicht eine Rolle in der Szene übernehmen. Trotzdem ist die übergeordnete Leitung der Gruppe meine wichtigste Aufgabe. Selbst wenn andere die Leitung innehaben, trage ich die Verantwortung. Es ist meine Aufgabe, eine Brücke zu schlagen zwischen den Szenen verschiedener „Regisseure". Es ist meine Aufgabe, der Gruppe zu helfen, die verschiedenen Szenen zu verstehen. Im Falle von negativen Auswirkungen muß ich mich damit auseinandersetzen.

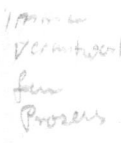

Wenn meine Psychodrama-Gruppe zum Programm einer festen Institution – psychiatrisches Krankenhaus, Bewährungshilfe, Schule – gehört, lege ich im allgemeinen Wert darauf, mit jemandem zu sprechen, der die Teilnehmer kennt, noch bevor ich mit der Gruppe selbst zusammenkomme. Von meiner Kontaktperson kann ich unter Umständen allerhand erfahren, was mir abzuschätzen erlaubt, welcher Einstieg und welche Art von Arbeit für die Gruppe vermutlich geeignet sind. Ich versuche herauszufinden, welche Atmosphäre mich erwartet – eine trübsinnige und depressive, eine rebellische, eine rationelle und arbeitsintensive? Außerdem interessieren mich grundsätzlich alle Probleme, die die Gruppe insgesamt betreffen: Konflikte zwischen Mitarbeitern und Patienten; das Ausscheiden eines wichtigen Mitglieds; Konflikte über Hausordnungen und andere Bestimmungen. Oft erhalte ich von meinem Informanten auch nützliche Auskünfte über einzelne Gruppenmitglieder. Ich erfahre, wer im Mittelpunkt steht, wer der Sündenbock ist, wer Lust und Interesse an der Arbeit haben könnte und wer lieber den stillen Beobachter spielt. Gerüstet mit diesem Hintergrundwissen, brauche ich meine Entscheidungen wenigstens nicht mehr ganz dem Zufall zu überlassen.

Sobald ich dann – vorinstruiert oder nicht – die Gruppe zum ersten Mal sehe, versuche ich, meiner Planung eine breitere Informationsgrundlage zu verschaffen. Ich habe mir angewöhnt, ein paar Minuten auf informelle Gespräche mit einzelnen Teilnehmern zu verwenden.

So kann ich einen freundlichen, zwanglosen Kontakt herstellen und außerdem herausfinden, wie die Stimmung ist, wer sich zurückhält, wer Interesse zeigt und gern mehr von mir wissen möchte, welche Beziehungen in der Gruppe bestehen.

Solche Informationen über eine neue Gruppe helfen mir, mit einer realistischen Einstellung an die weitere Arbeit heranzugehen. Mit einer zaghaften, stillen Gruppe ist schon viel erreicht, wenn die meisten wenigstens andeutungsweise emotionales Engagement erkennen lassen. Von einer lebhafteren Gruppe kann ich auch mehr Aktivität im Rollenspiel erwarten. Je genauer ich den weiteren Verlauf einschätzen kann, desto eher werde ich die Gruppe „laufen lassen", in ihren eigenen Ansätzen unterstützen und bestärken, anstatt sie beharrlich in eine Richtung zu zerren, die sie nicht einschlagen will oder kann.

Mein Einstieg hängt sehr davon ab, was ich bis dahin in Erfahrung gebracht habe. Gilt die Gruppe als gehemmt, irgendwie bedrückt und wenig motiviert, dann liegt es nahe, mit einem ganz einfachen Einstieg zu beginnen, indem ich zum Beispiel jeden einzelnen bitte, sich etwas auszudenken, was er einen anderen aus der Gruppe fragen möchte, oder einen Satz zu wiederholen, den er gern von einem Familienangehörigen gehört hat. Ich will das Selbstvertrauen der Gruppe stärken, indem ich jedem Gelegenheit gebe, etwas Sinnvolles beizutragen. Auf diesem Einstieg kann ich weiter aufbauen, muß aber darauf achten, von niemandem den nächsten Schritt zu verlangen, der dazu noch nicht bereit ist. Hole ich mir einen Korb, so verschlimmert das nur noch die Apathie der ohnehin lustlosen Gruppe. Unter Umständen verlängere ich den Einstieg noch um ein paar Runden, bis ich merke, daß jemand einen Schritt weitergehen will.

Eine der wichtigsten Aufgaben des Leiters ist es, für die Szene des Protagonisten Mitspieler oder Helfer auszuwählen. Bei diesen Entscheidungen ist Einfühlungsvermögen wichtig. Es muß entschieden werden, ob der Protagonist seine eigenen Mitspieler auswählen darf, was am besten funktioniert, wenn die Gruppe groß und flexibel genug ist, oder ob der Leiter die Mitspieler bestimmt, damit sie spezielle Rollen auf vorher festgelegte Weise spielen. In einer Gruppe sehr kompetenter Personen wird der Protagonist fast immer jemanden auswählen, der ähnliche Charakterzüge aufweist wie die Person, die er porträtieren möchte. In einer Gruppe, die kaum flexibel ist, wie beispielsweise eine Gruppe Jugendlicher oder schwer gestörter Personen, ist es wichtig, therapeutische Mitarbeiter heranzuziehen, die dann als Helfer fungieren, damit der Protagonist sein spezielles Drama darstellen kann. Therapeutische Mitarbeiter können z. B. die geplagten Eltern oder Lehrer in einer Gruppe mit Jugendlichen spielen. Sie können auch eine fröhliche, freche Rolle übernehmen in einer Gruppe, in der Depression die vorherrschende Stimmung ist. Der Erfolg der Arbeit mit Psychodrama hängt entscheidend davon ab, für welche Mitspieler sich der Leiter entscheidet und welche Stichworte er später für sie in bestimmten Szenen bereithält. Ganz offensichtlich wird ein Protagonist, der verlangt, seine Mutter solle abweisend sein, nicht an seinem Problem arbeiten können, wenn sie als fürsorgliche und hilfsbereite Person gespielt wird.

Ganz anders gehe ich vor, wenn die Gruppe belastbar zu sein scheint, für die Arbeit an ihren Problemen Interesse zeigt und mich mit einer gewissen tatendurstigen Erwartung empfangen hat. In diesem Fall wähle ich einen szenischen Einstieg. Ich sage zum Beispiel: „Schildert in wenigen Sätzen den schwierigsten Menschen, der euch bisher begegnet ist." Oder ich lasse Autoritätsfiguren „porträtieren", zum Beispiel einen Beamten, einen Lehrer, den gutachtenden Arzt usw. Gegebenenfalls unterbreche ich den Einstieg für eine Einzelarbeit und komme erst später auf das Anfangsthema zurück. In solchen Gruppen muß ich mir weniger Gedanken machen um Außenseiter, Verweigerungen und Lustlosigkeit. Ich kann vorübergehend mit einem einzelnen Teilnehmer arbeiten, zum Einstieg zurückkehren und mich dann wieder einer Einzelarbeit widmen.

Der Leiter spielt eine entscheidende Rolle dabei, daß die Gruppe genügend Energie behält. Eine muntere, begeisterungsfähige Gruppe verliert während eines verbalen Einstiegs oder während einer schmerzvollen Szene häufig ihre Energie. Es gibt wenig, was das einzelne Gruppenmitglied tun kann, um in der Gruppe wieder Energie aufzubauen. Der Leiter aber kann kommentieren, auf physische Aktivitäten zur Erfrischung zurückgreifen (wie dies im Kapitel über den nonverbalen Einstieg beschrieben wird) oder die Szene abändern. Es ist sehr wichtig, daß der Leiter sich des Energieniveaus der Gruppe bewußt ist.

Es gibt keinen Grund dafür, daß die Energie der Gruppe ständig gleich hoch und lebhaft sein muß. Viele besonders produktive Szenen lassen die Gruppe still werden, machen die Teilnehmer nachdenklich oder gar traurig. Doch wenn Gruppenteilnehmer beginnen zu gähnen und die freiwillige Teilnahme abnimmt, muß der Leiter wissen, wie er die Gruppe wieder beleben kann.

Ich habe ab und zu mit der Funktion des Gruppenleiters experimentiert, ein weniger direktives Vorgehen ausprobiert in der Hoffnung, daß dann die Gruppe selbst die Führung übernehmen würde und ich im Hintergrund bleiben könnte, um meine Dienste als Rollenspieler oder Doppelgänger einzubringen. Diese Experimente haben mich davon überzeugt, daß eine straff geführte Psychodrama-Gruppe weitaus produktiver ist als eine sich selbst überlassene. Die führerlose Gruppe – bzw. die Gruppe, die ihren Leiter nur als Berater betrachtet – braucht viel Zeit, um Anfangsschwierigkeiten zu überwinden und sich zu einigen, was wie getan werden könnte. In manchen Fällen kann dieser Zeitaufwand durchaus lohnend sein. Für eine Trainingsgruppe beispielsweise, die für eine bestimmte Zeit zusammenkommt, um etwas über Gruppendynamik und Psychodrama zu lernen, hat eine solche Zeitlupenstudie anfänglicher Hemmungen möglicherweise ihre Vorteile. Für den weitaus überwiegenden Teil meiner Arbeit ziehe ich es aber vor, meine Energie auf sinnvolle Strukturierungsvorgaben zu verwenden, anstatt mich zurückzuziehen und der Gruppe zuzusehen, wie sie sich mit ihren eigenen Schwierigkeiten abmüht.

Ein führungsstarker Gruppenleiter erleichtert spontanes Verhalten insofern, als er die Sicherheit einer Autoritätsperson bietet. Seine Rolle läßt sich vergleichen mit der von Eltern oder Lehrern kleiner Kinder, weil er den Gruppenmitgliedern das Gefühl gibt: „Ich kann spielen, ich kann irgend etwas Albernes anfangen, was mir gerade einfällt – unser Leiter ist ja immer dabei. Er paßt auf, daß mir die anderen nicht wehtun, und er wird nicht zulassen, daß ich anderen wehtue; ich kann machen, was ich für richtig halte – er wird mir schon sagen, wenn es falsch ist."

Ein starker Gruppenleiter hilft den Teilnehmern, Gefühle und persönliche Konflikte auszudrücken, indem er die Verantwortung für die Struktur der Arbeit übernimmt. Der Gruppenteilnehmer denkt: „Es gibt etwas, worüber ich sprechen möchte, aber ich weiß nicht, wie ich es anfangen soll. Ich weiß nicht, ob ich die anderen bitten sollte, Rollen aus meiner Familie zu übernehmen. Ich möchte niemanden bitten, meinen Doppelgänger zu spielen. Vielleicht kann ich mein Problem zur Sprache bringen, und der Leiter wird sich dann Gedanken darüber machen, wie wir damit arbeiten können."

Ein führungsstarker Gruppenleiter bringt vieles in Gang, was die Teilnehmer gern tun möchten, wozu sie aber aufgrund ihrer Schüchternheit und Zurückhaltung von sich aus nicht in der Lage sind. Er hilft dem einen, die Mitspieler für seine Szene auszusuchen; er bittet einen anderen, seine Gefühle so plastisch wie möglich auszudrücken, zu schreien, wenn er das möchte, zärtliche Gefühle in Worte zu kleiden, eine bestimmte Szene weiterzuführen und auszubauen. Jedesmal gibt er ausdrücklich seine Zustimmung und bestätigt den Betreffenden in seiner schwierigen Arbeit.

Als wichtigste Person in der Psychodrama-Gruppe trifft der Leiter alle wichtigen Entscheidungen, die die Aktivitäten und die Teilnehmer betreffen. Er gibt der Arbeit ihre Form, indem er entscheidet, wie der Raum am wirkungsvollsten verwendet werden kann und indem er die Intensität der Szenen bestimmt. Er kann einzelne Aufgaben auf andere Personen der Gruppe übertragen, aber letzlich ist er allein verantwortlich. Weil er eine so einflußreiche Position innehat, ist der Leiter für den Protagonisten außerordentlich wichtig, der seinem gewagten Unternehmen oft mit Furcht und Zagen gegenübersteht. Die physische Präsenz des Leiters gibt dem Protagonisten Sicherheit, wenn er sich ganz der Szene hingibt. So bat eine Protagonistin, in deren Psychodrama es um das Thema des „Verlassenwerdens" ging, den Leiter, der auf die andere Seite des Raumes gegangen war, inständig: „Du läßt mich doch nicht allein, oder?" Hinterher sagte sie, daß sie dies nur zum Teil als Spaß gemeint hatte und wie unendlich erleichtert sie war, als der Leiter wieder an ihre Seite zurückkehrte.

Man könnte vermuten, daß die einflußreiche Position des Leiters zu einer Abhängigkeit des Protagonisten führt, so daß dieser entweder während oder nach den Sitzungen weitere Aufmerksamkeit bei ihm sucht. Das ist jedoch selten der Fall. Da das Psychodrama, wenn es richtig durchgeführt wird, ein abgeschlossenes Ereignis ist, wird der

Protagonist nicht mit dem Gefühl entlassen, etwas sei unerledigt geblieben. Während andere Therapien den Therapeuten zu einem Teilnehmer am Leben des Patienten machen, arrangiert der Leiter eines Psychodramas lediglich ein Ereignis, das es dem Protagonisten erlaubt, einen Aspekt in seinem Leben eingehender zu betrachten, ohne daß der Leiter selbst daran teilnimmt. Ein Psychodrama hat einen Anfang, einen Mittelteil und ein Ende. Wenn es vorüber ist, bleibt es dem Protagonisten allein überlassen, darüber nachzudenken, was dabei passiert ist, während er sein normales Leben weiterführt. Vielleicht wäre es anders, wenn der Gruppenleiter eine Einzelsitzung mit dem Protagonisten hätte. Normalerweise verläßt der Protagonist den Leiter, um sich vom Psychodrama zu erholen.

Wenn der Leiter der Meinung ist, die Arbeit sei nicht abgeschlossen, so kann er dem Protagonisten dabei helfen, die Weiterarbeit daran zu organisieren. Ich fand es immer sehr nützlich, wenn die wichtigsten Mitarbeiter des Personals einer psychiatrischen Klinik bei meinen Sitzungen anwesend waren, damit sie einen Eindruck davon bekamen, was bei einem bestimmten Patienten offenblieb. Bei Sitzungen am College sprechen die Teilnehmer meist hinterher ausführlich miteinander. Sollte der Leiter den Eindruck haben, daß ein Abschluß schwer zu erreichen ist, kann er das Auswertungsgespräch in der Gruppe dahin lenken, Wege zu finden, die all den Teilnehmern helfen, denen es nach dem Psychodrama schlechtgeht. Die Tatsache, daß der Leiter eines Psychodramas die Verantwortung für die Betreuung des Protagonisten anderen überläßt, befreit ihn von der großen Gefahr der Übertragung, die bei anderen Therapien besteht.

Das Hauptproblem des direktiven Gruppenleiters ist sicher, seine Sensitivität zu bewahren, nicht zum gefühl- und verständnislosen Diktator zu werden. Meine eigenen Entscheidungen stützen sich auf Informationen über die Gruppe: auf Hinweise meines Informanten und auf meine eigenen Beobachtungen. Falls die Reaktionen der Teilnehmer diese Informationen in Frage stellen, darf ich auf keinen Fall weitergehen, bevor nicht deutlicher geworden ist, wohin die Gruppe tendiert. Vielleicht habe ich einen falschen Einstieg vorgeschlagen. Falls die Teilnehmer zögernd, lustlos oder gelangweilt reagieren, könnte ich für einen von ihnen den Doppelgänger spielen und zum Beispiel sagen:

„Was will die eigentlich von uns? Ich hab' dazu keine Lust. Das ist wie im Kindergarten. Langweilig!" Je nach Reaktion wechsle ich dann den Einstieg. Oft wollen auch die anderen Gruppenmitglieder etwas zum Einstieg sagen, so daß ich aus ihren Kommentaren auf ein geeigneteres Thema schließen kann.

Manchmal ist die Gruppe von einer bestimmten Szene so betroffen, daß sie sie nur mit Mühe weiterspielen kann. Auf schwierige Themen wie Selbstmord, Tötungswünsche oder Drogenabhängigkeit reagiert die Gruppe oft mit Schweigen, Verwirrung und Orientierungsverlust. In solchen Situationen möchte ich die Gefühle der Teilnehmer kennenlernen, bevor ich über das weitere Vorgehen entscheide. Mein Vorschlag wäre zum Beispiel: „Das ging ja wohl eben ganz schön unter die Haut. Könnten wir alle einmal weitermachen mit dem Satz: ‚Was mich wirklich betroffen hat, war...'?" Vielleicht liefern mir die Antworten Hinweise auf ähnliche Situationen im Leben der Teilnehmer und damit Material für spätere Szenen.

Manchmal kann ich mich als Gruppenleiterin nicht für einen bestimmten Einstieg oder für eine bestimmte Szene entscheiden, weil sich verschiedene Möglichkeiten anbieten. In diesem Fall frage ich die Gruppe: „Wir könnten mit je einem Satz über diese Gruppe anfangen, oder mit etwas Nonverbalem, oder mit Familienthemen. Was sagt dir zu, John?" Ich habe bemerkt, daß meine Fragen sofort beantwortet werden, wenn ich sie an einzelne Teilnehmer richte und nicht an die Gruppe insgesamt.

Moreno spricht von Gruppen-„Tele"(-pathie) und meint damit die unterschwellige Anziehung und Abstoßung unter den Gruppenmitgliedern. Menschen suchen sich genau wie Tiere ihre Führer, Sündenböcke und Cliquen, und jede Gruppe hat ein eigenes Muster von Anziehung und Abstoßung. Hier ist die Feinfühligkeit des Gruppenleiters wichtig. Er hat immer eine Sonderstellung dicht an der Peripherie der Gruppe. Wenn er mit den Gruppenmitgliedern arbeitet, muß er deren Präferenzen berücksichtigen. Jemandem die Rolle eines strengen Vaters zuzuweisen, wird eine bestimmte Konsequenz haben, wenn in der Gruppe der „Vater" zum „Sohn" eine enge Beziehung hat, eine völlig andere jedoch, wenn beide ein distanziertes Verhältnis zueinander haben. Psychodrama kann den Gruppenmitgliedern helfen, in ihren Beziehungen flexibler zu werden, neu darüber zu verhandeln oder neue Seiten zu zeigen, die dem einzelnen gestatten, einen neuen Platz in der „Hackordnung" zu finden.

Als Leiter muß ich auf meine Gefühle genauso achten wie auf die der Gruppe. In jeder Arbeitsphase muß ich bei mir selbst und bei anderen nach Anzeichen für die Stimmung der Gruppe suchen. Wenn ich in mir ein Unbehagen spüre, kann es wichtig sein, es der Gruppe mitzuteilen und zu fragen, ob noch jemand dasselbe Gefühl hat. Wenn ich ein Unbehagen in der Gruppe spüre, muß ich es mit den Teilnehmern klären.

Ich kenne kein besseres Mittel gegen Sensitivitätsverlust und Willkürherrschaft als diese ständige Überprüfung der eigenen wie der in der Gruppe erkennbaren Reaktionen. Dabei hilft mir, in jeder Sitzung mit möglichst vielen Teilnehmern Blickkontakt zu halten. Ich achte auf jede Bewegung und jedes Geräusch in der Gruppe. Solche Anzeichen können wichtige Hinweise enthalten auf die emotionale Beziehung eines Teilnehmers zu einer bestimmten Szene – sie können natürlich auch schlicht verraten, daß die Stühle zu hart sind, aber es lohnt sich allemal, aufmerksam zu bleiben. Blickkontakte, die ich im Verlauf einer Szene mit den zuschauenden Teilnehmern tausche, dienen dem Gruppenzusammenhalt. Der Zuschauer merkt, daß der Leiter auch an seiner Reaktion interessiert ist und nicht nur die Akteure der Szene beachtet. Während einer Szene gebe ich zum Beispiel nonverbale Kommentare zu traurigen, ängstlichen oder angespannten Reaktionen einzelner Zuschauer, häufig, indem ich für einen Moment deren Körperhaltung oder Gesichtsausdruck annehme. 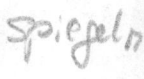 Nach der Szene komme ich dann darauf zurück und sage zum Beispiel: „John, du kamst mir während der letzten Szene sehr angespannt vor. Fühltest du dich angespannt? Hatte die Szene eine bestimmte Bedeutung für dich?"

Als ich meine ersten Gruppen leitete, fühlte ich mich immer gedrängt, „die Party in Schwung zu bringen". Mit der Zeit komme ich immer mehr zu der Einsicht, daß ein langsameres Tempo sehr viel produktiver ist. Unsere Dramen beginnen eben nicht mit schmetternden Fanfaren und verlöschenden Lichtern, und sie spielen auch nicht vor einem vollständig auf die Bühne konzentrierten Publikum. Der normale Anfang ist ein ruhiges Gespräch, das sich allmählich steigert – manchmal sogar bis hin zu einem vollen Drama. Aber dieses Drama kann jederzeit unterbrochen werden, um Mißverständnisse zu klären oder um die Aufmerksamkeit auf jemanden aus dem Zuschauerkreis zu lenken, der in Tränen ausgebrochen ist. Wir springen hin und her; der Takt kann dabei wechseln – der Taktstock bleibt in der Hand des Dirigenten.

Wieviel Kontrolle hat der Psychodrama-Leiter? Diese Frage erinnert mich an einen sehr alten Witz: „Which animal in the jungle can the lion eat? Anyone he wants." Der Leiter hat sehr viel Macht. Wir haben schon gesehen, daß jede wichtige Entscheidung in einem Psychodrama vom Leiter getroffen wird. Das Hauptziel des Psychodramas besteht darin, eine Situation zu schaffen, in der der Protagonist spontan und ohne die Hilfe seiner automatischen, gut geschützten sozialen Persona reagieren kann. Dadurch nimmt die Verwundbarkeit des Protagonisten zu.

Es ist daher sehr wichtig, daß der Psychodrama-Leiter sich seiner ungeheuren Verantwortung bewußt ist. Psychodrama hat viele Merkmale einer Trance (vgl. Kapitel „Trance und Psychodrama"). Genauso wie ein Individuum in einer Trance andere zur Führung benötigt, die sich selbst nicht in Trance befinden, müssen die Protagonisten sich im Interesse ihrer psychologischen Sicherheit auf den Leiter verlassen können.

Welchen Gefahren sind die Protagonisten denn möglicherweise ausgesetzt und was kann der Psychodrama-Leiter tun, um ihnen zu helfen? Zu den Schwierigkeiten gehören: Die Angst vor Kontrollverlust, vor Demütigung und Peinlichkeit sowie die Unfähigkeit, das Psychodrama mit dem Alltagsleben zu verbinden. Ein Mann wurde z. B. von dem Leiter dazu aufgefordert, gegen den Rollstuhl seiner chronisch kranken Mutter zu treten. Der Leiter hatte erkannt, welche enorme Last die Krankheit der Mutter für den Protagonisten in der Kindheit bedeutet hatte. Doch er hatte nicht die noch anhaltende Trauer und die starke Identifikation des Patienten mit seiner Mutter wahrgenommen. In dieser Sitzung wurden Schuldgefühle erzeugt, die mehrere Jahre lang nicht aufzulösen waren.

In einer anderen Gruppe spielte ein psychotischer Patient eine

Szene mit einer Frau, die seine Sozialarbeiterin darstellte. Sie war darin so komisch, daß der Patient zum ersten Mal seit Monaten lächelte. Der Leiter fühlte sich durch dieses scheinbar gute Ergebnis ermutigt. Doch drei oder vier Monate später war er erstaunt, diesen Patienten bei einer Weihnachtsfeier griesgrämig herumsitzen zu sehen. Nach vielen „Hms" und „Ähs" fragte der Patient: „Woran erkennen Sie, daß jemand die Kontrolle über sich verloren hat?" Dann erinnerte er den Leiter an die Szene, in der er die Kontrolle verloren hatte, indem er lächelte und sich damit vor den anderen völlig erniedrigt hatte. In der Folge war er zu seinem vorigen, wenig kommunikativen Stil zurückgekehrt.

Während einer Psychodrama-Sitzung können Gefühle von Ärger, Zärtlichkeit, Trauer und sexuellem Verlangen stimuliert werden. In einer Tagesklinik für psychotische Patienten erschrak ich, als eine Patientin uns mörderische Wut ihrem Vermieter gegenüber zeigte. Ich sorgte dafür, daß sie im Anschluß an die Sitzung nicht allein nach Hause ging, bevor diese Gefühle abgeklungen waren.

In einer anderen Gruppe wurde ein Mann so wütend auf seine Frau, daß er damit drohte, nach Hause zu gehen und ihre Möbel kurz und klein zu schlagen.

In einer Tagesklinik erwachten in einem älteren Mann romantische Gefühle für eine junge Frau, die in einer Szene seine Tochter gespielt hatte. Die daraus resultierenden Komplikationen beschäftigten die Aufmerksamkeit des Klinikpersonals in den folgenden Monaten. Keiner dieser Vorfälle ist nur als negativ anzusehen. Es wurden bei jedem Gruppenmitglied wichtige Gefühle an die Oberfläche gebracht. Aber jede einzelne Situation erforderte besondere Aufmerksamkeit, weil sie eine gewisse Gefahr enthielt. Die Schönheit des Psychodramas liegt darin, daß es tiefe Gefühle hervorzuholen vermag. Natürlich liegen gerade darin auch seine Gefahren.

Schwierigkeiten kann es jedoch nicht nur nach der Sitzung geben. Der Leiter hat oftmals auch während der Sitzung alle Hände voll zu tun. Durch eine bestimmte Szene können unkontrollierbares Weinen oder Wut ausgelöst werden. In einer Psychodrama-Szene, die am College spielte, begann ein Student, seine Selbstmordideen allzu realistisch darzustellen. Auf einer Station zur Behandlung von Psychosen ging eine meiner Patientinnen während einer Gruppensitzung tief in eine Regression, als sie sich mit einem Partner stritt, der sie offenbar an ihren Vater erinnerte. Mitten in der Szene verdrehte sie plötzlich die Augen und erzählte uns, sie sei fünf Jahre alt und würde mit ihrem Vater duschen. Ich berührte sie sanft und bat sie, mich anzusehen. Einen Augenblick später bat ich sie, mir zu sagen, wer ich sei. Nachdem sie dazu in der Lage war, bat ich sie, sich im Raum umzusehen und Augenkontakt zu den Gruppenmitgliedern aufzunehmen, die sie erkannte. Ganz langsam folgte sie meinen Anweisungen und gewann dadurch ihre Orientierung zurück. Indem wir sie geduldig wieder an die Gegenwart heranführten, konnten wir sie gerade noch zurückholen.

Diese Gruselgeschichten erzähle ich, um die ungeheuren Kräfte zu demonstrieren, die im Psychodrama stecken. Es gibt allerdings auch subtilere Schwierigkeiten. Eine Patientin, die seelisch mißhandelt wurde, ist vielleicht nicht imstande, in einer Szene mitzuwirken, in der sie angeschrien wird. Ein Patient mit sexuellen Störungen wird sich möglicherweise durch eine Szene, die im Schlafzimmer spielt, überfordert fühlen. Auch wenn der Leiter sich in neun von zehn Sitzungen in sicherem Fahrwasser fühlt, muß er sich der Macht des Psychodramas und seiner möglichen negativen Folgen bewußt sein.

Der Gruppenleiter kann dem Protagonisten schon beim Einstieg helfen, die Kontrolle über die Szene zu behalten, indem er z. B. sagt: „Wir können die Szene hier beginnen, aber wenn es dir nicht gefällt, wie sich die Dinge entwickeln, können wir jederzeit aufhören.", oder „Wenn sich die Szene nicht in deinem Sinne entwickelt, dann sag mir, was dich stört, und wir werden sie entsprechend ändern." Auch wenn solche Anweisungen den Anschein von Flexibilität und Kontrolle vermitteln, muß man sich darüber im klaren sein, daß der Protagonist solche Maßnahmen in den seltensten Fällen ergreift, wenn er sich mitten im Drama seines eigenen Lebens befindet. In der Psychodrama-Sitzung erscheinen Reaktionen völlig normal, die später beunruhigend wirken können. Das ist die Schwierigkeit.

Ein feinfühliger Leiter wird Szenen entwickeln, die kongruent „genug"* sind mit dem Charakter des Protagonisten, Szenen, die zwar

---

*Vgl. Winnicotts Begriff von der Mutter, die „gut genug" ist, in: Playing and Reality, New York, Basic Books, 1972.

30

spontanes Verhalten und neue Lösungen anregen, doch nicht zu belastend sind. Ein feinfühliger Leiter wird erkennen, wann eine Szene außer Kontrolle gerät. Wenn er die Gefahr erkennt, kann er Elemente einführen, die die Situation entschärfen (in einer Schlafzimmerszene klingelt jemand an der Wohnungstür; wenn sich zwei Geschwister streiten, kommen Vater oder Mutter herein). Er kann den Protagonisten in die Vergangenheit zurückführen, in der er über mehr Kontrolle verfügte. („Du hast mir erzählt, daß du mit deinem Bruder früher gut ausgekommen bist. Laß uns eine Szene aus dieser Zeit spielen, damit wir sehen können, wie ihr beide damals wart.")

Zusätzlich zu seiner therapeutischen trägt der Psychodrama-Leiter auch die Verantwortung für die ästhetische Qualität der Sitzung. Psychodrama-Leiter, die vom Theater kommen, bringen wahrscheinlich eher ein ästhetisches Bewußtsein mit als Leiter aus dem therapeutischen Bereich. Würde man sie fragen, so würden wohl die meisten Therapeuten antworten, daß die Ästhetik eines Psychodramas bestimmt wird vom Charakter des Protagonisten oder von dem Problem, das in der Szene dargestellt wird. Und sie würden weiter sagen: Wenn eine Szene ästhetisch gelingt, so ist das erfreulich, wenn nicht, so macht es nichts. Hier denke ich anders: Auch wenn die Persönlichkeit des Protagonisten einen großen Teil der Ästhetik einer Szene ausmacht, so muß doch der Leiter daraus ein ästhetisches Ganzes schaffen.

Was heißt eigentlich Ästhetik im Psychodrama? Kann es so etwas wie eine ästhetische Einheit geben bei einem Theaterstück, das in einem Zusammenhang aufgeführt wird, bei dem Kunst keine Rolle spielt? Meine Antwort lautet, daß Ästhetik hier sehr wohl eine Rolle spielt. Ästhetik bedeutet, aus einem Chaos von spontanen Reaktionen ein harmonisches Ganzes zu formen. Wenn der Leiter Augen und Ohren dazu benutzt, um Gleichgewicht in eine Aufführung zu bringen, auch wenn das den Mitspielern nicht bewußt ist, dann beeinflußt er die Ästhetik. Wenn es dem Psychodrama nicht gelingt, den Eindruck einer Einheit zu vermitteln – den Eindruck von einem Anfang, einem Mittelteil und einem Ende –, wenn Szenen oder Emotionen abgebrochen oder willkürlich verändert werden, dann sind sowohl die Mitspieler als auch die Zuschauer unzufrieden. Das Psychodrama hat den Alltag nicht transzendiert, sondern ihn nur gespiegelt. Sein ästhetisches Emp-

Transzendenz
Ls das Überschreiten der Grenzen der Erfahrung.
des Bewusstseins

finden hilft dem Leiter, über das Material, wie es von den Mitspielern präsentiert wird, hinauszugehen und daraus eine Szene zu formen, die wie ein Theaterstück oder ein Film eine universelle Bedeutung hat.

Der Psychodrama-Leiter trifft viele kreative Entscheidungen. Indem er die Länge jeder Szene und die Intensität der Arbeit kontrolliert, hilft er das Stück zu schreiben, in dem der Protagonist die Hauptrolle spielt. Der Leiter selbst wird zum Autor, indem er Themen untersucht, die wichtig für Gruppen sind, und indem er jede einzelne Szene gestaltet. Er verwendet Verstärkung oder negatives Feedback durch Herumwandern auf der Bühne, er fördert ein Verhalten und bremst ein anderes. Bei der Entscheidung, wie viele Personen in einer Szene auftreten dürfen und wie lange ein Charakter auf der Bühne bleiben darf, müssen ästhetische Gesichtspunkte berücksichtigt werden. Wenn die Arbeit keine Einheit bildet, wenn sie auseinanderfällt, wird der Regisseur einen der wichtigsten Teile seiner Besetzung verlieren: das Publikum.

Das ästhetische Bewußtsein des Psychodrama-Leiters geht oft mit seinen therapeutischen Fähigkeiten Hand in Hand. Wenn er Wiederholungen stoppt, tiefere Varianten der Wahrheit untersucht, imaginatives Spiel fördert, dann hilft er oftmals Szenen zu schaffen, die wie ein Theaterstück oder ein Film in der Erinnerung haften bleiben. Es versteht sich von selbst, daß die therapeutische Seite immer die Oberhand behalten muß, wenn ästhetische und therapeutische Aspekte in Konflikt geraten. Sonst würde das Psychodrama vor allem dazu dienen, dem Leiter oder dem Publikum zu gefallen statt dem Protagonisten zu helfen. Aber der Leiter kann oft kürzen und eingreifen, während sich das Werk vor seinen Augen entwickelt, und so kann sowohl therapeutischen als auch ästhetischen Ansprüchen genügt werden.

Aus Ausbildungskandidaten Regisseure zu machen, ist nicht einfach, denn Regie zu führen bedeutet etwas ganz anderes als an einem Psychodrama teilzunehmen. Kursteilnehmer glauben oft, daß sie sich mit dem Gebiet vertraut machen können, indem sie im Psychodrama den Doppelgänger oder eine andere Rolle übernehmen oder indem sie zuschauen. Aber das genügt nicht: Regie zu führen hat wenig mit beobachten oder mitspielen gemein. Der wichtigste Unterschied besteht in der Verantwortlichkeit des Regisseurs. Ein Zuschauer hat keine andere Verantwortung, außer aufmerksam zuzuschauen. Ein Mitspieler trägt nur die Verantwortung für seine Rolle; sie muß für den Protagonisten hilfreich sein. Doch der Regisseur ist für das ganze Stück verantwortlich. Gewöhnlich sucht er den Protagonisten aus und hilft, das Thema des Dramas zu definieren. Er wählt die Szenen aus und bestimmt die Gruppenmitglieder, die mitspielen sollen. Sein Urteil bestimmt die Intensität der Szene und er strukturiert im Anschluß das Feedback, das das Spiel abrundet. Gleichzeitig muß der Regisseur ein Gespür dafür haben, was im Publikum vor sich geht, da das Publikum ihm wertvolle Hinweise gibt (wenn das Publikum abgelenkt ist, läuft es nicht so gut) und weil er vielleicht aus dem Publikum zusätzliche Spieler auswählen möchte, die als Doppelgänger oder in neuen Rollen mitmachen sollen. Darüber hinaus muß der Regisseur die Zeit im Auge behalten, da die meisten Gruppen einem bestimmten Zeitplan unterliegen. Meiner Erfahrung nach verlaufen Sitzungen am erfolgreichsten, wenn der Einstieg nicht mehr als ein Viertel der zur Verfügung stehenden Zeit dauert. Der Auftritt des Protagonisten soll die Hälfte der Zeit in Anspruch nehmen. (Der Regisseur muß bei der Zeiteinteilung darauf achten, daß auch intensive Gefühle des Protagonisten rechtzeitig abklingen können.) Das letzte Viertel der Sitzung soll dem Feedback der Mitspieler und des Publikums vorbehalten sein, damit jeder einen inneren Abschluß finden kann.

Zum ersten Mal ein Psychodrama zu leiten ist, als steuere man zum ersten Mal allein ein Flugzeug. Es gibt für den Neuling eine geradezu überwältigende Fülle an Material im Auge zu behalten, wobei er gleichzeitig das Flugzeug in der Luft halten muß. Ich fand es hilfreich, die Leitung eines Psychodramas in Etappen zu lehren. Zum Beispiel ist es sinnvoll, Kursteilnehmer Anwärmübungen entwickeln und durchführen zu lassen. Viele Teilnehmer können aus ihrer Erfahrung mit Theaterkursen und Improvisationsspielen genauso schöpfen wie aus ihrer eigenen Kreativität, um einen passenden Einstieg für die Gruppe zu finden. Der Teilnehmer lernt, während er eine Anwärmübung leitet, ein Gefühl für die Zeit zu entwickeln. Wenn er genügend Erfahrung hat, kann er üben, den Protagonisten auszuwählen. Der dritte und letzte Schritt ist dann die Regiearbeit selbst. Die meisten Kursteilnehmer werden an diesem Punkt ein wenig ängstlich und gehemmt, weil sie fürchten, daß ihnen nicht die geeigneten Techniken einfallen werden. Zu diesem Zeitpunkt kann der Lehrer als Trainer agieren, die Mitspieler bitten, in ihrer Position zu „erstarren", und den Regie führenden Teilnehmer zur Seite bitten, um ihn zu beraten. Wenn klar ist, daß der Ausbildungskandidat auf diese Art weiterarbeiten möchte, kann der Psychodrama-Leiter die Co-Leitung übernehmen. Selbstverständlich muß der Leiter vorsichtig vorgehen, damit er den Schüler mit seiner größeren Erfahrung und Autorität nicht in den Hintergrund drängt. Es kann sehr schnell gelingen, eine Beziehung herzustellen wie zwischen zwei Eltern, die gemeinsam ein Kind aufziehen. So kann der Schüler einen ersten Eindruck von der Leitung eines Psychodramas bekommen, ehe er selbständig arbeitet.

Ein Psychodrama-Kurs: Einige Beispiele

Wir beginnen mit einem wundervollen Beispiel für kreative Imagination: Eine Kursteilnehmerin entwickelte eine Szene an einem See, den sie als Kind oft besucht hatte. Das war eine Zeit, in der die Natur ihr zuverlässigster Freund war. Sie setzte ihr Haus in allen Einzelheiten in Szene: die Schlafzimmer, die Küche, das Eßzimmer, und wählte dann eine Person aus, die den See darstellen sollte, der vor einem der Schlafzimmerfenster lag. Eine wohlgerundete schwangere Frau sollte die Sonne spielen, die auf der anderen Seite der Bühne aufging. Während des Psychodramas winkte und leuchtete der See, und die Sonne verstrahlte Wärme. Am Ende gab es einen ergreifenden Moment, als die Protagonistin dem See und der Sonne sagte, wieviel Kraft ihr beide gegeben hätten. Wenn man mit einem Menschen über Zeiten spricht, in denen er sich allein auf der Welt fühlte, dann wird man leicht von seinem Bild des Mangels eingefangen. Dieses Psychodrama zeigt anschaulich, daß auch die Natur ein Gefährte sein kann, der die Seele am Leben erhält.

Greg ist ein junger Mann, der mit dreizehn Jahren seinen Vater verlor. (Dieser war an einem Gehirntumor gestorben.) Nun ist er selbst verheiratet und Vater eines Kindes. Während des Einstiegs, bei dem die Teilnehmer gebeten wurden, sich eine Situation mit ihren Ursprungsfamilien auszudenken, bemerkte er deutlich, wieviel ihm fehlte, weil er in jungen Jahren so viele Familienmitglieder verloren hatte. Er entwickelte eine Phantasie, in der er sein Kind mit den lebenden und auch mit verstorbenen Mitgliedern seiner Ursprungsfamilie bekannt machte. Er arrangierte ein Essen mit Wein und Käse in einem kleinen italienischen Dorf. An einem großen Tisch saß seine Mutter zwischen seinem verstorbenen Vater und ihrem zweiten Mann, dem Bruder des Vaters, der ein erfolgreicher Arzt war und radikale politische Ansichten hatte. Als Gregs Großmutter seiner nichtjüdischen Frau auf den Zahn fühlte, hatte sein Großvater Gelegenheit, wieder die alten Geschichten zu erzählen von der Zeit, „als er ein Junge war und die Schicksen auf der anderen Seite der Stadt beobachtete". Es kamen Spannungen auf zwischen Greg und seinem Stiefvater, dessen Ratschläge zu ignorieren er sich immer gebrüstet hatte. Greg sprach mit seiner Schwester, die auch politisch radikal eingestellt war, über seinen Wunsch nach mehr Nähe und seinen Eindruck, daß man ihn verurteilte, da er sich nur wenig politisch engagierte. Alle begrüßten überschwenglich sein niedliches Baby. In einem Moment liebevoller Verbundenheit dankte er seiner Mutter dafür, daß sie die Familiengeschichte lebendig hielt durch ihre Fotoalben, die Aufbewahrung von Briefen und die Familienfeste. Er gab ihr einige Fotos von seiner Frau und seinem Kind, damit sie sie in ihre Sammlung aufnehmen konnte. Die meisten Personen in dieser Szene waren längst tot. Dieses Psychodrama hatte sie mit einer ergreifenden, großzügigen Geste wieder lebendig gemacht. Danach sagten mehrere Mitglieder des Kurses, sie würden gern zu einer solchen Familie gehören.

2
Sitz-
ordnungen

Moreno beschreibt eine zur Nachahmung einladende Raumauftei-
lung für ein Psychodrama: Die Zuschauer sitzen in einem leicht gegen
die Bühne geneigten Halbkreis; die Bühne selbst ist mit dem Zuschauerraum durch mehrere geräumige Plattformen verbunden und mit
Licht- und Tonanlagen ausgerüstet, so daß die Szenerie fast beliebig
variiert werden kann. Selbstredend habe ich bis heute in keinem Krankenhaus oder Therapiezentrum – von Clubräumen und Schulen ganz
zu schweigen – auch nur annähernd solche Möglichkeiten angetroffen.
Im Normalfall steht ein mittelgroßer Raum zur Verfügung, mit Stuhlreihen und einem Tisch am Kopfende (ein Klassenzimmer), mit kreis-
förmig aufgestellten Stühlen (ein Gruppentherapie-Raum), vielleicht
auch mit Tischen und Stühlen in U- oder Hufeisen-Anordnung (ein
Konferenzzimmer). Manchmal bekommt man auch eine riesige Aula,
die irgendwann als Turnhalle gedient haben mag, mit einer kleinen,
schlecht beleuchteten Holzbühne und einigen Reihen betagter Stühle
davor; die andere Hälfte der Aula ist meistens völlig leer, so daß
einem verspätet erscheinenden Teilnehmer jedesmal ein bombastischer
Auftritt beschert wird.

Die Idealausstattung ist in der Wirklichkeit selten anzutreffen. Sie
ist auch nicht unbedingt notwendig, wiewohl natürlich sehr wün-
schenswert. Psychodrama heißt zuallererst: improvisieren, so tun als
ob. Jeder Raum kann in ein Wohnzimmer, ein Chefbüro, einen Ge-
richtssaal oder einen Garten verwandelt werden. Wo immer Platz ist,

kann die Bühne sein. Mit den meisten Räumen, die mir für Psychodrama-Gruppen angeboten wurden, war ich unzufrieden. Das liegt teilweise daran, daß ich als etwas widerspenstige und streitbare Natur gegen feste Strukturen und Regeln sehr empfindlich bin. „Ah, ein Konferenzzimmer! – Ideal zum Reden, zum Sammeln von Ideen, zum Sitzen! Man sieht nur Köpfe. Der exakt gezogene Kreis im Gruppentherapie-Raum verkündet Gleichmäßigkeit, Einförmigkeit. Nur ja kein Chaos! Keine Hoffnung, daß es hier zu einer ‚Szene' kommen könnte."

Meine Unzufriedenheit veranlaßte mich, nach neuen Wegen zu suchen. Ich bat also die Gruppe, den Raum nach ihren Vorstellungen umzugestalten und dabei Platz zu lassen für die Bühne. Damit hatte ich, wie ich bald merkte, auch einen hervorragenden Einstieg gefunden. Implizit enthielt meine Bitte nämlich eine für die Motivation zur Weiterarbeit sehr wichtige Aussage, die etwa folgendermaßen zu umschreiben wäre: „Ich bin eure Gruppenleiterin, und wenn mir dieser Raum so nicht gefällt, dann sage ich das auch. Wir brauchen die Dinge nicht so hinzunehmen, wie sie sind. In dieser Gruppe können wir sie ändern. Hier darf es auch mal chaotisch zugehen. Das heißt nicht, daß jeder machen kann, was er will – verantwortlich bin immer noch ich, und ich bitte euch in erster Linie, euch auszusuchen, wo und wie ihr sitzen möchtet. Aber natürlich können wir hier zusammen spielen, Spaß machen und auch laut sein."

In den meisten Räumen steckt eine Botschaft: „Zeig, was du kannst." „Sei sensitiv." „Entspanne dich." „Verfolge die Vorstellung." Solche Botschaften verstärken oft noch die Hemmungen der Gruppe, wenn man sie nicht thematisiert und ihnen irgendwie entgegenwirkt.

Inzwischen werden Sie erraten haben, was für mich das A und O jeder Sitzordnung ist: Flexibilität. Am besten ist ein leerer Raum mit Kissen oder leichten, problemlos umzustellenden Stühlen. Meine Gruppen sitzen meistens in einem Kreis, dessen Mitte als Bühne dient. Ich ermuntere zur Ungezwungenheit. Ich wechsle selbst oft meinen Platz und freue mich, wenn andere das auch tun. Wenn ein Teil der Gruppe auf dem Fußboden sitzen möchte, setze ich mich meistens dazu. Ich versuche, das „Verstecken" (hinter dem Rücken eines anderen, auf Beobachtungsposten an der Tür) zu verhindern. Wenn ich allerdings merke, daß jede weitere Annäherung den Betreffenden nur ängstigen würde, dann ist mir lieber, er kommt und „versteckt" sich, als wenn er wegbliebe.

Ich selbst wechsle meinen Platz in der Gruppe, wie es die Situation erfordert. Zu Beginn sitze ich irgendwo im Kreis und erzähle der Gruppe von mir. Ich brauche die Teilnehmer noch gar nicht zu kennen, um sicher zu sein, daß sie mich genau beobachten, und ich glaube, daß sie mein Verhalten besser verstehen, wenn sie etwas über meine Gefühle wissen. Dann fange ich mit dem Einstieg an. Von da an versuche ich, beweglich zu bleiben, d. h. jeweils neben dem zu sitzen, der gerade an einem wichtigen, möglicherweise ausbaufähigen Thema arbeitet. Im folgenden Beispiel lautete die Einstiegsaufgabe, Schwierigkeiten mit einem Familienmitglied darzustellen.

Emily beginnt: „Ich rede mit meiner Mutter: ‚Mama, hör auf, mich wie ein Baby zu behandeln! Ich bin 21 Jahre alt! Du machst mich richtig verrückt damit!'"

Ich stehe auf und setze mich zu Emily, d. h. ich bitte den Teilnehmer neben ihr, mit mir den Platz zu tauschen. Ich sage: „Ich bin deine Mutter, Emily, und ich mache mir unentwegt Sorgen um dich. Du benimmst dich einfach verantwortungslos!"

Emily streitet noch eine Weile mit mir (ihrer Mutter). Als sie sagt: „Wir machen das jetzt schon zum x-ten Mal, und es ist immer wieder dasselbe", gebe ich meine Rolle auf und frage sie, ob sie nach dem Einstieg auf dieses Problem zurückkommen und noch weiter daran arbeiten möchte. Wenn es dazu kommt, kennt die Gruppe bereits den Kern des Konflikts und hat entsprechend weniger Schwierigkeiten, Rollen und Doppelgänger zu spielen.

Wenn in der Kreismitte – oder wo immer die Bühne sein soll – eine Szene vorbereitet wird, zeigt der Hauptdarsteller, der Protagonist (in diesem Fall Emily), meistens Hemmungen, ins Rampenlicht zu treten. Ich versuche, Emily diesen Schritt zu erleichtern, indem ich mit ihr zusammen zur Mitte gehe. Ich bitte sie, das Zimmer zu beschreiben, in dem sie mit ihrer Mutter streitet. Während sie die Bühne einrichtet, sitze oder knie ich zumeist neben ihr, um den anderen nicht die Sicht zu versperren. Wenn sie mit ihrer Mutter zu sprechen beginnt, trete ich wieder zurück und bleibe meistens irgendwo im Kreis stehen, von wo aus ich Gelegenheit habe, andere zur Beteiligung an der Szene aufzufordern oder mich gegebenenfalls selbst einzumischen.

Ich finde es sehr wichtig, daß der Platz für die Bühne variabel bleibt. Auch in Räumen, die über eine richtige Bühne verfügen, lasse ich oft lieber die ganze Gruppe im Kreis bzw. Halbkreis auf der Bühne oder im Zuschauerraum Platz nehmen. Manche Räume kann man für verschiedene Szenen jeweils anders einteilen. Die einzelnen Szenen einer Psychodrama-Sitzung können an den jeweils geeignetsten Schauplatz verlegt werden. Für ein Familiendrama genügt vielleicht eine Ecke, in der ein Sofa und ein paar Stühle stehen; eine anschließende Szene stellt den Gemeinschaftsraum eines Krankenhauses dar und wird deshalb in die Mitte verlegt, wo viel Platz ist, so daß einzelne Teilnehmer nach Belieben die Bühne betreten und verlassen können, wenn sie spontan Rollen übernehmen; die letzte Szene der Sitzung findet vielleicht da statt, wo gerade ein Tisch steht, mit dessen Hilfe ein „Vorstellungsgespräch" inszeniert werden kann.

Mit besonders leidenden stationären Patienten zu arbeiten, bedeutet oft, mit Menschen zu arbeiten, die wochenlang kaum ein Wort geredet haben, sich steif und langsam bewegen und andere Teilnehmer kaum einmal ansehen. Von einem solchen Menschen ist es schon zuviel verlangt, wenn er auf die Bühne kommen, laut und deutlich sprechen und zum Ausdruck bringen soll, was ihn quält. Er sagt alles durch seine Zurückgezogenheit – obwohl er gleichzeitig vielleicht sein Schweigen überwinden und uns etwas von sich erzählen möchte, falls wir es ihm nicht zu schwer machen. Ich würde mich zunächst neben ihn setzen und ganz ruhig mit ihm sprechen. Wenn ich irgendein Anzeichen bemerke, daß er weiterarbeiten möchte, würde ich einige andere Teilnehmer bitten, sich dazuzusetzen und die Hauptrollen in seinem Problem zu übernehmen. Diese Strategie ist für verschlossene Patienten oft eine Hilfe, aber auch nicht selten frustrierend für andere Teilnehmer, die zu weit entfernt sitzen, um noch einigermaßen zuhören zu können. In diesem Fall fordere ich die Gruppe auf, näher zur Bühne zu kommen. Ich erkläre den Teilnehmern, daß es für John noch nicht so einfach ist, sehr viel lauter zu sprechen, und daß es deshalb günstiger wäre, sie würden näherrücken, um ihn besser zu verstehen. Eine aufgelockerte Atmosphäre und geringere räumliche Distanz innerhalb der Gruppe geben dem Protagonisten oft zusätzliche emotionale Sicherheit.

Es sind nicht nur auf sich selbst zurückgezogene Patienten, die sich einer Psychodrama-Gruppe anschließen, sondern im Gegenteil oft auch Personen, deren Energie und Faszination wächst mit der Vorstellung, „auf der Bühne" zu stehen. Jugendliche, die sich im Dauerkonflikt mit Autoritätsfiguren befinden, gehören oft zu dieser Kategorie. Personen mit einer gewissen Neigung zum Schauspiel oder Theater-Erfahrung werden durch die Bühne vielleicht besonders angeregt, Gefühle zu zeigen, die Phantasie spielen zu lassen und neue Rollen auszuprobieren. Mit solchen Teilnehmern arbeite ich, falls möglich, gern auf einer richtigen Bühne; ihre Begeisterung steckt oft die anderen an. Anschließend komme ich dann wieder „in die Runde" zurück, um mit den weniger bühnenvernarrten Teilnehmern zu arbeiten.

Flexibilität ist das A und O: Sitzen zu können, wo man will, sich rühren zu können, wenn man das Bedürfnis hat, beflügelt die Spontaneität. Wenn überall „Bühne" sein kann, wird die Phantasie herausgefordert und das Lampenfieber – oft eine Reaktion auf die von einer echten Bühne ausgehende magnetische Konzentration aller Aufmerksamkeit – um etliche Grade gesenkt.

3
Der
Einstieg

Als Familientherapeutin erwartete ich immer einen sofortigen und heftigen Vorstoß zum Kern des Problems, wie er für krisengeschüttelte Familien charakteristisch ist. Als ich mit Gruppen zu arbeiten begann, konnte ich daher den Sinn eines Einstiegs nur schwer begreifen. Wozu ein Einstieg? Leiden quält, und jeder von uns durchlebt eine Fülle von Psychodramen. Kein Grund also, mit irgendwelchen „künstlichen Gruppenaktivitäten" Zeit zu verschwenden. Ich dachte, daß man am besten gleich zur Sache kommt, hineingeht mit der Erwartung, daß die Gruppe an ihren Problemen arbeiten will, um freiwillige Meldungen bittet und nach einer Darstellungsform sucht, die Verständnis, Katharsis und etliche alternative Problemlösungen anzuregen verspricht.

Der Leser wird inzwischen gemerkt haben, daß diese Skizze einen therapeutischen Optimismus offenbart, der unweigerlich auf Widerstände treffen muß; auf dieses Thema wird noch zurückzukommen sein. Jeder Versuch zur Persönlichkeitsveränderung unterliegt einem Paradoxon: „Ich möchte mich ändern, aber ich möchte nichts Neues riskieren. Ich möchte etwas Neues riskieren, aber ich habe Angst, daß ich mich dabei verändern könnte. Alles ist besser als das, was jetzt ist. Alles ist besser als das Unbekannte." Eine Psychodrama-Gruppe hat dazu noch Hemmungen gegenüber allem, was mit den Worten „Schauspiel", „Rollenspiel", „Psychodrama" oder „Bühnenauftritt" zusammenhängt. „Muß man da Theater spielen können? Ich bin kein Schauspieler. Ich kann mich nicht verstellen und so tun, als wäre ich jemand

Katharsis = Das Sichbefreien von seelischen Konflikten u. inneren Spannungen durch eine emotionale Abreaktion

43

anders. Muß man da was vorführen? Vor einem Publikum? Die werden mich auslachen. Sie werden mich dazu bringen, meine Probleme auszupacken, und sich dann über mich lustig machen. Diese Frau ist neu hier. Ist sie eine Patientin? Ah, sie ist die Leiterin. Was hat sie mit uns vor? Ich habe gehört, daß die Leute hier letzte Woche echt betroffen waren. Anne ist weinend nach Hause gegangen. Ich will nicht, daß mir so etwas auch passiert. Nicht vor der ganzen Gruppe. Ich werde einfach ganz ruhig dasitzen; hoffentlich schaut sie mich nicht an..."

Allmählich begriff ich, daß sowohl die Gruppe als auch ich einen Einstieg brauchten, eine relativ neutrale Aktivität, an der sich jeder nach Lust und Laune würde beteiligen können und die allen ermöglichen würde, sich gegenseitig ein bißchen kennenzulernen. Unter „relativ neutral" verstehe ich, daß es während der Einstiegsphase dem einzelnen weitgehend selbst überlassen bleiben sollte, inwieweit er seine Zurückhaltung aufgibt. Daneben soll der Einstieg natürlich auch etwas über die Art der weiteren Gruppenarbeit aussagen – daß es auf das dramatische Erlebnis ankommt, im Gegensatz zu anderen Therapieformen, die man eher als introspektiv und analytisch bezeichnen könnte. In meinen Psychodrama-Gruppen versuche ich, das „Reden über" ein Ereignis möglichst zu verhindern oder doch auf ein Minimum zu reduzieren zugunsten aktiver, handlungsbezogener Ausdrucksformen; anstatt über seinen Vater zu reden, kann man ihn szenisch porträtieren; anstatt eine Familienkrise zu beschreiben, kann man ein paar andere Teilnehmer bitten, die Hauptrollen zu übernehmen, sie kurz einweisen und dann die entscheidenden Konflikte durchspielen.

Im folgenden werden einige verbale und nonverbale Möglichkeiten des Einstiegs in die Gruppenarbeit beschrieben. Diese Aktivitäten geben dem Leiter gleichzeitig wichtige Hinweise auf die Einstellung und Bereitwilligkeit der Gruppe zur Mitarbeit; er kann herausfinden, ob es bestimmte Problembereiche gibt, die mehrere Teilnehmer betreffen (was für die spätere, konkretere Arbeit immer eine günstige Grundlage ist); und er erfährt, welche Gruppenmitglieder sich gegenseitig stark beeinflussen. Der Einstieg schafft eine freundliche, lockere Atmosphäre, der Leiter hat Gelegenheit, auf Beiträge positiv einzugehen, schüchterne Gruppenmitglieder zu bestärken und zu ermutigen und so einige falsche Vorstellungen über Psychodrama-Gruppen zu zerstreuen. Am besten wählt man einen Einstieg, der mit anderen Gruppenaktivitäten in Verbindung steht. Er ist nicht schwer zu finden, wenn die Gruppe irgendeine Gemeinsamkeit aufweist.

Eine Lehrergruppe kann man zum Beispiel problemlos aufteilen und bitten, sich einen typischen Lehrer-Schüler-Konflikt auszudenken. Zuerst lasse ich Paare bilden. Jedes Paar muß festlegen, wer Nr. 1 und wer Nr. 2 ist. Nun darf jedes Paar einen Lehrer-Schüler-Konflikt eigener Wahl durchspielen, wobei die Nr. 1 jeweils als Lehrer und die Nr. 2 als Schüler agiert. Aus der Paararbeit ergibt sich genügend Material für mehrere weitere Sitzungen. (Schüchterne Gruppen können im Kreis sitzen bleiben; man kann die Paare aber auch bitten, in der Mitte des Raumes oder gegebenenfalls auf einer Bühne zu arbeiten.)

In psychiatrischen Krankenstationen ist vor meinen wöchentlichen Sitzungen jeweils eine Vollversammlung mit Anwesenheitspflicht anberaumt. Aus den Berichten der Stationsschwester über den Verlauf der Versammlung ergibt sich oft mein Einstieg. Das Thema einer Vollversammlung war zum Beispiel die Planung von Wochenendaktivitäten für ambulante Patienten. Unter der Oberfläche war viel Hilflosigkeit und Einsamkeit sichtbar geworden, aber die Diskussion der Patienten hatte diese schmerzlichen Gefühle vermieden und sich auf Picknicks, Busfahrten zum Park etc. konzentriert. Als Einstieg bat ich darauf jeden Patienten, sich vorzustellen, wie er an diesem Freitagabend nach Hause kommt, und zu zeigen, was da passieren würde, und dabei laut zu denken; ein paar Stühle und die vorhandenen Türen dienten als Szenarium. Ich brauche nicht zu betonen, daß dieser Einstieg immer ergreifender wurde und die Gefühle der Verlassenheit und Hilflosigkeit nicht länger verborgen blieben.

Oft gibt es jedoch nur spärliche oder gar keine Informationen über frühere und aktuelle Erfahrungen der Gruppe. Kein Einstieg drängt sich von selbst auf. Wenn ich mich im Kreis umschaue und in die erwartungsvollen Gesichter blicke, werde ich immer unsicherer, was ich nun tun soll. Ich brauche einen Einstieg, der mir etwas über die Gruppe verrät und gleichzeitig von allen als gemeinsames Erlebnis erfahren wird. In solchen Fällen greife ich auf Techniken aus Encountergruppen, Schauspielkursen, Partyspielen, aus der Bewegungstherapie zurück – kurz, aus allen mir verfügbaren Quellen. Es folgen einige Beispiele:

Der verbale Einstieg

Variante 1

Schön

Anleitung: „Ich habe einen Ball. Solange ich ihn festhalte, darf ich reden – länger nicht. Wer den Ball fängt, wer ihn festhält, muß etwas sagen. Keiner darf ohne den Ball reden." – Der nächste Schritt verlangt vom Gruppenleiter eine wichtige Entscheidung: Was soll er sagen, bevor er jemandem den Ball zuwirft? Die Möglichkeiten reichen von: „Wer bist du? Ich möchte mehr über dich wissen." bis zu relativ eng strukturierten Fragen wie zum Beispiel: „Ich bin deine Mutter. Was hast du mir zu sagen?" Oder: „Wenn du dich in ein Tier (einen Schauspieler, eine Märchenfigur, einen Fernsehhelden, eine Pflanze) verwandeln könntest: Was (wer) möchtest du dann sein?"

Habe ich meine Frage gestellt, so werfe ich den Ball einem Teilnehmer zu, dessen Antwort mich besonders interessiert, und ich bitte ihn gleichzeitig, den Ball weiterzugeben, nachdem er mir geantwortet hat. Falls sich zwischen zwei Teilnehmern ein längerer Dialog anbahnt, indem sie sich den Ball immer wieder gegenseitig zuwerfen, kann ich zum Beispiel versuchen, den Ball abzufangen, um darauf hinzuweisen, daß man seine Frage oder Aufforderung doch bitte an bislang noch nicht beteiligte Gruppenmitglieder richten möge, damit möglichst viele am Einstieg partizipieren können.

Kommentar: Dieser Einstieg ist hervorragend geeignet für große Gruppen, falls genügend Platz zur Verfügung steht (Turnhalle, Vortragssaal), um den Ball beliebig hin- und herzurollen oder zu werfen. Platzmangel hemmt die Spontaneität, da der Ball nicht zwanglos weitergegeben werden kann.

Variante 2

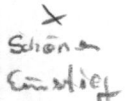
*Schöner
Einstieg*

Anleitung: „Schaut euch in Ruhe ein paar Minuten lang um. Sucht euch dabei jemanden aus, den ihr nicht so gut kennt, und stellt ihm eine Frage."

Kommentar: Ein unverfänglicher Einstieg, der auch eine eher schüchterne Gruppe kaum in Schwierigkeiten bringen dürfte. Als Gruppenleiter muß man bei diesem Einstieg auch Fragen und Antworten

akzeptieren, die zunächst vielleicht ein bißchen banal und oberflächlich erscheinen. Zuerst geht es immer darum, ein Klima zu schaffen,
in dem das Eis schmilzt. Wenn das erreicht und das Wechselspiel von
Fragen und Antworten lebendiger geworden ist, kann die Aufgabe
emotional vertieft werden. Der Leiter sagt dann zum Beispiel: „Das
war prima. Könnt ihr versuchen, eure Fragen jetzt ein klein wenig zu
ändern? Ich fände es gut, wenn von jetzt an Fragen gestellt würden,
die etwas mit Gefühlen zu tun haben." Für Teilnehmer, denen die
möglichen Adressaten ihrer Fragen noch relativ fremd sind, kann ich
hinzufügen: „Als du dir vorhin einen Partner ausgesucht hast, hast du
dir wahrscheinlich über seine momentane Stimmung Gedanken
gemacht. Vielleicht kannst du diese Gedanken noch einmal formulieren und mit ihm darüber reden." Wenn ein Fragesteller seinem Partner
besondere Gefühle entgegenbringt, würde ich zum Beispiel einflech-
ten: „Du bist in deinen Gefühlen sehr beschäftigt mit der Person, die
du fragen möchtest. Vielleicht erzählst du ihr etwas darüber und
schaust, wie sie reagiert?"

Während der Gruppenarbeit hat der Leiter Gelegenheit, durch eigene Fragen zu erkunden, welche Gefühle die Teilnehmer ihren Partnern, Familienangehörigen und Freunden oder ihrem Beruf entgegenbringen. Damit besitzt er gleichzeitig eine tragfähige Grundlage für
seine weitere Planung.

Variante 3

Anleitung: „Überlegt euch einen Satz, den ihr von jemandem in diesem Raum, einem Freund oder einem eurer Familienangehörigen gern
(oder nicht gern) hören möchtet. Versetzt euch in diese Person und
sagt den Satz."

Kommentar: Kein anderer mir bekannter Einstieg gibt soviel Rückhalt wie dieser, besonders in seiner positiven Version. Ich verwende ihn
häufig in psychiatrischen Krankenstationen, wo ich es mit einer Atmosphäre resignierter Passivität zu tun habe. Patienten, die zu anderer
Gruppenarbeit nicht mehr in der Lage sind, sprechen oft auf diesen Einstieg an. Er ist ein überraschend schnell wirksamer Wegbereiter intensiver emotionaler Erlebnisse, auf denen die weitere Arbeit aufbauen
kann.

Eine Frau reagierte zum Beispiel mit dem Satz: „Ich bin mein eigener Sohn, und er sagt: ‚Du bist mir nicht gleichgültig, auch wenn ich dir nicht schreibe.'" Es war nicht schwierig, eine Szene in Gang zu bringen, in der sie ihrem Sohn offen ihre Gefühle zeigte.

In seiner negativen Version gibt dieser Einstieg den Teilnehmern Gelegenheit, Vorwürfe satirisch zu parodieren. Es gibt dabei oft viel zu lachen, und man kann vieles nachfühlen, wenn die uns allen sattsam bekannten Klagen aufgetischt werden: „Du hast dich schon wieder verspätet, Jim." – „Ich bin mein Sohn: ‚Papa, warum kann ich heute am Abend das Auto nicht haben?'" – „Ich bin meine Mutter: ‚Ich habe die ganze Nacht auf dich gewartet.'" – „Ich bin mein Chef: ‚Sie sind entlassen.'"

Auch aus diesem Einstieg ergeben sich zwanglose Übergänge zur weiteren Arbeit.

Variante 4

Anleitung: „Stellt euch vor, dieser Verein (diese Schule, Behörde, psychiatrische Anstalt, therapeutische Beratungsstelle) würde durch eine Person vertreten, die mitten in unserem Raum steht. Sprecht mit ihr. Ihr könnt euch beschweren, Forderungen stellen, ein Anliegen vorbringen usw. Vielleicht möchtet ihr euch auch für etwas bedanken – sogar das dürft ihr."

Kommentar: Falls der Leiter die Gruppe noch nicht kennt, erhält er durch diesen Einstieg eine Fülle wichtiger Informationen über ihren gemeinsamen Erfahrungshintergrund. Falls mir Hinweise auf gewisse Konflikte innerhalb der Gruppe vorliegen, lassen sie sich mit Hilfe dieses Einstiegs zur Sprache bringen. Unser Verein mag zum Beispiel Probleme haben mit der mangelnden Bereitschaft der Mitglieder, die im Sinne des Vereinszwecks erforderlichen Arbeiten zu erledigen; eine Behörde mußte vielleicht gerade einen Konflikt zwischen konservativen und reformorientierten Kräften durchstehen; eine psychiatrische Abteilung hat möglicherweise eine Bezugsperson aus der Gruppe an ein anderes Krankenhaus überwiesen usw. Wenn solche Konflikte in der Luft liegen, bietet dieser Einstieg ein Forum, über sie zu sprechen und sie zum Ausgangspunkt weiterer Arbeit zu nehmen.

Variante 5

Anleitung: „Versetzt euch in einen eurer Familienangehörigen (in eine für euch wichtige Person) und charakterisiert euch als diese Person in einem oder in zwei Sätzen."

Zu dieser Aufgabe gibt es zahlreiche Varianten, zum Beispiel: „Wählt jemanden aus dieser Gruppe und beschreibt euch aus seiner Sicht." „Spielt euren Therapeuten (Lehrer, Gruppenleiter, Chef) und berichtet uns aus seiner Sicht über eure Fortschritte."

Diese Aufgabe muß möglichst unmittelbar nach der Anleitung demonstriert werden, da sie schwierig zu beschreiben ist und einige Verwirrung hervorrufen kann, die sich anhand eines Beispiels vermeiden läßt. Anstatt auf Fragen einzugehen, sage ich zum Beispiel: „Ich möchte euch zeigen, was ich meine. Ich bin meine Mutter: Ich möchte euch gern von Eva erzählen. Sie ist ein Wirbelwind! Ich wußte nie, was sie als nächstes tun würde. Ich wünschte, sie würde mal zur Ruhe kommen. Trotzdem verlassen wir uns auf sie. Sie ist immer da, wenn wir sie brauchen.'"

Kommentar: Dieser Einstieg ist für die Gruppe gleich eine erste Übung im Rollentausch; er vermittelt darüber hinaus eine Fülle von Informationen und erlaubt zwanglose, natürliche Übergänge zu weiteren Szenen. Teilnehmer, die recht gern reden und aus sich herausgehen, übernehmen oft mit Freuden die Porträtierung einer für sie wichtigen Person, besonders wenn sie wissen, daß ihre Darstellung nicht ausführlich und detailliert zu sein braucht.

Variante 6

Anleitung: „Denkt an euer Lieblingsspiel oder an eure Lieblingsbeschäftigung während eurer Kindheit. Stellt euch vor, wie ihr gespielt, ausgesehen, geredet habt und wie die Umgebung aussah – bis ihr euch selbst wirklich so sehen und spüren könnt, wie ihr damals gewesen seid."

(Es folgen drei bis fünf Minuten Pause.)

„Verweilt jetzt in der Zeit, an die ihr gerade gedacht habt; sagt uns euren Namen, vielleicht habt ihr einen Spitznamen, ich weiß es nicht, sagt uns, wie alt ihr seid und was euer Lieblingsspiel ist."

Kommentar: Dieser Einstieg hilft, Kindheitserinnerungen lebendig werden zu lassen. Der Gruppenleiter muß darauf bestehen, daß die Teilnehmer sich a l s die Kinder äußern, die ihr Spiel erleben, und nicht ü b e r dieses Erlebnis sprechen wie Erwachsene, die sich an ihre Kindheit erinnern. Das Rollenspiel wird noch weitere für die spätere Arbeit verwendbare Kindheitserfahrungen wachrufen. Dieser Einstieg hilft, Erfahrungen mit sozialen Beziehungen zu verarbeiten – die Freude, akzeptiert zu werden, „einen Freund zu haben", wie auch die Angst vor Zurückweisung durch andere Kinder, den Ausbilder, den Lehrer, den Pfadfinderführer.

Auch der nächste Einstieg bringt lebhafte Kindheitserinnerungen zurück, betont dabei aber mehr die individuellen Eigenarten.

Variante 7

Anleitung: „Denkt an eure Kindheit zurück. Haltet die Zeit fest, die sich euch dabei zuerst aufdrängt. Laßt euch ein bißchen Zeit, um euch wirklich dorthin zurückzuversetzen, so daß ihr euch wieder vorstellen könnt, wie euer Leben damals war. Ihr könnt die Augen schließen, wenn ihr das möchtet."

(Es folgen drei bis fünf Minuten Pause.)

„Ich möchte jetzt, daß ihr die Rolle beibehaltet, an die ihr gerade gedacht habt, und daß ihr uns erzählt, wie euer typischer Tagesablauf aussieht. Erzählt uns zuerst, wann und wo genau ihr aufwacht, und setzt euren Bericht von da an fort."

Kommentar: Die Lebendigkeit der Erinnerungen, die ein auf Kindheitserlebnisse zurückgreifender Einstieg zutage fördert, ist immer wieder verblüffend – nicht zuletzt für die Teilnehmer selbst, wenn ihnen nicht bewußt war, wie genau sie ihre frühen Erfahrungen gespeichert hatten. Für den Gruppenleiter ergeben sich aus diesem Phänomen mehrere Konsequenzen. Er muß einsehen, daß die Teilnehmer bei diesem Einstieg in besonderem Maße seiner Hilfe und Unterstützung bedürfen; sie verlieren oft völlig die Kontrolle über die ihnen als Erwachsenen geläufigen Abwehrmechanismen und fühlen sich daher außergewöhnlich verwundbar. Die aufkommenden Erinnerungen sind zumeist mit unterschiedlichen Empfindungen – teils mit einer gewissen Beklemmung, teils mit Gefühlen der Geborgenheit – verbunden, und alle Teilnehmer haben das echte, berauschende Gefühl der Wiederentdeckung.

Es kommt auch vor, daß jemand sich so lebhaft an ein bedeutsames Kindheitserlebnis erinnert, daß er offensichtlich ganz darin „aufgeht" und der Leiter ihm unter Umständen helfen muß, den Brückenschlag zurück zu seiner gegenwärtigen Erwachsenenrolle zu bewältigen. *Brücken-schlag*

Hierfür gibt es verschiedene Möglichkeiten, deren wirkungsvollste meiner Ansicht nach darin besteht, den Betreffenden zu einigen „Früher-Heute-Vergleichen" aufzufordern („Früher kam ich mir klein vor; heute fühle ich mich nicht mehr klein, aber immer noch unsicher. Früher war ich nie aus der Fassung zu bringen; heute fahre ich schnell aus der Haut.") *Früher - Heute*

Weitere Methoden sind:

1. Dem Betreffenden wird eine zusätzliche Aufgabe gestellt, die den Einstieg wiederholt mit dem Unterschied, daß er nunmehr die Pause dazu nutzen soll, sich in sein gegenwärtiges Leben und seine aktuelle Umgebung zurückzuversetzen.

2. Man bittet den Betreffenden, sich ein Bild von sich selbst zunächst als Kind und dann als Mann (Frau) vorzustellen und anschließend zu beschreiben, was er sieht.

3. Der Betreffende wird gebeten, sich in sein gegenwärtiges Selbst zurückzubegeben und mit Hilfe eines leeren Stuhls (vgl. Kapitel 7 über Gestalttechniken) ein Gespräch mit dem Selbst seiner Kindheit zu führen, das er gerade dargestellt hat.

Es gibt noch eine weitere Technik, Kindheitserinnerungen wachzurufen, die ich recht häufig verwende, nämlich das Schreiben mit der „falschen" Hand; ich werde im Abschnitt über den nonverbalen Einstieg darauf zurückkommen.

Variante 8

Anleitung: „Ich spreche euch jetzt einen Satz vor und bitte euch, die Lücken zu vervollständigen. Der Satz lautet: Hier in der Gruppe bin ich ein... (fühle ich mich wie..., möchte ich..., kann ich...); außerhalb der Gruppe bin ich ein... (fühle ich mich wie..., möchte ich..., kann ich...). Ihr könnt in die Lücken einsetzen, was immer euch passend erscheint. Ich will gleich den Anfang machen: ‚Hier in der Gruppe bin *sehr - schön*

51

ich Psychodrama-Leiterin; ansonsten bin ich Gärtnerin und ärgere mich über das Wild, das meine Bohnen abfrißt.'"

Kommentar: Auch diese Technik ist geeignet, in einer zurückhaltenden Gruppe, die nur durch weitreichende Strukturierungsvorgaben zur Mitarbeit zu gewinnen ist, das Eis zu brechen. Die Aufgabe ist unverfänglich, kann mit Belanglosigkeiten beginnen, um im Laufe mehrerer Durchgänge vertieft zu werden, und vermittelt eine Fülle von Informationen als Grundlage weiterer Arbeit. Ihr fehlt jedoch das dramatische Element, so daß vor der Einführung von Rollenspielen erst noch ein Übergang gefunden werden muß. Dieser ist im allgemeinen aber leicht zu schaffen, indem man einen Teil des während des Einstiegs angefallenen Materials auswertet und szenisch umformt.

Variante 9

Anleitung: „Ich sage euch jetzt einen Satz, den ihr bitte vervollständigt. Er lautet: Der nächste Schritt, den ich in meinem Leben unternehmen möchte, ist..."

Kommentar: Dieser Einstieg hat sich als sehr fruchtbar erwiesen, wenn sich vor Beginn der Sitzung in informellen Gesprächen herausstellte, daß jemand aus der Gruppe gerade einen für sein weiteres Leben entscheidenden Schritt vollzogen hatte. Wenn ich so zum Beispiel erfahre, daß sich Henrietta nach ihrem kürzlichen High-School-Abschluß nun mit Erfolg um ihre erste Stelle beworben hat, lenke ich zunächst die allgemeine Aufmerksamkeit auf diesen Umstand, spreche darüber mit Henrietta noch etwas ausführlicher vor der Gruppe und leite dann zum Einstieg über.

Diese Übung ist ebenfalls ein relativ statischer, wenig dramatischer Einstieg, andererseits aber auch eine sichere Ausgangsbasis und eine ergiebige Informationsquelle für die weitere Arbeit. Der Gruppenleiter könnte im Anschluß die einzelnen Teilnehmer fragen, was alles mit ihrem jeweils nächsten Vorhaben verbunden ist, was ihnen dabei helfen und was sie daran hindern würde, und anhand der Antworten Folgeszenen gestalten.

Variante 10

Anleitung: „Heute möchte ich, daß ihr die Wirklichkeit einmal ganz vergeßt. Stellt euch in eurer Phantasie ein anderes Leben vor. Wenn ihr nicht wärt, wer ihr seid, wer würdet ihr dann gern sein? Wo würdet ihr gern leben, womit würdet ihr euch beschäftigen? Denkt euch aus, was immer euch einfällt."

Kommentar: In einer Gruppe, die zu einer gewissen Spontaneität fähig und bereit ist, sich auf Phantasien einzulassen, kann dieser Einstieg sehr spannend werden. Der Don Quichotte in jedem von uns wartet nur darauf, zu Wort zu kommen. Während dieses Einstiegs entsteht in der Gruppe oft eine lustvolle Atmosphäre spontanen Spiels; sie kann sich weiter entfalten in Folgeszenen, in denen ein Teilnehmer mit Hilfe anderer sein Phantasie-Leben als Rollenspiel darstellt. In einer unserer Gruppen führte zum Beispiel ein berühmter Kapitän zur See Einstellungsgespräche mit anderen Teilnehmern, die für eine bevorstehende Weltreise auf seinem Schiff anheuern wollten; in einer anderen Gruppe hatte sich ein Millionär zwei Frauen ausgesucht, die als Femmes fatales von Weltruf um seine Gunst buhlten.

Variante 11: Die Schatztruhe

Der Leiter kann diese Aktivität mit irgendeiner Geschichte über Schatzkisten oder -truhen einleiten, die er kennt. Die Geschichte bildet den Rahmen für den Einstieg. Es ist ein ruhiger Einstieg, der zu Reflexionen einlädt. Um die Szene vorzubereiten, erzähle ich gern die Geschichte meiner beiden Schatzkisten. Die eine steht auf dem Dachboden und die andere unten in unserem Wintergarten. Die Kiste im Wintergarten ist sehr, sehr alt. Sie ist aus dunklen Eichenbrettern, die sich lösen würden, wären da nicht die Eisenbänder, die sie in all den Jahren zusammenhielten. Die Eisenbänder dienen auch der Dekoration der Kiste. Sie erzählen uns, daß sie einmal zwei Personen gehörte, M. C. und A. H., die im Jahre 1791 heiraten wollten. Die Kiste stammt aus Westfalen in Deutschland, wo die Familie meines Vaters lebte. Sie befindet sich seit mindestens hundert Jahren im Besitz meiner Familie. Seit sie mir gehört, habe ich wichtige Dinge hineingelegt. Früher enthielt sie die letzten Stücke aus dem Haushalt meiner Eltern: ein altes Silberservice, einige Vasen, Bilderrahmen, alte Fotografien, Spitzenbänder, ein Glas mit Knöpfen, die Zigarrenkiste meines Vaters, die Kämme und Bürsten meiner Mutter. Sie enthielt auch Dokumente. Nachdem ich diese Gegenstände in meinen eigenen Haushalt übernommen hatte, wurde sie unsere Weihnachtskiste. Sie enthält Christbaumschmuck, den wir in der Familie gebastelt haben, seit die Kinder klein waren, die Dinge, die sie in der Schule gefertigt haben, unsere liebsten Weihnachtsfiguren und Lieblingskarten. Eine Schatzkiste eben, die Erinnerungsstücke der Familie aus Vergangenheit und Gegenwart enthält sowie natürlich viele Dinge, deren Nutzen oder Herkunft fragwürdig sind – um es vorsichtig auszudrücken.

Die Schatzkiste auf unserem Dachboden ist ganz anders: ein alter Koffer, mit abgenutztem Leinen bespannt und mit Eisenbeschlägen. Sie ist erst um die siebzig Jahre alt. Innen ist sie mit Chintz ausgeschlagen, und sie hat einen herausnehmbaren Einsatz, der mit demselben verblaßten Stoff bespannt ist. Sie ist nun schon seit Jahren unsere Theaterkiste. Sie enthält Kostüme, Perücken, Masken und Make-up aus meinen alten Theatertagen, von Schulaufführungen der Kinder, von Parties, von Scharaden und Kostümfesten. Dazu gehören ein Bart und eine Perücke aus Pappe, die ich besonders liebe. Sie sind aus weißen Kordeln und vielen dicken Kommas aus Pappe gemacht. Und eine Weste aus einem alten Pelzmantel diente als Verkleidung für einen mittelalterlichen Förster und war außerdem Teil eines Gorillakostüms. Dies ist die Schatztruhe der Phantasie. Nach dieser einleitenden Geschichte könnte die Anweisung folgendermaßen lauten:

Anleitung: „Jeder von uns besitzt eine Sammlung irgendwelcher Dinge in einer Zigarrenkiste, in einem Briefumschlag, einer Schrankecke oder in einer Schreibtischschublade. Diese geheimen Orte enthalten Schätze. Einige haben eine bestimmte Bedeutung, andere stellen uns vor ein Rätsel, wenn wir sie herausnehmen. Warum bewahren wir diese Dinge auf? Warum werfen wir sie nicht weg?

Ich möchte nun, daß du folgendes tust: Schau dir im Geiste deine Sammlung an und nimm etwas heraus. Etwas, was du nicht mehr brauchst. Und wirf es weg. Wir haben hier schon eine Kollektion von weggeworfenen Dingen: ein großer Behälter mit Knöpfen, befestigt an einem Kleiderständer, der ständig umkippt; obszöne Ohrringe, die ein

Onkel liegenließ; eine Sammlung alter Rechnungen; Notizen für meine Arbeit zum Dr. phil.; eine Stoffpuppe. Komm nur her, nimm etwas aus deiner Sammlung heraus und trenne dich von dieser Sache so, wie du es gern möchtest. (Hier stellt der Leiter die Aktion pantomimisch dar.) Wenn du das getan hast, kommt der nächste an die Reihe. Wir werden erst sprechen, wenn alle fertig sind. Fangt jetzt an."

Kommentar: Während der Diskussion bittet der Leiter jeden einzelnen, das Objekt, von dem er sich getrennt hat, zu beschreiben. Dieser Übung kann ein ähnliches Experiment folgen, bei dem die Gruppenmitglieder an die Kiste herantreten und etwas herausnehmen, was sie behalten möchten.

Variante 12: Farben

Anleitung: „Denke an eine Zeit in deinem Leben, an die du dich klar und deutlich erinnern kannst, an irgendein glückliches oder trauriges Ereignis zu einer beliebigen Zeit. Gib dieser Zeit eine Farbe. Dann such dir einen Partner, der mit dir die Szene spielen soll. Erzähle deinem Partner etwas über das Ereignis und sage ihm, welche Bedeutung die Farbe für dich hat, die du gewählt hast."

Kommentar: Das Gespräch über die Wahl der Farbe gibt diesem Einstieg häufig etwas Intensives und Intuitives. Beispiel: Marni erinnert sich an eine Gletscherbesteigung in den Schweizer Alpen. Die Farbe ihrer Wahl ist Silber. Es reflektiert die intensive Kälte der Berge und drückt etwas über die Qualität ihrer Angst aus. Ihr Partner muß sie ermutigen, ihr helfen und mit ihr schimpfen, damit sie weitermacht.

Variante 13: Das Leben ist leicht... Das Leben ist schwer

Anleitung: „Stell dir eine Linie mitten durch diesen Raum vor, die eine Skala darstellt. Das eine Ende sagt: ‚Das Leben ist leicht', das andere Ende: ‚Das Leben ist schwer'. Geh nun an der Linie entlang, probiere dabei verschiedene Abschnitte der Skala aus und sprich mit Personen, die du dort antriffst; und tue dies so lange, bis du den richtigen Platz für dich gefunden hast."

Kommentar: Nachdem jeder Teilnehmer seinen Platz gefunden hat, erzählen alle, wie sie dorthin gekommen sind. Dieser Einstieg löst Gefühle aus, Freude oder heftiges Klagen. In einem weiteren Schritt kann man einzelne Teilnehmer oder Gruppen beider Seiten miteinander konfrontieren, oder Teilnehmer derselben Seite können als Doppelgänger für einen anderen fungieren.

Variante 14: Familienphantasie

Anleitung: „Stell dir deine Familie vor zu einer Zeit, die du in lebendiger Erinnerung hast. Laß dir Zeit damit. Stell dir vor, wie alt du damals warst, wie du aussahst, wie die anderen aussahen, was geschah, wo ihr alle wart etc. (Lassen Sie ein paar Minuten vergehen.) Nun laß uns sehen, ob du etwas verändern kannst. Stelle dieses Familienbild in eine Phantasieszene, mit anderen Worten in eine Szene, die überall und zu jeder Zeit spielen könnte."

Kommentar: Dieser Einstieg bietet die Gelegenheit, Phantasien auszuagieren wie z. B. positive und negative Wünsche und Phantasien, die die Wirklichkeit idealisieren. Die Phantasien können paradiesisch sein oder voller Rachegefühle, sie können in der Wirklichkeit spielen, im Weltraum oder in einer Opiumhöhle.

Variante 15: Dialoge

Anleitung: „Ich werde euch jetzt in Paare aufteilen. Ihr sollt folgenden Dialog sprechen. Einer von euch soll sagen: ‚Ich gehe jetzt.' Der andere sagt daraufhin: ‚Geh nicht.' Jedes Paar kann seinen Dialog individuell entwickeln. Wir werden die Szenen nacheinander durchspielen."

Kommentar: Diese Aufgabe kann mit beliebigen Sätzen aus uralten Konflikten variiert werden: „Ich will es." – „Du kriegst es aber nicht." „Das hast du doch getan." – „Nein, hab' ich nicht." „Komm her." – „Nein, ich bleibe hier." „Das ist deine Schuld." – „Damit hatte ich gar nichts zu tun." Schon eine einfache Runde mit einem Dialog, bei dem die eine Person mit „Ja", die andere mit „Nein" beginnt, kann die weitere Arbeit vorbereiten. Dieser Einstieg schafft oft den schnellen Übergang zu intensiver persönlicher Arbeit.

Variante 16: Requisiten

Der Gruppenleiter bringt eine Vielzahl von Objekten mit in die Gruppe. Das können Kleidungsstücke sein, Spielzeug, Töpfe und Pfannen, ein Spiegel, ein Stock, ein Regenschirm – beliebige Gegenstände, die Erinnerungen oder Assoziationen hervorrufen können.

Anleitung: „Wähl dir ein Objekt aus, das dich irgendwie anzieht. Es kann etwas sein, was dir gefällt, oder etwas, was Erinnerungen an die Vergangenheit wachruft, einfach ein Gegenstand, der Gefühle in dir weckt. Wenn zwei oder drei von euch dasselbe Objekt auswählen, ist das in Ordnung. Ihr könnt euch dann abwechseln."

Kommentar: Nachdem die Teilnehmer die Objekte ausgewählt haben, bitten Sie jeden einzelnen, als dieses Objekt zu sprechen. (Falls die Gruppe dazu noch nicht in der Lage ist, kann man sich natürlich darauf beschränken, daß jeder begründet, warum er gerade dieses Objekt gewählt hat.) Der Übergang zur anschließenden Szene wird deutlich.

Solche Objekte lassen sich auf verschiedene Weise einsetzen. Hier zwei weitere Möglichkeiten:

Anleitung: „Ich werde jetzt diesen Gegenstand herumgeben. Probiert aus, auf wie viele verschiedene Arten wir ihn benutzen können."

Kommentar: Der Rohrstock kann beispielsweise als Schwert oder als Gewehr benutzt werden, als Spazierstock. Man kann damit graben, Teppiche klopfen oder damit drohen. Diese Übung fördert Flexibilität und Vorstellungskraft.

Anleitung: „Heute werden wir mit den Gegenständen etwas völlig anderes tun. Wir werden uns einen davon auswählen, um einen Werbespot zu machen. Jeder von euch wird Gelegenheit haben, einen Werbespot für seinen Gegenstand zu erfinden. Du könntest zum Beispiel diese Brieftasche dazu verwenden, um Werbung für dein Geschäft zu machen: ‚Bei uns finden Sie Geldbörsen und Brieftaschen der allerbesten Qualität. Dieses Leder stammt von Schafen, die in den höchsten Bergen Chinas lebten. Es ist rauh und robust und wird viele Jahre halten. Kaufen Sie eine Brieftasche wie diese hier, und Sie werden niemals mehr Plastik nehmen.'

Diese Version entstand in einer meiner Gruppen, aber selbstverständlich kann der Leiter ein beliebiges Beispiel geben, das für seine Gruppe passend ist. Ein solcher Einstieg belebt die Gruppe und kann für die intensivere Arbeit benutzt werden, z. B. um Angst vor öffentlichen Auftritten oder Lampenfieber abzubauen bzw. um positive Gefühle wie Phantasien über wirtschaftlichen Erfolg anzuregen.

Ich erwarte von jedem Teilnehmer, daß er sich während des Einstiegs so oft wie möglich aktiv beteiligt. Falls die Gruppengröße dies nicht erlaubt, versuche ich, eine Einstiegsaufgabe zu finden, die mit einem Wort oder Satz beantwortet werden kann, um eine möglichst breite Beteiligung zu erreichen. Jeder Leiter einer Psychodrama-Gruppe muß über Strategien verfügen, mit deren Hilfe maximale Beteiligung zu gewährleisten ist. Eine Auswahl meiner eigenen Strategien wird im folgenden beschrieben.

Ich versuche, einen Mittelweg zu finden zwischen völliger Spontaneität – die dazu führen könnte, daß ein Teilnehmer die ganze Gruppe beherrscht und viele andere sich aus der Einstiegs-Aktivität zurückziehen – und rigider Steuerung, die Gefahr läuft, Spontaneität abzuwürgen und den Teilnehmern das Gefühl vermittelt, daß sie sich ohne fragenden Blick zum Leiter nicht einmal rühren dürfen. In relativ spontanen Gruppen neige ich dazu, mich zurückzuhalten und zu warten, bis die Teilnehmer von sich aus erste Reaktionen zeigen. Wenn die Pausen zwischen den einzelnen Beiträgen länger werden oder wenn ich merke, daß die Mitarbeit der Gruppe ihrem Ende entgegengeht, bevor alle Teilnehmer einen Beitrag eingebracht haben, fordere ich die bis dahin nicht zum Zug Gekommenen auf, sich auch noch zu äußern. In wenig spontanen Gruppen lasse ich oft einen Assistenten (oder irgend jemanden, auf dessen Mitarbeit ich mich absolut verlassen kann) den Anfang machen, um dann der Reihe nach jeden einzelnen im Kreis um seinen Beitrag zu bitten. Wenn jemand sich nur widerstrebend beteiligt, gebe ich ihm durch eine konkretere Strukturierung der Aufgabe Hilfestellung (vgl. das Kapitel über „Verweigerungen") und bitte ihn anschließend um einen neuen Versuch. Falls ein Teilnehmer mich rundheraus abweist, bitte ich ihn im allgemeinen, sich zunächst einige andere Beiträge anzuhören, bis ich am Ende des Durchgangs wieder auf ihn zurückkomme, um zu erfahren, ob er seine Einstellung mittlerweile geändert hat.

Eine der Hauptaufgaben des Einstiegs besteht darin, in sehr kurzer Zeit eine Atmosphäre der Spontaneität und des Vertrauens zu schaffen. Die verschiedenen Übungen stellen für die Gruppe gemeinsame Erfahrungen dar. Der Leiter muß darauf achten, daß wirklich ein Prozeß des Ein-Steigens abläuft, daß die Übungen nicht mechanisch nachvollzogen werden. Lob und Bestätigung eines jeden Beitrags sind unerläßlich. Der Einstieg sollte ein ermutigendes Klima schaffen, in dem jeder einzelne sich allmählich der Offenlegung seiner ganz persönlichen Anliegen nähern kann. Dabei hilft schon, wenn der Gruppenleiter sich für jeden Beitrag bedankt – mit einem Kopfnicken, einem Lächeln, einem kurzen Kommentar oder auch einem ausdrücklichen „Danke". Der Einstieg erreicht sein Optimum, wenn er eine gewisse Eigendynamik entwickelt: wenn die Beiträge sich häufiger und rascher abwechseln, die Teilnehmer aufeinander eingehen und ihre abwehrende Förmlichkeit und Verkrampfung zu lockern beginnen. Die Teilnehmer rechnen mit ihrem eigenen Versagen: „Ich weiß nicht, was sie von uns will. Ich glaube kaum, daß ich verstanden habe, was sie gesagt hat. Na gut, ich werd's versuchen – aber wahrscheinlich liege ich daneben." Wenn der Gruppenleiter dieses Gefühl des drohenden Untergangs noch verstärkt, indem er eine bestimmte Antwort als irreführend, unzulänglich, dürftig oder nicht ganz richtig aburteilt, bricht die Stimmung der Gruppe sofort ab, und jene Eigendynamik kann sich nicht entwickeln.

Falls ein Teilnehmer die gestellte Aufgabe wirklich mißverstanden hat, gerät der Gruppenleiter in ein kleines Dilemma. Er denkt: „Ich würde diese Antwort gern bestätigen, aber wie kann ich das, wo sie doch falsch ist? Ich würde die anderen nur verwirren, bis sie gar nicht mehr wissen, was sie eigentlich tun sollten. Andererseits ist es nicht einfach, den jungen Mann vor der ganzen Gruppe zu korrigieren." Die Mitglieder der Gruppe, die zum großen Teil das Mißverständnis bemerkt haben, denken: „Da haben wir's! Genauso, hab' ich mir vorgestellt, würde es mir auch gehen. Wenn sie es ihm jetzt sagt – eine echte Demütigung für ihn! Was ist aber, wenn sie es ihm nicht sagt? Das wäre auch nicht richtig."

Meine eigene Strategie in diesem Dilemma besteht aus zwei Schritten. Zuerst bestätige ich den Beitrag. Nehmen wir zum Beispiel an, John soll während des Einstiegs einige Sätze formulieren, die sein Therapeut über ihn sagen könnte. John sagt jedoch einige Sätze zu seinem Therapeuten. Meine erste Antwort ist dann: „Danke. Das hört sich an, als würde dieser Herr dir ganz schön zu schaffen machen." Nachdem ich somit meiner Maxime – „Keine Antwort darf unbestätigt bleiben!" – Rechnung getragen habe, gehe ich über zum zweiten Schritt, d. h. dazu, John den Sinn des Einstiegs zu verdeutlichen: „Könntest du noch etwas anderes versuchen? Spiel doch einmal die Rolle deines Therapeuten Dr. Rosen und erzähle uns etwas über John, ja?" Um mich möglichst klar auszudrücken, könnte ich die Anleitung auch für den nächsten Teilnehmer noch einmal wiederholen: „Wir möchten hören, was dein Therapeut über dich zu sagen hat." Mit dieser Strategie kann ich – anders als durch Nichtbeachtung oder Entwertung der verfehlten Antwort – oft verhindern, daß die Gruppenarbeit ins Stocken gerät.

Vor einem anderen Dilemma steht der Gruppenleiter, der den falschen Einstieg gewählt hat. Während er den Ablauf verfolgt, beobachtet er mechanische Reaktionen, wenig Begeisterung, nicht die geringste Dynamik. Der gesamte Prozeß erinnert eher an Kältestarre. In solchen Fällen wechsle ich den Einstieg. Wenn ich irgendeinen Hinweis habe, einen winzigen Funken, der für einen Moment irgendwo aufglüht, um im nächsten Augenblick zu verlöschen, dann orientiere ich daran meinen zweiten Versuch. Wenn nicht, probiere ich vielleicht etwas Nonverbales, falls der erste Einstieg ein verbaler war, oder irgend etwas, was uns in eine vollkommen andere Richtung führt.

Ich disponiere allerdings erst um, wenn die Gruppe meinen Eindruck bestätigt hat: „Möchtet ihr lieber bei diesem Einstieg bleiben oder etwas anderes versuchen?" Diese Frage erlaubt mir zu prüfen, ob ich Gespenster sehe (manchmal ist nur in mir etwas verloschen, während die Gruppe den ursprünglichen Einstieg fortzusetzen wünscht), und beteiligt gleichzeitig die Gruppe an der Entscheidung über einen eventuellen Wechsel. Die Bereitschaft des Gruppenleiters, sein Konzept gegebenenfalls zu ändern, hat einen zusätzlichen Vorteil: sie demonstriert in gewisser Hinsicht Spontaneität. Sie besagt: „In dieser Gruppe gibt es nichts, woran man stur festhalten müßte. Wenn man frustriert ist, kann man etwas anderes tun, was mehr Spaß macht."

Der offenkundige Vorteil eines nonverbalen Einstiegs ist der, daß niemand reden muß – ein erheblicher Vorteil, wenn man es mit einer unbekannten Gruppe zu tun hat, die sich obendrein als schwer zugänglich erweist. Natürlich gibt es trotzdem noch Hemmschwellen. „Das ist doch albern! Wie im Kindergarten. Ist das sowas, wo man sich gegenseitig anfassen muß? Ich will niemanden hier in der Gruppe anfassen! Ich will auch keine Pantomimen spielen. Das ist ja wie im Bilderrätsel!" Der nonverbale Einstieg versetzt die Gruppe in einen fortlaufenden gemeinsamen Prozeß, der unter psychodramatischen Vorzeichen ein zweites Mal durchgearbeitet werden kann. Übungen dieser Art lassen sich nicht im Sitzen durchführen – dies allein markiert schon einen bedeutsamen Unterschied gegenüber herkömmlichen Therapieformen. Der nonverbale Einstieg hat jedoch einen Nachteil: Bevor echtes Rollenspiel beginnen kann, ist ein Zwischenschritt erforderlich. An solche Übungen sollte sich in der Regel eine Gruppendiskussion anschließen, die dem Leiter Gelegenheit gibt, auf der Suche nach Hinweisen für die weitere Arbeit einige Fragen zu stellen: „Wie hat euch das gefallen? Möchtet ihr jemandem in der Gruppe etwas sagen? Mir? Habt ihr in irgendeiner anderen Situation in eurem Leben schon einmal ein ähnliches Gefühl gehabt?"

Der nonverbale Einstieg

1. Alle bewegen sich in der gleichen Weise. (Einige Gruppen – zum Beispiel Gruppen mit sehr alten Menschen oder mit Behinderten – haben Schwierigkeiten, mit komplexen Aktivitäten zu beginnen, seien sie verbal oder nonverbal. Solche Gruppen können mit einfachen Bewegungen anfangen. Dies ist auch ein guter Einstieg für normale Gruppen.)

Anleitung: „Ich werde jetzt eine einfache Bewegung vormachen, die ihr dann, einer nach dem anderen, imitieren sollt. Gebt die Bewegung weiter." (Der Leiter kann einen Finger heben, sich am Ohr kratzen, mit dem Fuß auftippen etc.)

Kommentar: Wenn jeder die Bewegung gemacht hat, kann der Leiter die Geste in mehreren Runden erweitern oder verändern. Diese Übung kann auch mit allen gleichzeitig durchgeführt werden, oder später können einzelne Teilnehmer die Rolle des Leiters übernehmen und Bewegungen vorschlagen.

61

2. Umbau der Einrichtung (Dies ist besonders dort angebracht, wo das Mobiliar schematisch gruppiert ist: Stühle in Reihen, Stühle um Tische herum etc.)

Anleitung: „Ich möchte damit anfangen, daß wir den Raum hier anders einrichten. Wir brauchen Platz für eine Bühne. Und ich möchte, daß ihr es bequem habt. Überlegt euch also bitte, wie und wo ihr sitzen wollt – auf Stühlen, auf dem Fußboden, auf Tischen, neben wem – und wo die Bühne sein sollte. Ihr braucht dabei nicht zu sprechen. Wenn ihr jemandem etwas sagen müßt, könnt ihr das pantomimisch tun."

Kommentar: Die Gruppe hat für die Aufgabe fünf bis zehn Minuten Zeit.

Durch diesen Einstieg entsteht zumeist eine spielerische Atmosphäre – er erinnert an Kinder, die ihr Spielzimmer umräumen. Besonders empfehlenswert ist ein solcher Einstieg für größere Gruppen mit mehr als zwanzig Teilnehmern, da mit der Gruppengröße auch die Variationsmöglichkeiten zunehmen. Eine Warnung ist allerdings geboten: Wenn Ihnen die Gruppe genauso steif vorkommt wie das Mobiliar, verzichten Sie besser auf diesen Einstieg. Er ist nur dann sinnvoll, wenn sich wenigstens ein Teil der Gruppe von der Aufgabe angetan zeigt. Meistens schließe ich an diesen noch einen zweiten Einstieg an, wobei die schon beschriebenen Übungen mit Kindheitserinnerungen besonders gut geeignet zu sein scheinen.

3. Laufen (Der Raum für diese Übung muß groß genug sein, um eine gewisse Bewegungsfreiheit zu erlauben. Die Technik kommt ebenso wie das „Stampfen" (s. u.) aus der Bewegungstherapie.)

Anleitung: „Ich fände es schön, wenn wir uns zu Beginn ein bißchen bewegen würden. Könntet ihr zunächst einmal alle aufstehen?"

(Es ist immer wichtig, die Teilnehmer so früh wie möglich auf die Beine zu bekommen; andernfalls würden sie sitzenbleiben und zuhören.)

„Laßt den Raum um euch herum auf euch wirken, ohne dabei zu sprechen. Schaut euch um, wo ihr steht, wer neben euch steht, wer sich ganz woanders aufhält..." (ca. zwei Minuten)

„Fangt jetzt an, langsam durch den Saal zu laufen. Nehmt dabei alle Personen und Gegenstände mit den Augen in euch auf. Sprecht nicht und berührt möglichst niemanden..." (zwei bis fünf Minuten)

„Lauft jetzt schneller und vermeidet Blickkontakte... Noch schneller... Wenn ihr einen bestimmten Gang habt, versucht, ihn zu verändern... Schneller..." (zwei bis fünf Minuten)

„Solltet ihr im Begriff sein, mit jemandem zusammenzustoßen, lauft trotzdem weiter, falls ihr nicht irgendeine persönliche Abneigung habt. Laßt euch anrempeln! Vermeidet Blickkontakte..." (zwei Minuten)

„Bleibt stehen. Konzentriert euch einen Moment auf euch selbst, auf eure Gefühle. Achtet auf alle Körperempfindungen..." (eine Minute)

„Lauft jetzt langsam weiter, nehmt Blickkontakte auf und laßt auch Körperkontakte zu, wenn ihr das möchtet..." (ca. drei Minuten)

„Gut. Das genügt. Kehrt jetzt zum Kreis zurück."

Man kann diese Übung auch damit abschließen, daß man gegen Ende der letzten Phase vorschlägt:

„Ich möchte, daß ihr euch jetzt einen Partner sucht (zu dritt, zu fünft usw. Gruppen bildet) und dann – immer noch ohne zu reden – stehenbleibt."

Nach ein paar Minuten sollte man feststellen, ob jemand noch keinen Partner gefunden hat, um gegebenenfalls helfen zu können. Gerade wenn die Teilnehmer sich untereinander noch nicht kennen, ist diese Übung eine günstige Gelegenheit, Partner für die weitere Arbeit zu wählen.

Kommentar: Ganztägige Arbeitssitzungen, die schon am Vormittag beginnen, habe ich oft mit diesem Einstieg eröffnet. Die Übung hilft, wach und warm zu werden. Sie ist auch für gehemmte Gruppen gut geeignet, da sie keine Schwierigkeiten birgt, dafür aber aktive Bewegung und viele Kontakte ermöglicht.

Kommunikation mit Blickkontakten ist für die Gruppe eine Erfahrung, die vielfach besetzt ist mit Gefühlen aus dem Umkreis von Vertrauen, Vertraulichkeit, Intimität und Scheu. Die anschließende Diskussion dreht sich fast immer um diese Themen; Perspektiven für die weitere Arbeit ergeben sich daraus von selbst.

4. Schreiben mit der ungeübten Hand (Dies ist eine Technik aus der Bewegungstherapie. An Material ist erforderlich: Papier, vorzugsweise große Bögen, die von einer Rolle Packpapier oder einem großen Zeichenblock abgerissen werden können, sowie Bunt-, Kohle- oder Bleistifte.)

Anleitung: „Heute möchte ich mit euch etwas ausprobieren, was die meisten von euch wahrscheinlich noch nie zuvor versucht haben: Schreiben mit der ungeübten Hand. Das heißt, wenn ihr Rechtshänder seid, nehmt jetzt die linke Hand und umgekehrt. So zu schreiben hilft einem oft, bestimmte Gefühle auszudrücken oder sich an etwas zu erinnern, was man vergessen hatte. Damit ihr euch leichter hineinfindet, denkt am besten zurück an die Zeit, als ihr schreiben gelernt habt. Wo war das? Zu Hause, in der Schule, im Kindergarten? Laßt das Bild eurer damaligen Umgebung neu erstehen bis in die Einzelheiten. Erinnert euch, wie ihr selbst damals ausgesehen habt. Wie alt wart ihr? Wie kamt ihr mit euch und der Welt zurecht? Wenn ihr möchtet, könnt ihr die Augen schließen."

Ich gebe diese Anleitungen mit leiser, unaufdringlicher Stimme, um die Gruppe nicht von ihrer konzentrierten Vergangenheitsreise abzulenken. Anschließend warte ich ungefähr fünf Minuten, um während dieser Zeit einzelne Teilnehmer zu ermutigen, weiter in ihrer Phantasie zu verweilen; Gespräche versuche ich möglichst zu unterbinden.

„Wenn ihr soweit seid, könnt ihr euch einen Stift nehmen und euch einen Bogen Papier zum Schreiben holen. Haltet euer Bild von damals fest. Sucht euch einen Platz zum Schreiben, den Fußboden, euren Stuhl oder den Tisch dort drüben. Übt jetzt bitte, euren Namen zu schreiben. Falls ihr einen Spitznamen hattet, könnt ihr es vielleicht auch damit versuchen."

An dieser Stelle beginne ich meistens, Züge einer Grundschullehrerin anzunehmen, um so die Erinnerungsphantasien der Gruppe noch zu unterstreichen. Nach ungefähr fünf Minuten fahre ich fort: „Ich möchte, daß ihr – immer noch mit der ‚falschen' Hand – eine kleine Geschichte über euch selbst zu schreiben versucht – so, wie ihr euch selbst seht in eurer Erinnerung an die Zeit, als ihr schreiben gelernt habt. Schreibt euren Namen auf, euer Alter und alles, was ihr uns sonst noch erzählen möchtet. Versucht, eure Hand allein schreiben zu lassen. Folgt ihr einfach, ohne vorher zu überlegen."

Während noch geschrieben wird, achte ich auf diejenigen, die schon fertig sind, um zu verhindern, daß sie ihre Aufzeichnungen vergleichen: „Wenn ihr fertig seid, schaut bitte zu mir herüber. Sprecht vorerst nicht darüber, was ihr geschrieben habt."

Wenn die Gruppe bis auf wenige Ausnahmen fertig ist, schließe ich: „Könnten diejenigen, die noch nicht fertig sind, einfach den Satz zu Ende schreiben, bei dem sie gerade sind, und sich dann wieder zur Gruppe setzen?" Wenn die Gruppe wieder zusammensitzt, bitte ich jeden, seine Geschichte vorzulesen, und zwar immer noch in der Rolle seines Vergangenheitsbildes.

Kommentar: Diese Aufgabe ist, wie die schon besprochene verbale Übung zur Kindheitserinnerung, besonders geeignet, Kindheitserlebnisse ins Gedächtnis zurückzurufen. Die spätere Arbeit kann darauf aufbauen, indem man auf bestimmte, in den Geschichten angedeutete Situationen zurückgreift oder weitere kindheitsbezogene Gruppenaktivitäten durchführt, wie zum Beispiel Rollenspiele aus der Schule oder Spielszenen. Ist die Aufgabe einmal verstanden, so läßt sie sich auch für weitere Einstiegs- oder Gruppenaktivitäten verwenden. Man kann die Teilnehmer zum Beispiel veranlassen, sich gegenseitig Briefe zu schreiben, über ihre Familien zu schreiben, schriftlich Lückensätze auszufüllen usw., wobei stets hinzuzufügen ist: „Überlaßt das Schreiben eurer Hand!"

Psychodrama ist eine Art Spiel. Linkshändiges Schreiben ist ein sehr direkter Weg zum Kind in uns. Ich staune immer wieder, wie schnell ein Raum voller gramgebeugter, gehemmter, mißtrauischer „Erwachsener" zu verwandeln ist. Während sie sich zunächst auf ihre Kindheitserinnerungen, dann auf die ungewohnte Art zu schreiben konzentrieren, ändern sich Körperhaltung und Gesichtsausdruck. Sie sitzen lässig auf dem Fußboden, sehen zufrieden aus und scheinen ganz von der Aufgabe gefesselt. Die Geschichten sind meist in einer einfachen Sprache geschrieben, ganz anders, als wir normalerweise reden. „Ich bin Cathy. Ich bin fünf Jahre alt. Ich habe einen großen Bruder und einen großen Hund. Ich möchte in die Schule gehen, aber ich darf noch nicht." – „Ich heiße Bob. Ich mag gern rennen. Die Schule ist blöd." – „Liebe Mary! Ich bin verrückt nach dir. Du hast mir so weh getan. Wir sehen uns nie wieder. Dein Tom."

Stationäre Patienten, deren Einsamkeit fast mit den Händen zu greifen ist, finden beim linkshändigen Schreiben oft einen Weg zueinander. Als Erwachsene sind wir Experten darin, andere abzuweisen; als Kinder können wir uns ihnen zuwenden.

5. Blindenführung – eine Encounter-Technik

Anleitung: Nachdem Paare gebildet sind und jeder sich für die Zahl Eins oder Zwei entschieden hat, erkläre ich: „Ich möchte jetzt, daß alle Einser die Augen schließen und sich von den Zweiern durch den Raum führen lassen. Versucht, ein möglichst gutes Verständnis untereinander zu erreichen. Die Führer können sich vielleicht darum bemühen, ihren Partnern möglichst viele Eindrücke aus ihrer Umgebung zu vermitteln. Die Möglichkeiten sind fast unbegrenzt. Ihr dürft euch anfassen, aber ihr dürft nicht miteinander sprechen." Nach fünf Minuten wird die Übung mit vertauschten Rollen wiederholt.

Kommentar: Der Einstieg kann damit enden; die Teilnehmer kommen wieder im Kreis zusammen und diskutieren nacheinander mit den Partnern die Erfahrungen aus der Übung. Das Thema dieses Einstiegs ist Vertrauen. Die Fähigkeit der Partner, einander zu vertrauen, wird Gegenstand der Diskussionen sein. In der Folge kann mit Doppelgängern und Rollentausch gearbeitet werden; weitere an den Einstieg anknüpfende Situationen lassen sich anschließen.

Ein Beispiel:

Bob sagt zu Tom: „Es hat mir Spaß gemacht, dich zu führen, aber als du mich geführt hast, habe ich mich verkrampft, ich konnte einfach kein Vertrauen zu dir fassen."

Eva: „Zu wem könntest du diesen Satz noch sagen?"

Bob: „‚Als du mich geführt hast, konnte ich kein Vertrauen zu dir fassen?' – Ich glaube, zu meiner Frau. Wir streiten uns andauernd darüber, wie ich ständig den Chef spielen muß."

Eva: „Könntest du jemanden aus der Gruppe bitten, die Rolle deiner Frau zu übernehmen? Gut. Sag zunächst diesen Satz zu ihr, Joan reagiert dann einfach aus der Situation heraus."

„Blindenführung" hat viele Varianten, die sich zum Teil oder auch alle als Einstieg eignen. Es empfiehlt sich, jeweils fünf bis zehn Minuten Zeit sowie einen Rollentausch der Partner vorzusehen.

1. „Diesmal dürft ihr reden, ihr dürft euch aber nicht berühren. Bleibt nahe beim Partner und beschreibt ihm mit Worten, worauf er sich zubewegt. Sagt zum Beispiel: ‚Wenn du noch drei Schritte vorwärts gehst, stehst du vor einem Stuhl. Geh um den Stuhl herum.' Versucht auch diesmal, eurem Partner einen möglichst genauen Eindruck von seiner Umgebung zu vermitteln. Ich werde das Bild unseres Raumes ein wenig verändern, so daß er für euch alle etwas ungewohnt aussehen wird." Daraufhin baue ich verschiedene Hindernisse auf: zwei mit den Lehnen gegeneinandergestellte Stuhlreihen, zwischen denen nur ein schmaler Durchgang bleibt; einen Turm aus übereinandergestapelten Stühlen; ein paar umgeworfene Stühle usw. Wenn die Paare ihre Rollen tauschen, baue ich diese Hindernisse um.

2. „Ich möchte jetzt, daß ihr etwas sehr Schwieriges probiert. Ich bitte euch, einen Abstand von ca. einem Meter zum Partner zu halten. Gleichzeitig soll der Führer seinen Schützling zu riskanten Unternehmungen ermuntern; man kann zum Beispiel rennen, hüpfen, springen, neue Aspekte dieses Raumes erkunden usw. Achtet auf den Abstand. Ich werde den Raum ein wenig verändern, so daß er stellenweise etwas ungewohnt aussehen wird."

3. „Beide Partner schließen die Augen. Ihr dürft euch anfassen, aber nicht sprechen."

4. „Beide Partner schließen die Augen. Ihr dürft sprechen, euch aber nicht berühren."

5. „Schließt die Augen und erkundet den Raum für euch allein."

Die Varianten (2) bis (5) der „Blindenführung" sollte man erst versuchen, nachdem eine der beiden ersten Versionen bereits durchgeführt wurde. Die beiden letzten können echte Angstgefühle hervorrufen und sollten daher zeitlich entsprechend begrenzt werden; zwei bis drei Minuten sollten ausreichen.

Wenn diese Übung in mehr als einer Version durchgeführt wird – zum Beispiel als Einleitung zu einer ganztägigen Arbeitssitzung –, steigern sich Spontaneität und Spiellaune gewöhnlich mit jeder Aufgabe. Ist dies einmal nicht der Fall, wirkt die Gruppe statt dessen zunehmend verhalten und gezwungen, so sollte der Einstieg abgebrochen und eben diese Befangenheit zum Ausgangspunkt weiterer Rollenspiele genommen werden.

6. Familien-Skulpturen – Technik von Virginia Satir

Anleitung: „Ich möchte heute etwas Neues versuchen. Wir haben es noch nie gemacht, so daß auch niemand weiß, wie es geht. Es nennt sich ‚Familienskulptur', und ihr sollt dabei ein lebendes Bild eurer Familie vorstellen. Möchtest du das einmal versuchen, John?"

Ich spreche John an, da er in der letzten Sitzung Konflikte mit seinen Eltern angedeutet hat. Falls die Gruppe zu keiner Spontaneität fähig oder mir völlig unbekannt ist, könnte ich einen Assistenten beginnen lassen oder zunächst mit Hilfe von Teilnehmern meine eigenen Eltern abbilden. Wenn John zustimmt, fahre ich fort: „Wie viele Köpfe zählt deine Familie? Könntest du jemanden aussuchen für die Rolle deines Vaters, deiner Mutter usw.? Prima! Forme jetzt aus diesen Personen ein Standbild, das mir etwas sagt über die Beziehungen innerhalb deiner Familie. Wenn ich im Park spazierenginge und dort stünde deine Skulptur: Wie würde sie aussehen? Welchen Eindruck würde ich gewinnen? Ihr Familienmitglieder, ihr habt nichts anderes zu sein als Wachs in Johns Händen! Laßt euch von John zu einem Standbild formen, sagt nichts dazu. John, sag ihnen nicht, wie sie aussehen sollen. Setze sie dahin, wo du sie haben willst, und forme ihre Körper in die richtige Lage. Du kannst sogar ihren Gesichtsausdruck modellieren. Gut. Jetzt füge dich selbst in die Skulptur ein." Falls John nicht versteht, was gemeint ist, kann man ihm mit Beispielen helfen: „In manchen Skulpturen wendet der Vater der Familie den Rücken zu, während die Mutter und die Kinder sich eng aneinander schmiegen. Oder du kannst den Papi auf den Boden setzen und die Frau Mutter als Hausherrin hinter ihm aufragen lassen. Es gibt tausend Möglichkeiten."

Wenn John fertig ist, wende ich mich an die Gruppe: „Es ist wichtig, daß jeder dieses Standbild sehen kann. Wenn ihr ungünstig sitzt, kommt bitte hier herüber. Schaut euch die einzelnen Familienmitglieder an. Die Familienmitglieder halten bitte noch für etwa eine Minute die Stellung, dann dürfen sie sich erholen."

Kommentar: Wenn diese Übung als Einstieg angesetzt ist, ergibt sich eine Fülle von Möglichkeiten. Man kann zum Beispiel die Familienmitglieder auffordern, in jeweils einem Satz zu beschreiben, welches Gefühl sie als Teil der Skulptur hatten. Andere Teilnehmer können Vermutungen äußern, wie sie sich an Johns Stelle als Mitglied seiner Familie fühlen würden. Anschließend kann man weiter über Johns Familie arbeiten oder auch ein Thema aus der Gruppe aufgreifen und mit verschiedenen Teilnehmern durchspielen. „Einsamkeit" könnte zum Beispiel ein solches Thema sein. Manchen fällt dabei vielleicht auf, daß sie „in dieser Familie irgendwie niemanden anfassen oder erkennen können". Das Thema läßt sich noch ausbauen, indem man jeden einzelnen fragt, ob diese Aussage auch für seine Familie zutrifft; wenn ja, kann man Szenen spielen mit dem (den) Familienangehörigen, den (die) der Betreffende gern damit konfrontieren würde.

Eine andere Möglichkeit wäre, besonders wenn die Sitzung länger als eine Stunde dauern soll, auch die übrigen Teilnehmer aufzufordern, lebende Bilder ihrer Familien zusammenzustellen; das Thema der weiteren Arbeit würde dann offenbleiben, bis die Gruppe alle Skulpturen gesehen hat. Wenn jemand nur ungern seine Familie darstellt, kann man natürlich auch eine andere Skulptur vorschlagen: „Modelliere jemanden aus der Gruppe, mit dem du dich gut verträgst, in die Haltung, die du an ihm am liebsten magst. Forme einen unserer Mitarbeiter so, wie du ihn absolut nicht leiden kannst. Modelliere mich, wie ich mich hier in der Gruppe verhalte, und dann dich selbst in deiner Beziehung zu mir."

Die „Skulptur" ist eine sehr fruchtbare Technik, die ohne Umwege *Nutzen* mehrere Zwecke zugleich erfüllt: Sie bringt Bewegung in die Gruppe, hilft, Berührungsängste zu überwinden und gibt dem „Bildhauer" das Gefühl einer gewissen Kontrolle über eine Situation (seine Familie), in der er sich schon oft ziemlich hilflos vorgekommen ist. Bildhauer, Familie und Gruppe finden in der „Skulptur" eine Fülle von Anregungen für die weitere Arbeit.

7. Gespräche ohne Worte

Anleitung: Nachdem der Raum in zwei Hälften geteilt ist, bitte ich die Teilnehmer, mit Partnern in der jeweils gegenüberliegenden Hälfte wortlose Gespräche zu führen; je nachdem, wie die Unterhaltung in Gang kommt, entscheide ich dann, ob der Abstand beibehalten oder verringert wird.

Kommentar: Dies ist eine ungewohnte und nicht ganz harmlose Aufgabe für Gruppen, die mit den erfahrungsorientierten Techniken noch nicht vertraut sind. In einer unbekannten und eher schüchternen Gruppe sollte man lieber darauf verzichten. Die Mitarbeit von Assistenten bietet den Vorteil, daß die Aufgabe der Gruppe zunächst demonstriert werden kann.

Dieser Einstieg ist sehr günstig, wenn eine schon länger arbeitende Gruppe stark zu Verbalisierungen und Rationalisierungen neigt. Bevor man unter Wortlawinen verschüttet wird, bietet diese Aufgabe eine willkommene Abwechslung. Sie verlagert die Diskussion in den Bereich der nonverbalen Botschaften. Die weitere Arbeit wird dadurch häufig belebt und von Umwegen befreit.

8. Maschinen (Diese und auch die folgende Technik kommen aus dem Theater.)

Anleitung: Zunächst bilde ich Untergruppen mit je fünf Teilnehmern, die jeweils eine Nummer zwischen 1 und 5 erhalten. Nachdem ich entschieden habe, welche Mannschaft den Anfang macht, erkläre ich: „Nummer 1 kommt jetzt bitte hier in die Mitte und macht eine Bewegung, die zu irgendeiner Maschine passen könnte. Sag nichts dazu, führe nur die Bewegung aus. Laß uns im unklaren. Du mußt nichts weiter über die Maschine wissen, es kommt nur auf die mechanische Bewegung an. Ausgezeichnet. Nr. 2 aus dieser Mannschaft kommt jetzt bitte dazu und macht eine Bewegung, die mit Nr. 1 zusammenhängt, so daß beide zu ein- und derselben Maschine gehören könnten." Ich wiederhole diese Anleitung noch für die Nummern 3 und 4 und bitte schließlich die Nummer 5, die Maschine sinnvoll zusammenzufügen und uns – immer noch ohne Worte – zu zeigen, wie man mit ihr umgeht. Erst danach lasse ich ihn in Worten erklären, um welche

Maschine es sich handelte und welcher Vorgang dargestellt wurde.

Kommentar: Diese Aufgabe eignet sich hervorragend zur Aufmunterung „todernster" Gruppen, die ein bißchen Spaß und spontanes Spiel gut vertragen können. Anknüpfungspunkte für weitere Arbeit ergeben sich aus Schilderungen des subjektiven Eindrucks der Übung, aus den damit verbundenen Assoziationen oder aus den im kindgemäßen Charakter der Aufgabe angelegten Phantasien.

9. Geschenke ohne Worte

Anleitung: Die Gruppe steht im Kreis. „Ich werde jetzt meinem Nebenmann etwas schenken. Ich werde dabei nichts sagen, und es gibt auch keine wirklichen Geschenke. Meine Bewegungen und die Art, wie ich das Geschenk überreiche, werden andeuten, um was es sich handelt. Er wird mein Geschenk annehmen und seinerseits den Nebenmann beschenken." Falls zusätzliche Anleitungen erforderlich sind, schlage ich vor: „Laßt eure Phantasie spielen. Ihr könnt eine Rose vom Strauch brechen und eurem Partner schenken. Ihr könnt auch den Kaugummi nehmen, der gerade an eurer Schuhsohle klebt – wie ihr wollt. Ihr könnt die Rose hinter ein Ohr oder zwischen die Zähne klemmen, oder ihr könnt sie ins Knopfloch stecken, falls ihr eine bekommt. Ihr könnt den Kaugummi zwischen die Dielen schmieren, wegwerfen oder auch wieder unter den Schuh kleben."

Kommentar: Wenn man eine Gruppe neu übernimmt, ist dies selten der richtige Einstieg. Natürlich ist er auch nicht angebracht, wenn in der Gruppe Spannungen aufgetreten sind. Die Aufgabe ist ideal für eine Gruppe, die bereits über Erfahrungen mit nonverbaler Kommunikation verfügt und eine gewisse Vertraulichkeit des Umgangs entwickelt hat, so daß ein Geschenk an den Partner ganz natürlich wirkt.

Die anschließende Diskussion erbringt leicht zugängliches Arbeitsmaterial in Gestalt plastischer Erinnerungen an andere begehrte oder gefürchtete Geschenke.

10. Stampfen

Anleitung: Die Gruppe steht im Kreis. „Wir wollen heute etwas ganz Verrücktes probieren. Sprecht jetzt bitte nicht mehr. Ihr müßt spüren, wie und wo ihr steht. Verschafft euch ein bißchen Platz. Packt den Boden fest unter eure Füße. Lockert die Knie, so daß ihr die Beine bewegen könnt, wenn ihr das wollt. Fangt an zu stampfen, so fest ihr könnt... Fester... Es darf auch Krach machen! Macht euch keine Sorgen, daß die anderen euch beobachten. Die stampfen entweder selbst oder sie machen sich dieselben Sorgen. Versucht, alles außer dem Stampfen zu vergessen. Prima!"

Kommentar: Voraussetzung für diese Übung ist die Zustimmung der Mieter der unteren Etagen (einmal hatten wir Schwierigkeiten mit einem wütenden Apotheker, dessen Laden sich unmittelbar unter uns befand; er behauptete, daß durch die Erschütterung mehrere Flaschen aus den Regalen gefallen seien). Der Vorteil dieser Übung ist ein zweifacher: Sie bringt wieder Leben in ausgelaugte, erschöpfte Gruppen, und im Hinblick auf die weitere Arbeit gibt sie Hinweise zur Thematisierung von Formen aggressiven und feindseligen Verhaltens.

11. Händedruck (Es ist häufig nicht einfach, eine Gruppensitzung zu beenden. Ein einfaches Ritual, das die Gruppenkohäsion fördert, ist der Händedruck.)

Anleitung: „Wir stellen uns in einem Kreis auf. Faßt einander bei den Händen. Wenn alle bereit sind, werde ich die Hand eines meiner Nachbarn drücken, ohne zu verraten, wessen Hand das ist. Dieser soll den Händedruck an seinen Nachbarn weitergeben usw. Wenn der Händedruck zu mir zurückkommt, ist die Gruppensitzung beendet."

Kommentar: Wenn der Händedruck nicht in einer angemessenen Zeit zurückkehrt, versuche ich herauszufinden, wo er steckengeblieben ist, und beginne noch einmal von vorn. Die Gruppe geht gewöhnlich mit positiven Gefühlen auseinander.

Psychodrama erfordert, daß wir mit Kindern spielen, denen ihre Erwachsenenmaske eine Last ist. Die Atmosphäre in unseren Gruppen ist meist rational, häufig ernst, abstrakt und vorsichtig. Die Gruppenmitglieder sind gehemmte Erwachsene, die Angst haben, die Fehler zu machen, vor denen sie von ihren erwachsenen Eltern gewarnt wurden. Dieses Programm fordert von ihnen, daß sie ruhig bleiben sollen, besonnen und gefaßt; sie sollen es besser wissen; sie sollen denken, bevor sie reden; sie sollen reif sein; sie sollen alles richtig machen. Dies sind blockierende Vorstellungen, die die Spontaneität ersticken. In dieser Situation agiert der Leiter wie ein Clown im Zirkus der Psychotherapie und gibt den Teilnehmern mit dem Einstieg die Erlaubnis, spontan zu sein, Mißerfolg zu haben, dumm zu sein, zu schreien, zu weinen. Er erinnert die Erwachsenen an das Kind in jedem von ihnen.

4
Der
Doppelgänger

Wie die meisten der hier vorgestellten Ansätze geht diese Technik auf Moreno zurück. Für mich ist sie die wirksamste aller psychodramatischen Techniken. Der Doppelgänger ist eine Person, die hinter dem Hauptdarsteller steht und einen zusätzlichen Aspekt seines Problems verkörpert. In der Regel stellt er die jeweilige Situation aus einer Perspektive dar, die dem Protagonisten nicht zugänglich ist. Wenn er spricht, muß er das Pronomen „ich" verwenden, um seine Gedanken und Gefühle zu beschreiben. Er ist kein eigenständiger Mitspieler im Psychodrama. Er ist ein Teil des Protagonisten.

Johns Problem ist beispielsweise, daß er sich seinem Chef hilflos ausgeliefert fühlt. Wir bitten ihn, seinem Chef gegenüberzutreten, und stellen fest, daß er in diesem Gespräch schüchtern und zaghaft wirkt, sich schnell abfertigen läßt. Wir geben ihm einen Doppelgänger, der seiner aufgestauten Wut freien Lauf läßt, den Chef anschreit, mit Kündigung droht – kurz: unserem Protagonisten auf dramatische Weise vorführt, daß er sich auch ganz anders verhalten könnte. Der Doppelgänger ist eine einzigartige Methode, das Wesen eines Konflikts zu veranschaulichen, und darüber hinaus eine der wirkungsvollsten Möglichkeiten, Empathie zum Ausdruck zu bringen. Den Part des Doppelgängers zu übernehmen heißt, sich in den anderen „hineinzuversetzen".

Als Kind erfand ich ein Spiel, das später zum Ausgangspunkt meiner Arbeit mit Doppelgängern werden sollte. Beim Betrachten von Bildern Alter Meister versuchte ich, Körperhaltung und Gesichtsausdruck der dargestellten Personen nachzuahmen. „Wenn ich eine Lanze trüge, sie mit den Händen fest umklammerte, mit großen Augen und hochgezogenen Brauen – was würde ich dabei empfinden?" Oder: „Wie denke ich – in meinem Samtkleid, die Hände spielerisch in die Kette über meiner Bluse geflochten, die Augen gesenkt – über den Mann, der mir über die Schulter blickt?"

Unsere Sprache ist voll von Wendungen und Metaphern, die ein solches Doppelspiel andeuten: „An deiner Stelle..." – „Versetz dich in meine Lage." – „Ich möchte nicht in deiner Haut stecken." Wir wollen alle, daß andere verstehen, was in uns vorgeht, und wir sind am Innenleben anderer brennend interessiert. Einer der frustrierendsten Züge des menschlichen Wesens ist, daß wir immer nur einen kleinen Teil dessen, was in uns vorgeht, wirklich zeigen können – nur die Spitze des Eisberges schaut heraus. Wir haben uns so an die Grenzen unseres Blickfeldes gewöhnt, daß sie uns oft nicht einmal mehr bewußt sind. Unsere Sprache enthält auch in dieser Hinsicht zahlreiche Anspielungen: „Gefangen in einem goldenen Käfig." – „Ein freundliches Gesicht machen." – „Stille Wasser sind tief." – „Kein Rauch ohne Feuer."

Wenn wir in einem Gespräch in das Innenleben unseres Gegenübers eindringen wollen, stoßen wir schnell an konventionelle Barrieren, die uns allerhöchstens oberflächliche Andeutungen gestatten: „Ich weiß, wie Ihnen zumute ist..." – „Mir ging es einmal ähnlich..." – „Ich verstehe... ich kenne das..." Woher will man das wissen? Wie ähnlich ging es einem? Was kennt man? Die Antworten sind leider nur in den allerseltensten Fällen zugänglich. Mit der Hilfe eines Doppelgängers kann man sein Inneres nach außen kehren und sich – wie wir noch sehen werden – auf mehreren Ebenen zugleich bewegen.

Jedem von uns sind, in unterschiedlichem Maße, Konflikte, Doppeldeutigkeiten und Heucheleien bewußt. Dennoch sind wir oft gezwungen, nur die eine Seite hervorzukehren. In den Rollen, die wir spielen, sind wir entweder mutig oder ängstlich, tugendhaft oder lasterhaft, gut oder böse, finster oder freundlich. Wir scheinen dem magischen Glauben zu huldigen, daß wir alles verlieren, wenn wir widersprüchliche Gefühle zulassen, oder schlimmer, ihnen Ausdruck geben. „Wenn ich jemanden in einem brennenden Haus um Hilfe rufen höre, kann ich ihn retten – aber ich darf dabei nicht daran denken, daß ich mich vor Feuer fürchte. Würde ich daran denken, würde ich mich vielleicht nicht mehr trauen hineinzugehen, und die Chance, zum Helden zu werden, wäre vertan." Wir unterdrücken oft Gefühle, die uns hindern, unsere an uns selbst gerichteten Erwartungen zu erfüllen. „Eine gute Mutter verbirgt Enttäuschung und Ärger." „Männer weinen nicht." Außerdem möchten wir anderen gegenüber unverwundbar erscheinen. Daher verbergen wir Zärtlichkeit und Zuneigung. „Nimm, was du kriegen kannst, gib dir nur ja keine Blöße; zeig ihm die kalte Schulter." Je bedeutsamer das unterdrückte Gefühl für unser Innenleben ist, desto wahrscheinlicher äußert sich seine Unterdrückung in psychischen Störungen. Mit Hilfe eines Doppelgängers können wir unserem inneren Konflikt Gehör verschaffen.

Der Doppelgänger ist die innere Stimme. Die Stimme des Konfliktes, des Selbstmitleids, der Ironie. Der Doppelgänger ist der Feigling im Helden, der Heilige im Sünder, das bedürftige Kind im einsamen Exzentriker. Der Doppelgänger untergräbt die Selbstkontrolle, bereitet den Weg für Tränen, Wut und Zärtlichkeit. Der Doppelgänger kann laut werden, und er kann lachen.

Der Doppelgänger hat unbegrenzte Möglichkeiten, und daher verlangt diese Technik behutsame Handhabung. Der Doppelgänger ist nicht dazu da, seinen eigenen Gefühlen freien Lauf zu lassen – es sei denn, sie passen zu der Person, für die er agiert. Der Doppelgänger muß genau beobachten, welche Hinweise ihm sein Protagonist liefert. Er soll dem Darsteller helfen, sich widersprüchliche Gefühle bewußt zu machen und neue emotionale Ausdrucksformen zu finden. Wenn der Protagonist fortgesetzt Zeichen der Unzufriedenheit mit seinem Doppelgänger erkennen läßt und wenn offensichtlich wird, daß die Beiträge des Doppelgängers am Kern des Problems vorbeigehen, so muß der Doppelgänger bereit sein umzuschwenken, seine kostbare Idee aufzugeben und etwas Neues zu versuchen (mehr dazu im Abschnitt über den „störrischen Doppelgänger").

Es gibt noch einen weiteren Grund zur Vorsicht. Das Doppelspiel ist eine sehr wirkungsvolle Technik. Eine gute Doppelgängerin wird von ihrer Protagonistin als innere Stimme, als Katalysator erlebt – und nicht als eine andere Person. Die Protagonistin gibt daher häufig ihre gewohnten Abwehrmechanismen auf. Wenn sie zum Beispiel von ihrer Mutter oder selbst von einer engen Freundin gefragt würde: „Möchtest du deinen Mann manchmal umbringen?", so würde sie die Idee vermutlich als makabren Scherz bezeichnen; sicher, sie regt sich schon mal auf, wie jeder von uns, aber Mord? – lächerlich! Anders in einer Szene, die unsere Protagonistin mit einem Rollenspieler zusammenführt, der ihren Mann darstellt; wenn es dann zu einer der üblichen endlosen Auseinandersetzungen kommt und sie ihre Doppelgängerin sagen hört: „Ich bin so unglücklich, ich könnte dich umbringen! Ich habe schon häufiger gedacht, ich könnte dich wirklich umbringen!", so mag sie der Doppelgängerin durchaus zustimmen – und später vor der Heftigkeit ihrer eigenen Gefühle erschrecken. Die Doppelgängerin erleichtert der Protagonistin, auch unangenehme und beängstigende Gefühle zu zeigen. Die Doppelgängerin muß von dieser Möglichkeit wissen und sich darauf einstellen. Wenn die Protagonistin zustimmt, daß sie tatsächlich fähig wäre, ihren Mann zu töten, könnte die Doppelgängerin zum Beispiel sagen: „Jetzt ist es heraus! Es ist schrecklich! Ich habe nicht geglaubt, daß ich so ein Mensch bin!", oder sie könnte fragen: „Habe ich mir selbst einen Schrecken eingejagt? Bin ich zu weit gegangen?" Sowohl der Gruppenleiter als auch die Doppelgängerin müssen sich über die weitgehende Schutzlosigkeit der Protagonistin im klaren sein. Die Doppelgängerin muß genau beobachten, wie die Protagonistin auf ihre Äußerungen reagiert, und in der Lage sein, entweder darauf einzugehen oder gegebenenfalls ihre Strategie zu ändern. Der Gruppenleiter muß Wege finden, die Position der Protagonistin zu stärken, indem er zum Beispiel die Szene unterbricht, die Protagonistin nach ihren Gefühlen fragt, eine zweite, in die entgegengesetzte Richtung tendierende Doppelgängerin hinzuzieht oder die Protagonistin auffordert, mit ihrer Doppelgängerin zu diskutieren. Unterbleiben solche Vorsichtsmaßnahmen, so kann die Protagonistin den Eindruck gewinnen, daß sie gegen ihren Willen zu bestimmten Äußerungen manipuliert wird.

Wer neu in eine schon arbeitende Gruppe kommt, lernt die Vorgehensweise eines Doppelgängers gewöhnlich durch Beobachtung. Das Doppelspiel ist eine sehr natürliche Technik und bedarf daher kaum zusätzlicher Erklärungen. In einer neuen Gruppe, oder wenn jemand – zum Beispiel Jane – neu zur Gruppe kommt, gehe ich in der Regel so vor, daß ich Jane zunächst frage, ob sie eine Doppelgängerin akzeptieren würde. Will sie wissen, was das ist, versuche ich, mich sehr kurz zu fassen und zu betonen, daß „man den Doppelgänger viel leichter spielen als erklären" kann. Ich fände es gut, füge ich hinzu, wenn Carol als Janes Doppelgängerin auftreten und einiges sagen könnte, was Jane vielleicht denkt, aber nicht ausspricht. Ergänzend könnte ich etwa noch bemerken: „Es ist klar, daß du mit deiner Doppelgängerin nicht immer übereinstimmen kannst – manchmal haben wir ja mit uns selbst zu kämpfen. Wenn du den Eindruck hast, daß sich deine Doppelgängerin auf dem Holzweg befindet, mußt du ihr das sagen und erklären. Sie kann trotzdem weitermachen, aber sag es ihr jedenfalls." Erfahrungsgemäß ist gerade die letzte Bemerkung wichtig, da die Protagonistin oft dem Mißverständnis anheim zu fallen scheint, ihre Doppelgängerin werde „die Wahrheit" über sie enthüllen. Falls die Doppelgängerin von einer Psychiaterin, einer Krankenschwester oder sonstigem Fachpersonal gespielt wird, sollte die Protagonistin unbedingt wissen, daß sie nicht alles akzeptieren muß, was gesagt wird; andernfalls droht die Szene sich in eine Art therapeutischer Gehirnwäsche zu verkehren.

Als nächstes stelle ich die Regel auf, daß nur Jane ihre Doppelgängerin hören kann. Andere an der Szene beteiligte Personen dürfen auf Äußerungen der Doppelgängerin nicht antworten. Wenn Jane von einer ihrer Doppelgängerinnen etwas hört, das sie selbst zu einem anderen Beteiligten sagen möchte, muß sie es wiederholen. Ich halte diese Regel für sehr wichtig, da sie erstens Verwirrung vermeiden hilft und zweitens Jane erlaubt, Verantwortung für sich selbst zu übernehmen und klarzustellen, was sie zu einem gegebenen Zeitpunkt zu sagen gewillt ist. Wenn zwei Personen, jede mit einem Doppelgänger, miteinander streiten und die Stimme des einen Doppelgängers jeweils von der anderen Person u n d ihrem Doppelgänger erwidert werden kann, entsteht oft ein heilloses Durcheinander.

Wenn die Doppelgängerin etwas ausspricht, was Jane von sich aus noch nicht sagen kann, so nimmt sie Jane damit unter Umständen von vornherein die Möglichkeit, es später selbst zu formulieren. Jane druckst herum, während ihr Mann von ihrer Doppelgängerin erfährt, daß sie ihn bis obenhin satt hat. Vielleicht zeigt uns Jane dann mit einem befreiten Lächeln, daß ihre Doppelgängerin „ins Schwarze getroffen" hat. Um sich ihren feindseligen Gefühlen wirklich zu stellen, muß Jane jedoch über die zaghafte Bestätigung ihrer Doppelgängerin noch einen Schritt hinausgehen: Sie muß jene Worte selbst sagen. Vielleicht hegt Jane aber auch gar nicht die feindseligen Gefühle, die ihr die Doppelgängerin unterstellt, oder sie ist noch nicht bereit, sich mit ihnen auseinanderzusetzen. In solchen Fällen ist es für sie wichtig, ihre Doppelgängerin zu korrigieren – „So etwas würde ich zu meinem Mann nie sagen! Er ist immer so gut zu mir. Jedenfalls sage ich so etwas nicht!" – und gegebenenfalls zu einem vorübergehenden Rückzug veranlassen zu können.

Noch eine zweite Regel lege ich gleich zu Anfang fest, nämlich, daß sowohl Jane als auch die Doppelgängerin stets in der ersten Person sprechen müssen. Wenn die Doppelgängerin sieht, was Jane gerade tut, und sagt: „Du drehst Däumchen", dann ist sie keine Doppelgängerin mehr, sondern eine zweite Person neben Jane, eine Beobachterin. Sagt sie aber: „Ich drehe Däumchen", dann erscheint sie als ein Teil von Jane selbst, als Aufforderung Janes an sich selbst, mehr dazu zu sagen. Antwortet Jane: „Nein, du irrst dich, ich habe mich an der anderen Hand gekratzt", so hat sie zwischen sich und ihrer Doppelgängerin wieder Abstand geschaffen, die Doppelgängerin als „Du" und nicht als Teil ihres Selbst begriffen. Selbst in solchen offensichtlich belanglosen Fällen bestehe ich darauf, daß Jane mit ihrer Doppelgängerin in der Ich-Form spricht: „Nein, warum sollte ich Däumchen drehen? Ich habe mich nur an der Hand gekratzt."

Man muß unbedingt darauf achten, daß Jane und Carol sich nicht als einander entgegenwirkende Kräfte verstehen. Beide sind Jane. Jane mag mit inneren Widersprüchen und Zweifeln kämpfen, aber sie fragt sich selbst, nicht eine andere Person. Wenn die Doppelgängerin ihre Aufgabe richtig versteht, wird Jane sie kaum wahrnehmen, sondern einfach benutzen, um ihre eigenen Gefühle auszudrücken. Um dies zu erreichen, muß sich die Doppelgängerin so verhalten, daß Jane sie akzeptieren kann. Sie darf nicht gleichzeitig mit Jane und einer dritten Person sprechen, weil Jane sie dann nicht hören könnte. Sie muß Jane genau zuhören, um für ihre eigenen Worte den richtigen Moment zu finden.

Falls Jane mit Carol als Doppelgängerin einverstanden ist, würde ich Carol bitten, dicht hinter Jane und zugleich etwas seitlich von ihr zu bleiben und eine ähnliche Körperhaltung einzunehmen. Es ist wichtig, daß Carol nahe genug bei Jane bleibt, um Janes physische Reaktionen leicht erkennen zu können. Und es ist wichtig, daß Jane und Carol sich nicht die Gesichter zuwenden, da sie sich vermutlich besonders in dieser Stellung als zwei verschiedene, einander gegenüberstehende Personen fühlen würden. Wenn Carol sich seitlich hinter Jane aufhält, kann man sie leichter als innere Stimme erkennen.

Aus Carols Sicht läuft die Szene etwa so ab:

Doppelgängerin: (Ich bin Janes Doppelgängerin. Ja und? Woher soll ich wissen, was ich tun soll? Ich weiß nicht, was sie denkt. Vielleicht sagt mir ihre Körperhaltung etwas über sie, mal seh'n. Sie setzt sich hin; ich werde mich auch hinsetzen. Sie schlägt die Beine übereinander. Ich mach' das genauso. Sie wippt mit ihrem linken Fuß, ich mach' das nach. Ich werde ungeduldig – sie vielleicht auch – ich werd's mal versuchen.) Ich werde ungeduldig. Wann geht's denn endlich los?!

Jane: (sagt nichts, nickt aber nachdrücklich zustimmend mit dem Kopf.)

D: (Jetzt geht's los! Jetzt streitet sich Jane mit ihrem Mann. Er macht sie fertig wegen des Geldes, das sie für Schlankheitskuren ausgibt. Was für ein Ekel! Mir kommt's hoch – aber sie sitzt einfach nur da. Jetzt wippt sie wieder mit dem Fuß. Ich weiß, warum sie ungeduldig wird.) Wenn er doch bloß aufhören würde zu reden! Ich habe dieses Gerede so satt! Aber ein schlechtes Gewissen habe ich auch. Deshalb sitze ich einfach nur so da.

J: (ignoriert ihre Doppelgängerin) Gut, was soll ich tun? Ich finde es wirklich nicht richtig, daß ich das Geld, das du verdienst, für meine Sonderwünsche ausgebe.

D: (Oh, diese Jane! Nicht die Spur von Mumm in den Knochen! Vielleicht kriege ich sie dazu, daß sie sich verteidigt...) Ich find's sehr wohl richtig, wie ich das Geld ausgebe! Ich trau mich bloß nicht, das auch zu sagen. Und ich ärgere mich wahnsinnig über ihn, daß er immer wieder davon anfängt. Aber ich trau' mich auch nicht, ihm das zu sagen. (Jane sagt gar nichts. Sie sieht so aus, als ob sie gleich losheulen würde. Aber ich habe kein Mitleid mit ihr. Ich bin viel zu wütend auf sie. Also mach' ich weiter.) Ich könnte heulen, es ist immer wieder dasselbe!

J: Das stimmt. Ich weiß nicht, was ich dagegen tun soll.

D: Ich sitze hier, wie jedesmal, und du redest und redest, wie immer, und jetzt will ich dir zur Abwechslung mal erzählen, was in mir vorgeht.

J: Ja, es kränkt mich, daß du mich anscheinend ständig kritisieren mußt!

D: Jetzt habe ich es ihm doch gesagt! (Ich ärgere mich nicht mehr über sie. Sie ist eigentlich nicht wütend, sie fühlt sich gekränkt, und das hat sie auch gesagt. Jetzt sieht sie auch nicht mehr so nervös und schuldbewußt aus. So gefällt sie mir. Sie wirkt jetzt natürlicher. Sie machen weiter mit der Szene. Jane versucht, etwas über ihre Gefühle zu sagen. Ihr Mann hört sie. Jetzt, wo die Szene zu Ende geht, werde ich kaum noch gebraucht...)

Kleine Typologie der Doppelgänger

Der blasse Doppelgänger

Dieser Doppelgänger-Typ hat eine sehr enge Beziehung zur Einzeltherapie. Seine Aufgabe ist, den Protagonisten zu verstehen, den Aussagen des Protagonisten Nachdruck zu verleihen und dem Protagonisten – vor allem durch Fragen – alternative Handlungsmöglichkeiten aufzuzeigen.

Florence: Ich möchte weiter bei meinen Eltern wohnen, und sie wollen auch, daß ich zu Hause bleibe.

Doppelgängerin: Sie freuen sich wirklich, wenn ich zu Hause bin.

F: Ja, sie stellen sich an, als wäre ich noch ein Teenager.

D: Manchmal komme ich mir bei ihnen noch wie ein Teenager vor.

F: Ja, das stimmt. Man kann sich gar nicht so recht erwachsen fühlen in einem Haus, wo man schon als Kind gelebt hat.

D: Bin ich mir in letzter Zeit wie ein Kind vorgekommen?

F: Ja.

(Pause)

D: Wie kommt es, daß ich mich bei ihnen immer noch als Kind fühle?

F: Es ist nicht ihre Schuld, es geht mir halt einfach so. Mama hat uns immer alle umsorgt, und so macht sie es heute noch.

D: Meine gute Mutter! Immer so besorgt! Wird's mir manchmal lästig?

F: Ja, aber es führt zu nichts, ihr das zu sagen.

Diese Doppelgängerin tritt nicht als eigenständiger Teil von Florence' Persönlichkeit in Erscheinung. Sie geht vielmehr ganz auf Florence ein, und selbst wo sie behutsam lenkt, verläßt sie nie die von Florence vorgegebene Richtung. Wenn diese Doppelgängerin einen unausgesprochenen Gedanken ahnt, so wird sie warten, bis Florence eine entsprechende Andeutung macht, um dann eine Frage zu stellen. Läßt Florence sich nicht darauf ein, wird sie ihre Vermutung nicht weiter verfolgen.

Dies ist mit Sicherheit der entgegenkommendste, zugleich aber auch der undramatischste Typ des Doppelgängers. Ein Patient, der nur schwer akzeptieren kann, was ein anderer über ihn sagt, oder fürchtet, der Doppelgänger könnte „seine Gedanken lesen", wird mit diesem Doppelgänger am besten zurechtkommen. Wer noch nicht gewohnt ist, mit einem Doppelgänger zu arbeiten, oder gewisse Bedenken erkennen läßt, dürfte sich bei dieser Variante am sichersten fühlen. Für Patienten, die alle Äußerungen ihres Doppelgängers kategorisch zurückweisen und zum Anlaß nehmen, aus ihrer Rolle zu fallen („Das stimmt nicht! So denke ich ganz und gar nicht!"), ist der blasse Doppelgänger der geeignetste.

Der satirische Doppelgänger

Dieser Typ des Doppelgängers – der sich sehr gut mit meinem eigenen Stil verträgt – entfaltet seine Wirkung gerade dann, wenn ein spröder, farbloser Protagonist das Psychodrama einschläfern würde. Eine satirische Doppelgängerin kann Florence' schleppende, leise Sprechweise auf die Spitze treiben, um ihr vorzuführen, wie sie sich verhält. Fingerspitzengefühl ist hier sehr wichtig. Der satirische Doppelgänger benötigt einiges Geschick und genügend Einfühlungsvermögen, um sich rechtzeitig bremsen und gegebenenfalls ernsthaftere Wege einschlagen zu können. Mein Humor muß zwanglos kommen, wenn er therapeutisch wirksam sein soll. Halte ich mich zurück aus Furcht, Florence zu verletzen oder in Verlegenheit zu bringen, wird sie meine Hemmungen spüren, und wir stecken in einer Sackgasse. Wenn ich zwar weiß, daß ich Florence verärgern könnte, mich andererseits aber ausgeglichen genug fühle, es darauf ankommen zu lassen, darf ich immerhin hoffen, daß unsere Kommunikation ihr hilft, sich selbst besser kennenzulernen.

Florence: Es ist völlig sinnlos, meiner Mutter zu sagen, daß es mich nervt, wenn sie die ganze Nacht auf mich wartet. Sie würde es trotzdem tun.

Doppelgängerin: Es ist sinnlos, meiner Mutter überhaupt irgend etwas zu sagen.

F: Nein, ich möchte ihr nicht weh tun.

D: Ich bin ein liebes Kind; ich tue niemandem weh.

F: Das stimmt. Ich bin einfach kein Mensch, der anderen die Meinung sagen kann.

D: Ich bin viel zu gut.

F: So habe ich das nicht gemeint!

D: Ich kann noch nicht einmal etwas Böses denken, schon gar nicht über meine Mutter.

F: Hör auf damit!

D: Jetzt rückt sie mir aber wirklich auf den Pelz! Mal seh'n, wie ich da wieder rauskomme... Hoffentlich habe ich meine Doppelgängerin nicht gekränkt?!

F: Ach was, darum kümmere ich mich gar nicht! (Sie lacht.)

D: Was sage ich Mama denn wegen des Abends neulich?

F: Ich möchte, daß sie mich einfach mehr in Ruhe läßt, mich kommen und gehen läßt, wann ich das will.

Der satirische Doppelgänger übertreibt nicht aus Boshaftigkeit, sondern will Gefühle oder Abwehrmechanismen bewußtmachen.

John sagt: „Ich fürchte, daß ich mit meiner Frau darüber noch nicht einmal reden könnte." Sein Doppelgänger sagt: „Ich würde wahrscheinlich verschwinden." Oder: „Ich bin sooo müde!" (und läßt sich dabei mit dem Ausdruck vollständiger Erschöpfung in einen Stuhl fallen). Oder er sagt: „Um Himmels willen! Vielleicht werde ich wütend, und dann wird sie wütend, und dann?"

Mary klagt über ihre Einsamkeit. Ihre Doppelgängerin sagt zum Beispiel: „Sowas hat noch nie jemand durchgemacht! Das gibt es kein zweites Mal. Gegen meine Einsamkeit hilft nichts." Oder: „Natürlich habe ich noch nie versucht, mit jemandem darüber zu reden. Dann hätte man mir ja auch das noch genommen!"

John sagt: „Ich hab's aufgegeben, meinen Kindern irgendwas zu sagen. Sie sind über 18, sie sind selbständig genug!" Sein Doppelgänger sagt: „Jetzt sag' ich ihnen bloß noch, wie ich mir ihr selbständiges Leben vorstelle. Ich sage ihnen nicht mehr, was sie tun und lassen sollen. Gut, ich versuche, Dan davon abzubringen, daß er seinen Wehrpaß verbrennt, und ich hätte gern, daß John mit mir zusammen arbeitet, und ich meine, daß Jane zum Heiraten noch nicht reif genug ist. Mehr aber auch nicht."

Die wichtigste Eigenschaft des satirischen Doppelgängers ist seine Bereitschaft, flexibel zu reagieren. Manche Leute lassen sich durch solche satirischen Kommentare schnell aus der Fassung bringen. Der Doppelgänger muß stets wissen, wie weit er gehen darf. Natürlich kann man auch als Gruppenleiter helfend eingreifen. Wenn John mit seinem Doppelgänger unzufrieden ist, kann man ihn ermuntern, sich zu wehren. Man kann John fragen, ob er weiß, warum die Gruppe lacht; wenn nicht, kann man die Gruppe danach fragen usw. Ein erfolgreicher satirischer Doppelgänger wirkt oft als Wegbereiter neuer Sichtweisen und veränderter Einstellungen. Es fällt schwer, ernsthaft an der gleichen Masche weiterzustricken, nachdem man einmal in aller Öffentlichkeit über sich selbst gelacht hat. Man erwartet, daß sich jeder in der Gruppe mit tiefernsten Problemen herumschlägt – und dann fangen sie alle an zu lachen. Vielleicht ist das Ganze ja doch nicht so schlecht?

Der leidenschaftliche Doppelgänger

Psychodrama ist ein Mittel, jemandem zu helfen, seine Gefühle auszudrücken. Durch ihre innere Anspannung, ihre Körperhaltung oder ihre zitternde Stimme verrät die Protagonistin oft tiefe, leidenschaftliche Gefühle. Aber in ihren Äußerungen kommt nur wenig davon zum Vorschein. Ihre Stimme ist leise, ihre Rede tonlos, ihr Körper steif. Ihre Doppelgängerin jedoch braucht sich nicht zu zwingen, jene heftigen Gefühle zurückzuhalten. Auch der leidenschaftliche Doppelgänger übertreibt, allerdings nicht in ironischer Absicht. Sein Ziel ist vielmehr, eine alternative Lösung aufzuzeigen; eine Lösung, die Emotionen zuläßt. Die Klippen sind zahlreich. Entscheidend ist, wie sich der Therapeut selbst zu heftigen Gefühlsausbrüchen verhält. Wenn ich solche Ausbrüche nicht ertragen kann, werde ich mich nur zum Schein auf diese Technik einlassen, mich innerlich von ihr distanzieren wie ein Schauspieler von einer ungeliebten Rolle, anstatt sie der Gruppe nahezubringen. Wichtig ist außerdem, daß ich mich von meiner Darstellung nicht mitreißen lasse, bis ich ganz vergesse, daß ich eigentlich eine Doppelgängerin bin. Ich muß mich ständig auf die Protagonistin rückbeziehen und ihr jede Gelegenheit geben, ihre Gefühle selbst auszudrücken.

Florence: Es wäre schön, wenn meine Mutter mich mehr in Ruhe lassen würde, so daß ich kommen und gehen kann, wann ich will.

Doppelgängerin: Warum sitzt sie mir dauernd im Nacken?! Ich bin's leid, ständig beaufsichtigt zu werden!

F: Sie meint es gar nicht so.

D: Ich weiß, daß sie es nicht so meint, aber mir kommt's so vor! Mein Gott, warum muß sie mir bloß ständig auf die Nerven fallen! Sie macht nur, was s i e will!

F: Ich würde ihr am liebsten sagen, daß sie nicht immer so'n Aufstand machen soll.

D: Ich würde ihr am liebsten sagen, daß es mir zum Hals raushängt. Aber ich trau' mich nicht.

F: Warum fällt es mir so schwer, ihr mal die Meinung zu sagen?

D: Warum, warum?!! Bloß daran denken ist natürlich leichter, als sie wirklich einmal anzubrüllen! Und ob ich wütend bin!!! (Sie schreit:) Ich hab's satt, wie ein Kind behandelt zu werden!

F: (unterbricht die Szene und schaut zur Gruppenleiterin): Schön wär's, wenn ich so reden könnte! (Sie lacht.)

Vieles hängt jetzt ab vom Zusammenspiel zwischen Gruppenleiterin und Doppelgängerin. Die Leiterin bittet Florence, jemanden für die Rolle der Mutter auszusuchen (falls dieser Vorgang sich als so langwierig erweist, daß die Wirkung der Szene verpuffen würde, bestimmt die Leiterin vielleicht lieber selbst jemanden als Florence' Mutter).

Leiterin: „Hier ist deine Mutter, Florence. Versuch doch einmal, so mit ihr zu reden, wie du möchtest und wie du es tun würdest, wenn es dir nicht so schwerfiele. Nimm irgend etwas von dem, was die Doppelgängerin Passendes gesagt hat, und sag es zu deiner Mutter."

Die Doppelgängerin bleibt ebenfalls in der Szene und konfrontiert Florence weiterhin mit heftigen emotionalen Reaktionen. Florence ist aufgrund der Regel, daß nur sie ihre Doppelgängerin hören kann, gezwungen, alles zu wiederholen, was sie selbst gern sagen möchte.

Der leidenschaftliche Doppelgänger arbeitet den eigentlichen Kern des Konflikts heraus. John möchte über die „Beziehung" mit seiner Frau sprechen. Jack, sein Doppelgänger, sagt zu Johns Frau: „Du liebst mich nicht", oder: „Ich hasse dich seit Jahren", oder: „Ich bin eifersüchtig auf die Kinder", oder: „Ich liebe dich, und ich begehre dich, und ich glaube, daß du mich verlassen wirst."

Jane erklärt ihrem Mann: „Unser Problem ist, daß wir nicht miteinander reden."

Ihre Doppelgängerin Mary sagt: „Seit fünfzehn Jahren redest du mit mir nur über deine Geschäfte", oder: „Ich halte dein ewiges Schweigen keinen Tag länger aus. Manchmal möchte ich am liebsten laut schreien, nur damit es in diesem Haus nicht immer so totenstill ist", oder: „Ich glaube, du kennst mich gar nicht mehr. Du und die Jungs und die Angelei, ich und die Mädchen und der Elternbeirat, und das Geld – über etwas anderes reden wir nie. Wer bist du eigentlich?"

John sagt: „Ich glaube, wir haben uns auseinandergelebt." Sein Doppelgänger Jack sagt: „Dir wär's wohl am liebsten, ich würde dich nicht mal mehr anrühren", oder: „Du bist so kalt. Ich fürchte mich vor dir."

Jane sagt: „Ich glaube, wir haben uns auseinandergelebt." Mary, ihre Doppelgängerin, sagt: „Du behandelst mich gar nicht mehr wie eine Frau. Ich bin bloß jemand, der sich beim Frühstück und beim Mittagessen mit dir unterhält und sich um dein Haus und deine Kinder kümmert. Nimm mich in den Arm!"

Eine Mutter sagt: „Meine Kinder gehören zu einer anderen Generation. Ich verstehe sie nicht mehr." Ihre Doppelgängerin sagt: „Ich hab' sie völlig falsch erzogen! Sie haben lauter Flausen im Kopf, das wird böse enden mit ihnen!" Oder: „Sie sind so undankbar, nach allem, was ich für sie getan habe. Jetzt bin ich allein, und sie kümmern sich überhaupt nicht um mich." Oder: „Diese Gören machen mich rasend! Sie tun so, als würde alles ihnen gehören – mein Haus, mein Geld, mein Auto. Und ich lasse sie auch noch! Am liebsten würde ich die ganze Schmarotzerbande rauswerfen, sie und alle ihre Freunde!"

Liebe, Haß, Zärtlichkeit, Selbstmitleid, Sorge, Angst vor dem Tod, Furcht. Solche Emotionen verbergen sich leider nur zu oft hinter einer scheinbar banalen Unterhaltung. Nur eine Geste, ein kurzes Luftholen, eine „unpassende" Träne verrät sie. Der Doppelgänger muß diesen Untergrund freilegen. Der „leidenschaftliche" Doppelgänger hat den Vorteil, daß zum Beispiel Johns und Marys Andeutungen leicht zu entschlüsseln sind. Wir wollen verstanden werden. Wenn meine Doppelgängerin auf dem richtigen Weg ist, helfe ich ihr weiter. Wenn sie an mir vorbeiredet, sage ich ihr das entweder gleich oder reagiere gar nicht, oder ich verliere die Lust. Aber es tut wirklich gut, wenn sie mir aus der Seele spricht.

Die meisten Vorbehalte gegen diesen Typ des Doppelgängers entspringen unserer kulturell bedingten Sperre gegen „Gefühlsausbrüche". Es gibt nur wenige Menschen, die frei, offen, stark und zart genug sind, um tiefgehende Emotionen ausdrücken zu können. Bei weitem die Mehrheit hält (je nach Altersgruppe) solche Menschen für unbeherrscht, abgeschmackt oder sentimental.

Der streitbare Doppelgänger

So oft unsere Protagonistin eine schwerwiegende Erklärung vorbringt – insbesondere, wenn sie sich übertrieben gefühlsbetont gibt –, behauptet ihre Doppelgängerin ebenso nachdrücklich das Gegenteil.

Florence: Ich hasse meine Eltern.
Doppelgängerin: Ich liebe meine Eltern; sie sorgen für mich.

F: Ich habe die Nase voll von meinem Freund. Ich werde ihm sagen, daß ich seine Trinkerei nicht mehr aushalte.

D: Ich liebe ihn. Außer ihm habe ich doch niemanden, den ich umsorgen kann.

F: Ich werde aufhören zu trinken. Ich weiß jetzt, daß es einfach blödsinnig ist. Ich muß etwas unternehmen gegen meine Probleme.

D: Ich werd mit meinen Problemen nicht fertig. Sie machen mich kaputt. Ich trinke bestimmt bald noch mehr.

Manchmal werden auch zwei Doppelgängerinnen eingesetzt:

F: Was soll ich bloß machen, wenn meine Schwiegermutter kommt?

D1: Ich werde sie rausschmeißen!

D2: Ich werde ihr sagen, daß ich mich über ihren Besuch freue.

F: Ich will sie einfach nicht sehen! Ich werde einem der Kinder eine Nachricht für sie hinterlassen.

D1: Das wird sie kapieren!

D2: Aber wenn sie dann beleidigt ist, und wenn sie sich ärgert?

Die Hauptsache dabei ist natürlich, Florence zu überrumpeln: sie mit Gefühlen zu konfrontieren, die sie sich normalerweise nicht eingestehen würde; ihr Alternativen aufzuzeigen; sie auf Gedankengänge zu bringen, die sie nie für möglich gehalten hätte. Gerade bei dieser Variante muß der Gruppenleiter Florence dazu bewegen, sich gegen ihre Doppelgängerin zu wehren, da andernfalls die Szene einseitig verlaufen und Florence ihre Doppelgängerin einfach weiterreden lassen würde, anstatt sich mit den in ihrer Unentschlossenheit zum Ausdruck kommenden inneren Konflikten auseinanderzusetzen.

Doppelgänger und Körpersprache

Die Körpersprache der Protagonistin gibt Aufschluß über ihre Stimmung. Umgekehrt kann aber auch die Protagonistin aus der Körpersprache ihrer Doppelgängerin etwas über sich selbst erfahren. Die Doppelgängerin bekommt ihre Anhaltspunkte zumeist von der Protagonistin, in unserem Fall von Florence. Wenn zwischen Florence' Worten und ihrem Körperausdruck irgendein Mißverhältnis besteht, kann ich als Doppelgängerin ihre Körpersprache für sie sprechen lassen.

Florence (sitzt sehr verkrampft, spricht mit nahezu unbewegtem Gesicht): Ich mag andere Menschen, schon immer.

Doppelgängerin (kopiert und übertreibt die nonverbalen Andeutungen): Ich mag andere Menschen – solange sie mir nicht zu nahe kommen. Ich gehe nicht sehr weit aus mir heraus.

F: Das stimmt nicht. Ich habe sehr gute Freunde.

D (mit monotoner Stimme): Ich will mir halt nichts anmerken lassen, um sie nicht zu verstören. (Ich weiß, daß Florence ständig schwankt zwischen der Zurschaustellung völliger Unerschütterlichkeit und Unabhängigkeit und totalem Zusammenbruch, und zwar so extrem, daß sie vorübergehend stationärer Behandlung bedarf; aufgrund meiner Kenntnis versuche ich, dieses Problem anzusteuern.)

F: Ich habe hier viel gelernt, und ich glaube, daß es jetzt besser ist.

D (sitzt kraftlos zusammengekauert in ihrem Stuhl und spricht mit dünner Stimme): Und was wird aus mir? Wer kümmert sich um mich, wenn ich die Nerven verliere?

F: Ach was, ich verliere nicht mehr so schnell die Nerven!

D (beugt sich vor und nimmt Florence' Hand): Ich fühle mich so hilflos, jemand muß sich um mich kümmern!

F (zieht ihre Hand zurück und beginnt zu lachen): Ach, kümmere dich doch selbst um dich, du Baby!

D: Ich bin doch das Baby in Florence! Ich brauche jemanden! (Sie umklammert Florence' Hand und rutscht auf den Fußboden; sie hält Florence immer noch fest, will sie offensichtlich zu sich herunterziehen.)

F: Laß das, du hast doch zwei Beine zum Aufstehen! (Sie löst sich, blickt in die Runde – hilflos, ärgerlich und belustigt zugleich.)

Gruppe und Leiterin fordern sie auf, sich gegen ihre Doppelgängerin zu wehren, die sie wieder herunterziehen will. Florence widersetzt sich und bleibt Siegerin.

Dies ist einer der Fälle, in denen ich nicht darauf bestehe, daß Doppelgängerin und Protagonistin die Ich-Form verwenden. Es ist klar, daß die Doppelgängerin einen Teil von Florence' Selbst verkörpert, einen Teil, mit dem Florence in heftiger Fehde liegt. Ein „Ich-will-dich-Loswerden" bringt diesen Konflikt immer noch realistisch zum

Ausdruck. Es besteht kein Zweifel, daß Florence mit einem Teil ihres Ich kämpft.

Ein fremder Doppelgänger kommt für diese Variante nicht in Frage. Florence muß mich und meine guten Absichten genau kennen, bevor ich erwarten darf, daß sie sich auf einen solchen Kampf einläßt. Verliert sie, wird sie mich sagen hören: „Ich bin eben doch nicht so stark – nicht einmal meine Doppelgängerin habe ich wieder auf die Beine gebracht." Der Sieg wird ihr nicht geschenkt. Ich bin hartnäckig, genau wie sie in ihrer Hilflosigkeit, als sie das erste Mal ins Krankenhaus kam. Der Kampf ist maßlos theatralisch. Doppelgängerin wie Darstellerin müssen das Risiko auf sich nehmen, sich lächerlich zu machen. Florence soll physisch erleben, was ich, die Doppelgängerin, ihr mitzuteilen habe. Wenn sie mit dem hilflosen Teil ihres Ich einmal ganz konkret gerungen hat, wird sie ihn nicht so schnell wieder vergessen, ebensowenig wie die Erfahrung, daß sie stark ist. Wenn Florence depressiv gestimmt ist, wird dieser Kampf sie fast mit Sicherheit vorläufig kurieren. Es fällt schwer, deprimiert zu bleiben, wenn einem das Blut zu Kopf schießt, der Atem schneller geht und die Anfeuerungsrufe der Zuschauer in den Ohren klingen.

In dieser Übung geht es um Vertrauen. Florence muß mich als Stellvertreterin eines Teils ihrer selbst akzeptieren – worauf jeder Doppelgänger angewiesen ist –, aber sie muß sich auch darauf verlassen, daß ich sie nicht körperlich verletze und mich von ihr nicht verletzen lasse. Garantien gibt es nicht; eben deshalb kommt es auf Vertrauen an.

Der Doppelgänger als Berater

Im Psychodrama geht oft ein Wunschtraum in Erfüllung: „Wenn ich damals nur in der Lage gewesen wäre, so zu denken wie heute! Wenn ich ihm das nur damals schon hätte sagen können! Wenn mir das nur damals schon eingefallen wäre – aber ich war zu sehr im Streit befangen!"

Im Psychodrama kann' man den Streit jederzeit unterbrechen. Florence und Fred „rupfen miteinander ein Hühnchen":

Florence: Wenn das noch einmal vorkommt, gehe ich!

Fred: Soll das heißen, du willst mich verlassen, bloß weil ich Überstunden machen mußte und deshalb zu spät nach Hause gekommen bin?!?

F: Hör auf damit! Diesmal lasse ich mich auf keine Debatte mit dir ein! Du weißt genau, daß es nicht das erste Mal ist. Wir streiten uns deswegen doch ständig!

Florences Doppelgängerin: Und schon bin ich wieder soweit – mitten in einem Streit, den ich eigentlich vermeiden wollte.

Leiterin: Florence, warum überlegst du dir nicht erst einmal zusammen mit deiner Doppelgängerin, was du als nächstes tun willst? Ihr könnt ja ein paarmal auf- und abgehen und euch dabei unterhalten. Fred, würdest du bitte solange warten? Du und dein Doppelgänger werdet später auch noch eine Beratungspause bekommen.

Florence: Es stimmt – ich sage immer, daß ich mich nicht streiten will, und ich tue es dann doch.

Doppelgängerin: Was will ich denn eigentlich?

F: Ich will, daß er sich entschuldigt.

D: Ja, das soll er tun – und warum?

F: Er soll einsehen, daß ich recht habe.

D: Was wünsche ich mir? Wie fühle ich mich?

F: Er hat mich so gekränkt!

D: Könnte ich ihm das sagen?

An dieser Stelle schlägt die Gruppenleiterin vor, daß Florence das Gespräch mit Fred wieder aufnimmt. Die Szene wird aus veränderter Perspektive fortgesetzt.

Die beratende Doppelgängerin soll hauptsächlich erreichen, daß sich die Protagonistin aus festgefahrenen Schablonen löst, daß sie nicht mehr um jeden Preis recht behalten zu müssen glaubt – der Preis wäre höchstwahrscheinlich zu hoch –, daß sie spürt, welche schmerzlichen Gefühle sich hinter dem flotten Schlagabtausch verbergen. Letztlich gibt der beratende Doppelgänger zu verstehen, daß man den automatischen Ablauf unterbrechen und seine wirklichen Gefühle zeigen kann, daß die Auseinandersetzung sich nicht fortwährend auf derselben Ebene abspielen muß. Diese Erfahrung ist auf viele reale Situationen anwendbar.

92

Die Gruppe als Doppelgänger

Die fruchtbarsten Phasen eines Psychodramas – sie sind gar nicht so selten – entstehen daraus, daß sich die gesamte Gruppe mit den Szenendarstellern und ihren Konflikten identifiziert. Ich merke, wie die Zuschauer Partei ergreifen. Die Szene spielt in der Mitte des Raumes. Joan wirft ihrem Mann Hal vor, er wolle sich nicht ändern, er ignoriere ihre Gefühle; sie weint. Ich schaue in die Runde; die Gruppe zählt etwa 25 Teilnehmer. Den meisten Männern sieht man an, daß sie wütend werden; sie beißen die Zähne zusammen, schieben das Kinn vor, ballen die Fäuste. Die Frauen sehen eher bedrückt und verbittert aus. Manche ziehen finster die Brauen zusammen. Sie nicken sich verständnisvoll zu. Joan scheint bei Hal auf taube Ohren zu stoßen, aber s i e haben Verständnis. Sie kennen das. Wenn die Szene mit Joan und Hal zum Abschluß gekommen ist, bietet es sich an, die gesamte Gruppe als Doppelgänger einzusetzen. Gewöhnlich schildere ich zunächst meine Beobachtungen.

Leiterin: Ihr seid ja anscheinend voll mitgegangen bei Joans und Hals Szene! Bei vielen von euch war das an den Gesichtern und an der ganzen Haltung abzulesen. Sprecht jetzt bitte nicht ü b e r die Gefühle, die ihr vorhin hattet. Stellt euch statt dessen vor, ihr wärt Joan oder Hal. Was würdet ihr jetzt als Joan oder Hal am liebsten sagen? Sagt zuerst, wer ihr seid, und dann, was ihr an ihrer oder seiner Stelle unbedingt loswerden müßt, zum Beispiel: „Ich bin Joan, und ich weiß gar nicht mehr, worum es hier überhaupt geht.“

Normalerweise hat die Gruppe keine Schwierigkeiten:

Gruppe: Ich bin Joan und wohl die einzige hier in der Familie, die überhaupt Gefühle hat... Ich bin Joan, und ich wäre schon froh, wenn du dich nur mal ernsthaft mit mir unterhalten würdest – dann würde ich wenigstens merken, daß du noch lebst...

Ich bin Hal, und ich kann deine Quengelei nicht mehr ausstehen!... Ich bin Hal und mach' sowieso alles verkehrt...

Manche Männer übernehmen auch Joans Rolle, und umgekehrt sprechen manche Frauen für Hal.

John sagt: „Ich bin Joan und weiß mir wirklich nicht mehr zu helfen; ich tue mein Bestes, aber alle hacken auf mir herum.“ Mary sagt:

„Ich bin Hal, und ich fürchte mich; ich bin echt wütend, aber ich weiß nicht, was ich tue, wenn ich die Beherrschung verliere."

Während die Gruppe als Kollektiv-Doppelgänger arbeitet, muß ich mich vergewissern, daß Joan und Hal fähig sind, zuzuhören. Falls sie die Szene unzufrieden und verstört beendet haben und einer von ihnen zu den Menschen gehört, bei denen sich solche Unzufriedenheit zu paranoischen Gefühlen auswächst („Niemand versteht mich... alle sind gegen mich"), so empfiehlt es sich, der Gruppe nur eine begrenzte Zeit einzuräumen oder für Hal und Joan Eingriffsmöglichkeiten vorzusehen. Ich würde Hal und Joan etwa bitten, zunächst einmal zuzuhören, uns aber auch nicht zu verbergen, wann ihnen das Zuhören schwerfällt. Vielleicht beobachte ich auch einfach, wann ihr Gesichtsausdruck eine heftige innere Reaktion verrät, um dann zu unterbrechen und ihre Stellungnahme zu erbitten. Oder ich stelle die Regel auf, daß Hal und Joan auf jede Doppelgänger-Aussage antworten müssen und daß die Gruppe jeweils warten muß, bis Hal oder Joan sich geäußert haben. Auf diese Weise können die beiden ihre Reaktionen sofort einbringen – andernfalls würden sie ihren aufgestauten Ärger nachträglich an der Gruppe auslassen –, und sie laufen auch nicht Gefahr, von zwei Dutzend Doppelgängern überrollt zu werden.

Spielt die gesamte Gruppe Doppelgänger, sind Verwirrungen und Widersprüche unvermeidlich. Falls ich Hal und Joan zutrauen kann, damit einigermaßen fertigzuwerden, sollen sie der Gruppe kommentarlos zuhören. Die Gruppe darf jetzt Dampf ablassen; im Wechsel der Beiträge kann sich jeder von der Seele reden, was er während der Szene mit Hal und Joan und in seiner eigenen Ehe für sich behalten hat.

Zur Auswertung des Kollektiv-Doppelgängers bieten sich verschiedene Möglichkeiten an. Falls Hal und Joan lediglich zugehört haben, bitte ich sie unbedingt um eine nachträgliche Stellungnahme. Sie müssen Gelegenheit bekommen, Gefühle, die sie bislang zurückgehalten haben, zu artikulieren – einseitige Kommunikation ist für den Zuhörer ziemlich frustrierend. Ich will wissen, wie sie mit den vielen Doppelgängern zurechtkamen. Höre ich, daß sie unzufrieden sind, daß sie sich von der Gruppe mißverstanden fühlen, werde ich nachfassen müssen. Stellt sich heraus, daß sie die Übung interessant und spannend fanden, möchte ich wissen, was sie gelernt haben, wer oder was sie besonders beeindruckt hat; anschließend könnte ich an die vorige Szene anknüpfen und Hal und Joan einen neuen Dialog mit einem Satz beginnen lassen, den Hal von den Doppelgängern gelernt hat.

Ich arbeite oft mit der Gesamtgruppe als Doppelgänger, um eine schwierige Szene zu einem gewissen Abschluß zu bringen. Die Teilnehmer können noch so schlecht zusammenpassen, die Streithähne unüberbietbar hartnäckig, die Auseinandersetzungen tausendfach einstudiert sein – die Gruppe erwartet stets, daß das Psychodrama eine Auflösung erfährt, daß alle „glücklich und zufrieden nach Hause gehen" können (mehr darüber im Kapitel über den „Abschluß"). In Wirklichkeit enden die Szenen oft ergebnislos. Hal und Joan zum Beispiel treiben ihr Spiel endlos weiter; er unerschütterlich schweigend, sie tobend, sich überschlagend – und keiner sieht so aus, als wolle er auch nur einen Zentimeter Boden preisgeben. Frosch bleibt Frosch, und Prinzessin bleibt Prinzessin. Die Gruppe ist unzufrieden und enttäuscht. Wenn die ganze Gruppe als Doppelgänger auftritt, hat jeder Teilnehmer Gelegenheit, seiner Unzufriedenheit Luft zu verschaffen, ohne sich dabei gegen Hal oder Joan oder die Gruppe stellen zu müssen.

Vielleicht würde John gern sagen: „Joan, warum läßt du ihn nicht in Ruhe? Du suchst immer nur Streit!" Damit wären wir natürlich geradewegs bei der Sündenbock-Suche angelangt; Joan würde sich angegriffen fühlen, würde zurückschlagen, und alle würden die Sinnlosigkeit dieser Diskussion spüren. John könnte dasselbe jedoch auch anders sagen: „Ich bin Hal und fühle mich von Joan angegriffen; ich habe den Eindruck, daß sie mich provozieren will." In diesem Fall würde Joan nicht beschuldigt, wohl aber Hal aufgefordert, sich mit seinen Gefühlen zu beschäftigen.

John möchte vielleicht sagen: „Von der Gruppe habe ich gar nichts. Sie macht nicht die geringsten Fortschritte." Sicher würde damit jedem ein verlockender Ausweg aus seiner Unzufriedenheit angeboten: „Es liegt nicht daran, daß ich mich etwa nicht ernsthaft genug bemühen würde, mich zu ändern; die Gruppe hilft mir ganz einfach nicht." Sagt John dagegen: „Ich bin Hal und habe den Eindruck, daß sich gar nichts ändert; wir drehen uns ständig im Kreis", so wird – ganz zu Recht – Hal selbst in die Verantwortung genommen.

Als Doppelgänger-Kollektiv kann die Gruppe reinen Tisch machen. Jeder hat Gelegenheit, aufgestautem Ärger Luft zu verschaffen. Ist man solche Gefühle erst einmal losgeworden, schwindet auch das Verlangen nach Sündenböcken und herbeigezauberten Problemlösungen. Wir sehen andere dann eher als Menschen, die auf vielen Ebenen in komplizierte Beziehungen verwickelt sind. Jeder von uns hat sich schon in ähnlich festgefahrenen Situationen befunden wie Hal und Joan. Es ist nicht leicht, da wieder herauszukommen.

Der störrische Doppelgänger

Alle bisher beschriebenen Doppelgänger-Varianten können während einer einzigen Szene von derselben Person – nacheinander, abwechselnd, wie immer man will – durchgespielt werden; und alle können an einem störrischen Doppelgänger scheitern. Nichts ist schlimmer als ein Doppelgänger, der keine Widerrede verträgt.

Florence: Ich bin traurig, daß sie gehen.
Doppelgängerin: Ich bin wütend auf sie.
F: Ich bin nicht wütend auf sie; sie werden mir fehlen.
D: Und ob ich auf sie wütend bin!
F: Ich weiß nicht, ich bin einfach nicht wütend auf sie.
D: Natürlich bin ich wütend, und wie!
usw. usw.

Die Szene könnte offensichtlich endlos weitergehen. Wenn die Doppelgängerin vergißt, wie entscheidend es auf ihr Einfühlungsvermögen gegenüber der Protagonistin ankommt, verwandelt sie sich in eine psychologische Hausiererin: Florence, die die ihr unterstellten Gefühle entweder gar nicht empfindet oder noch nicht wahrhaben will, sieht sich bedrängt und unter Druck gesetzt.

Die Doppelgängerin sitzt nicht am Steuer. Sie soll der Protagonistin helfen, ihre eigenen Gefühle besser zu verstehen, ihre Alternativen zu erkennen. Die Doppelgängerin darf ihre Persönlichkeitsstruktur nicht der Protagonistin aufzwingen. Die Doppelgängerin bekommt ihre Anhaltspunkte von der Protagonistin. In jener Szene hätte Florence ihre Rolle auch ohne Doppelgängerin spielen können – während die Doppelgängerin ohne Florence überflüssig gewesen wäre.

Als Florence' Doppelgängerin muß ich mir eine Fülle von Fragen stellen: „Welches Gefühl hätte ich an Florence' Stelle? Ja, das ist es; jetzt habe ich gesagt, wie ich mich fühlen würde. Ob sie es akzeptiert? Nein? Soll ich noch einen zweiten Anlauf nehmen? War das jetzt ein gelangweiltes Abwinken oder ein massiver Widerspruch? Wenn es das zweite war, versuche ich es nochmal. Verkrampft sie sich? Merkt sie es? Beunruhige ich sie? So sehr, daß sie nicht weiterarbeiten kann? Soll ich mich ein bißchen zurückhalten und abwarten, was sie aus der Szene macht? Kann ich warten, bis sie mir den nächsten Hinweis gibt?" Je mehr Fragen ich mir stelle, desto mehr Material kann ich sammeln für meine Arbeit als Doppelgängerin, desto eher bleibe ich flexibel, desto weniger werde ich störrisch.

Der Doppelgänger als Therapie-Gehilfe

Der Doppelgänger ist eines der vielseitigsten Instrumente des Psychodramas. Er ist ohne Schwierigkeiten auch im therapeutischen Bereich einzusetzen. Ich habe im Rahmen regulärer Einzel- und Familientherapie-Sitzungen mit Doppelgängern gearbeitet. Insgesamt schälen sich unter den verschiedenen Patienten, für die ich Doppelgänger eingesetzt habe, zwei Gruppen heraus, bei denen ich zunehmend häufiger auf diese Technik zurückgreife: die Schweigsamen und die Redseligen. In der ersten Gruppe warte ich vergeblich auf Antworten; in der zweiten warte ich sehnsüchtig auf Pausen. In beiden Fällen scheint sich die Situation nur noch zu verschlimmern, wenn ich weiterrede (jedenfalls so lange, bis die anfängliche Abwehrhaltung des Patienten wachsendem Vertrauen weicht).

Familie Jones besuchte mich schon seit vielen Wochen; ich kam mit ihrer Tochter Julie keinen Schritt vorwärts. Während die anderen Familienmitglieder ihre problematischen Beziehungen diskutierten oder mit mir über ihre Schwierigkeiten mit Julie sprachen, saß Julie selbst einfach nur dabei. Ihr Gesichtsausdruck verriet durchaus Aufmerksamkeit und Verständnis; Fragen beantwortete sie indes gewöhnlich mit einem abweisenden Achselzucken, allenfalls mit einem kurzen „Ja" oder „Nein". Natürlich war die Familie ursprünglich aus

Sorge um Julie zu mir gekommen; aus dem Drogenproblem der Tochter hatte sich ein massiver Konflikt entwickelt.

Zu einer unserer Sitzungen hatte der Vater ein Tonband mitgebracht; die Aufnahme war entstanden, als Julie angeblich unter Drogen stand. Er wolle mir das Band vorspielen, erklärte er – oder besser: befahl er. Ich hatte das Gefühl, daß Julie in meiner Praxis keinen Ton mehr sagen würde, falls ich mich auf das Verlangen einließ.

Ich setzte mich neben sie und sagte: „Julie, ich habe den Eindruck, du möchtest deinem Vater etwas sagen wegen des Tonbandes." Von Julie kam natürlich nichts als ein herablassendes Achselzucken. Ich ließ nicht locker: „Vielleicht können wir es ja zusammen versuchen? Wollen wir erst einmal zusammen laut nachdenken über dieses Tonband? Ich bin einfach ein Teil von dir, ja?" Julie sah verwirrt aus, protestierte aber nicht.

„Ich bin also Julie", begann ich, jetzt als Doppelgängerin, „und Papa hat tatsächlich das Tonband mitgebracht. Ich habe nicht geglaubt, daß er das fertigbringen würde. Mann, hab' ich 'nen Haß! Er denkt wohl, daß ich überhaupt keine Gefühle habe!"

In Julies Augen blitzte es schon ein bißchen.

Ich war ein wenig besorgt wegen Julies Vater. Hatte er den Eindruck, ich wollte lediglich für Julie und gegen ihn Partei ergreifen? Bislang schien er einfach nur interessiert.

Ich fuhr fort: „Ich ärgere mich wirklich. Und wenn mich etwas ärgert, kann ich nicht reden. Schon gar nicht mit denen!"

Julie nickte überrascht mit dem Kopf.

„Das heißt nicht, daß ich nichts zu sagen hätte. Ich habe mit Papa durchaus noch ein Wörtchen zu reden wegen dieses Tonbandes, nicht wahr?" Julie nickte wieder, diesmal energischer.

Jetzt oder nie, dachte ich mir: „Soll ich es einfach mal probieren, auch wenn er mich vielleicht nicht versteht? Einfach, um es loszuwerden? Was habe ich Papa zu sagen?"

Eine lange Pause folgte. Julie sah mich an. Ich warf ihr einen aufmunternden Blick zu.

„Du hättest dieses Tonband nicht mitbringen sollen, Papa." – Julie begann, sich ihren Ärger von der Seele zu reden. Endlich war das Schweigen gebrochen. Ihr Vater verteidigte sich natürlich auf die moralische Tour: Er habe das Band ja nur in Julies eigenem Interesse aufgenommen und mitgebracht, nur um ihr zu helfen.

Ich übernahm erneut den Part der Doppelgängerin: „Reden ist doch sinnlos. Ich sage ihm, daß ich mich aufrege, aber er hört es gar nicht. Er macht weiter wie gehabt. Wozu rede ich überhaupt mit ihm? Er weiß wohl gar nicht, wie ich mich aufrege."

Julie ließ mich merken, daß ich ihre Gefühle getroffen hatte. Ich nahm einen neuen Anlauf, ihr weiterzuhelfen: „Soll ich ihn fragen, ob er irgendeine Ahnung hat, worüber ich mich aufrege?"

Julie war auch damit einverstanden.

Der Vater konnte ihre Situation verstehen. Ein Anfang war gemacht. In späteren Sitzungen mit dieser Familie habe ich nicht nur für Julie, sondern auch für ihre Eltern als Doppelgängerin fungiert.

Die Doppelgänger-Technik ermöglichte es mir in jener Sitzung, daß ich dem Spielchen „Teenager gegen Erwachsene" zu entgehen vermochte. Ich konnte Verständnis für Julie zeigen, ohne dabei überheblich zu wirken oder sie umgekehrt in ihrem gestörten Verhalten noch zu bestätigen. In einem späteren Gespräch mit der Familie stellte sich heraus, daß meine Befürchtungen bezüglich der Reaktion des Vaters unbegründet gewesen waren. Er hatte schon so lange unter Julies Schweigen gelitten, daß er jede Antwort von ihr – auch wenn sie mit ablehnenden Gefühlen verbunden war und von der Therapeutin übermittelt werden mußte – als Erlösung empfunden hätte.

Der Doppelgänger hilft, mit rebellischen Teenagern zu arbeiten, deren erste Reaktion auf Therapie meist ihre Haltung gegenüber Autoritäten widerspiegelt. Stellt man die üblichen Fragen („Was bringt dich zu mir?"... „Was denkst du darüber?"... „Was kann ich tun, um dir zu helfen?"... „Kannst du mir mehr darüber erzählen?"...), reagiert der Teenager entweder mit störrischem Schweigen oder mit Verachtung. Er hat Übung darin; die Doppelgänger-Technik wirft ihn aus seiner Routine. Es ist erstaunlich, weil es so einfach ist. Doch der Teenager, der sich weigert, auf die Frage „Wie fühlst du dich?" zu antworten, beginnt häufig zu reagieren, wenn er mit einem therapeutischen Doppelgänger konfrontiert wird. Dieser sitzt neben oder hinter ihm und sagt: „Ich fühle mich schrecklich. Warum mußte ich bloß herkommen?" Teenager sind nicht die einzige Gruppe, die widerspenstig auf Therapie reagiert. Ein Mensch mit einer anderen Hautfarbe, ein Strafgefangener – jeder, der das Gefühl hat, das System ist gegen ihn, wird eher auf eine indirekte Technik ansprechen.

Mein nächstes Beispiel kommt aus der Einzeltherapie. Steven besuchte mich erst seit ein paar Monaten. In dieser Zeit hatte sich mein Bild von ihm ebenso geändert wie seine Einstellung mir gegenüber. Zu Anfang sah ich in ihm einen außergewöhnlich gebildeten und redegewandten jungen Mann, der es während der ersten Sitzungen geschickt verstand, meine Intelligenz auf die Probe zu stellen. Er dachte sich hintersinnige Anspielungen aus, testete mein Gedächtnis, prüfte meine Toleranz gegenüber seinen liberalen Ansichten – ich bestand mit Glanz und Gloria, und wir verbrachten die ersten Sitzungen im Genuß dieses reizvollen intellektuellen Spiels. Er war ein geistreicher Patient, ich eine geistreiche Therapeutin; wir paßten gut zusammen, wir maßen mit Vergnügen unsere Kräfte. Leider dauerte diese Phase länger, als ich erwartet hatte. Steven zeigte wenig Neigung, sich mit Gefühlen zu beschäftigen. Am nächsten kamen wir seiner emotionalen Sperre noch, als wir über den Käfig sprachen, in den er sich selbst einsperrte: Wenn er mir einmal von seinen Ängsten erzählen wollte, scheiterte er im nächsten Moment an seinem abgrundtiefen Mißtrauen mir gegenüber und mehr noch gegenüber seiner eigenen Fähigkeit, das Problem wahrheitsgetreu darzulegen. In den Käfig waren weitere Käfige eingebaut. Es genügte offensichtlich nicht, über diese innere Blockade zu sprechen; Steven blieb unzugänglich und verschlossen – unfähig, sich dorthin zu bewegen, wo ich erdrückende Gefühle der Einsamkeit und der Verzweiflung vermutete.

Als wir uns über seine Schwierigkeiten mit seiner wehleidigen, selbstquälerisch schwermütigen Mutter unterhielten, wurde mir klar, daß ihm ihre Probleme und seine Reaktionen darauf durchaus bewußt waren – und daß dieses Bewußtsein nicht ausreichte. Er zeigte keinerlei Gefühle. Allmählich spürte ich eher eine gewisse spöttische Verachtung hinter seinem Rationalismus; ich startete einen Versuch als Doppelgänger:

Eva als Doppelgänger: Ich bin Steven, und ich kann diese Geschichte nicht mehr hören. Ich hab' sie schon hundertmal erzählt, und es hat nie etwas genützt. Stimmt's?

Steven (lachend): Richtig.

D: Das Gejammer meiner Mutter hängt mir zum Hals raus, und mein eigenes Gejammer auch.

St: Ich jammere nicht!

(Steven protestiert heftig. Ich zeige ihm durch Kopfnicken, daß ich ihn verstanden habe.)

D: Ich jammere nicht so wie sie, Gott sei Dank! Aber ich habe keine Lust mehr, über diese Dinge zu reden, über sie zu reden. Es ist völlig sinnlos!

St: Allerdings!

D: Sie regt mich auf, aber ich lasse mir nichts anmerken.

St: Weiß ich nicht (verzieht trotzig den Mund).

D: Ich hasse sie!

St: Ja! Ich weiß noch, wie ich einmal aus ihrem Schrank einen Schal genommen habe, den sie besonders gern mochte, und ihn in den Mülleimer geworfen habe (spricht jetzt sehr leidenschaftlich).

Die Doppelgänger-Technik erwies sich als eine der wenigen Möglichkeiten, Steven von seinen kalten, abstrakten Rationalisierungen abzubringen. Für den Rest der Stunde hatte Steven nun Zugang zu einem Teil seines Ich, den er bis dahin unter Verschluß gehalten hatte: zu dem haßerfüllten kleinen Jungen, der seiner Mutter nicht widersprechen wollte, um sie nicht zu verletzen, und der zugleich maßlos wütend war auf ihren Egoismus, ihre Selbstzerfleischung, ihre Schwächlichkeit. Die Wurzeln seiner eigenen Selbstverleugnung und seiner beständigen Anstrengung, sich – besonders Frauen gegenüber – keinerlei Verstimmung anmerken zu lassen, wurden allmählich freigelegt.

Die Doppelgänger-Technik ist der Kern des Psychodramas. In diesem Kapitel wurden einige Varianten geschildert, mit denen ich selbst unter wechselnden Bedingungen gearbeitet habe. Diese Technik wird dem Therapeuten weitere Möglichkeiten des Psychodramas eröffnen, Die Grenzen bestimmt seine eigene Lernbereitschaft.

5
Rollen-
tausch

Jeder von uns beherrscht sein Verteidigungsspiel. Wenn ein Gespräch in gefährliches Fahrwasser gerät, wenn wir Kränkungen oder Verluste befürchten, wenn wir uns angreifbar fühlen – stets gehen wir in Stellung: Wir spielen den Beleidigten, wir schlagen zurück, wir lenken ab, wir zeigen Anzeichen physischer Erschöpfung, wir dozieren. Das Verteidigungsspiel hat unzählige Varianten; und sobald es beginnt, stirbt das Gespräch ab, endet jeder wirkliche Austauschprozeß; nur leicht auszurechnende Spielzüge bleiben übrig.

John möchte Mary erzählen, daß er gebeten wurde, bei der nächsten Konferenz mit seinen Geschäftspartnern den Vorsitz zu führen. Mary fürchtet schon seit längerem, daß John sich ihr entfremdet und immer mehr in seinem Beruf aufgeht; für sie ist sein neuerlicher Aufstieg eine Bedrohung, gegen die sie sich mit einem sarkastischen Kommentar zu wehren versucht: „Wieder ein Wochenende weniger! Vielleicht frage ich besser bei deiner Sekretärin an, an welchem Abend du frei bist?" Johns Antwort heißt Rückzug: Er widmet sich der Zeitung. Ein Gespräch über seine berufliche Karriere und deren Schattenseiten kommt nicht zustande; auf dem Programm steht das beliebte Ehe-Spiel „Du-liebst-mich-nicht". Es läuft ab, wie im Drehbuch vorgesehen. Mary verschärft ihre sarkastischen Attacken. John bleibt stumm, scheinbar ganz in die Zeitung vertieft. Mary erreicht den Höhepunkt ihres Auftritts: Sie rennt ins Schlafzimmer, man hört sie schluchzen. John knüllt die Zeitung zusammen, wirft sie auf den

Fußboden und stampft aus dem Haus; natürlich vergißt er nicht, die Tür so laut zuzuknallen, daß Mary es hören muß. Am nächsten Morgen folgt die Versöhnungsszene; der Streit vom Vorabend wird mit keiner Silbe mehr erwähnt – das Spiel wird unverändert aufbewahrt, bis man es bei nächster Gelegenheit wieder benötigt.

Der Beginn eines Verteidigungsspiels ist ein besonders günstiger Zeitpunkt, einen Rollentausch vorzunehmen. John und Mary besuchen mich wegen ihrer Eheprobleme.

Im Anschluß an Marys sarkastische Eröffnung schlage ich vor: „Ich fände es gut, wenn ihr für einen Moment die Rollen tauschen würdet. Mary, tausche bitte deinen Platz mit John. Du bist jetzt John. Und du, John, bist jetzt Mary."

Der Platzwechsel ist aus zwei Gründen wichtig: er unterstützt die Vorstellung, daß man die Stelle des anderen einnimmt, und außerdem verhindert er Verwirrungen, wenn die Rollen „zurückgetauscht" werden. Wenn John und Mary zum ersten Mal die Rollen tauschen, bereite ich die Szene etwas ausführlicher vor. Ich sage zum Beispiel zu Mary: „Wie fühlst du dich als John zu Beginn dieses Gesprächs mit Mary? Du hast gerade eine gute Nachricht bekommen, nicht wahr?"

Mary (bitter): Ja, ich bin eine große Kanone in der Firma.

Eva: Was für eine große Kanone bist du, John?

M: Nun, ich bringe die meisten Aufträge herein. Ich weiß, wie man verkauft. Also steigt mein Gehalt, und in der Chefetage hält man mich für ein As. (Mary lacht.) Zu Hause sieht die Welt natürlich anders aus!

E: Hier vorne sitzt Mary. Möchtest du ihr dazu etwas sagen? Was ist anders zu Hause?

M: Ja, Mary, was ich auch tue, du hast anscheinend immer etwas auszusetzen. (Mary lächelt immer noch ein wenig verlegen.)

E: Nur zu, Mary, dazu gibt's doch etwas zu sagen!

John: Dich interessiert ja nur deine Arbeit. Sonst kümmerst du dich um nichts. Deshalb bist du auch nie zu Hause. Ich werde als Sekretärin bei dir arbeiten, dann sehe ich dich wenigstens auch ab und zu. (Auch John lächelt, während er Marys Drehbuch-Passage aufsagt.)

M (ernsthafter): So... du sagst ja nur immer, daß ich an allem schuld bin. Wie kann ich dir da irgend etwas erklären? Das macht mich so wütend!

John ist sichtlich erleichtert, daß Mary genau die Falle beschreibt, in der er sich gefangen fühlt. An diesem Punkt läßt sich der ursprüngliche Gesprächsverlauf in sinnvollere Bahnen lenken. Von dem Moment an, wo John zu erkennen gibt, was wirklich in ihm vorgeht – anstatt zum Gegenangriff überzugehen oder den Rückzug anzutreten –, ist die gewohnte Fortsetzung jenes Spiels nicht mehr möglich. In Johns Rolle hat Mary demonstriert, wie er seine Gefühle zeigen könnte. Er könnte sagen: „Du machst mich so wütend!", anstatt sich hinter der Zeitung zu verschanzen. An diesem Punkt bitte ich folglich John und Mary, ihre Rollen wieder zurückzutauschen: „Gut, ihr könnt jetzt wieder die Plätze tauschen und ihr selbst sein. John, würdest du bitte anfangen mit dem letzten Satz, den Mary in deiner Rolle gesagt hat: ‚Wenn du mich doch immer nur beschuldigst, wie kann ich dir dann etwas erklären? Das macht mich so wütend!'" Es ist eine sehr nützliche Hilfe, den genauen Satz vorzusprechen, mit dem die Teilnehmer die nächste Szene beginnen sollen. Auf diese Weise läßt sich erreichen, daß die Szene an der nach Meinung des Moderators entscheidenden Stelle fortgesetzt und außerdem die Verwirrung der Teilnehmer abgebaut wird. John spricht einfach den vorgegebenen Satz nach und braucht sich nicht lange den Kopf zu zerbrechen: „Schön, jetzt bin ich also wieder ich selbst. Was hat sie gerade zu mir gesagt? Daß ich anfangen soll? Oder daß ich warten soll, bis sie selbst etwas sagt?"

Der Moderator kann die Rollentausch-Szene natürlich an jeder geeigneten Stelle unterbrechen und die Beteiligten um ihre Stellungnahme bitten: „John, bist du einverstanden damit, wie Mary dich dargestellt hat? Sag ihr doch, was dir gefallen hat und was nicht."

Ich selbst ziehe es vor, die Szene erst vollständig spielen zu lassen – wobei ich zum Rollentausch auffordere, wenn dadurch das Gespräch am ehesten eine sinnvollere Wendung nehmen könnte – und die Diskussion erst anschließend zu führen. Diskussionen über das Wie und Warum hemmen nur den Fluß der Szene. Ausnahmen mache ich höchstens bei Paaren, die sich nur widerwillig und mit sehr viel gutem Zureden überhaupt zum Rollentausch bewegen lassen; in solchen Fällen habe ich manchmal die Hoffnung, daß eine nach der ersten Passage eingeschobene Diskussion die weitere Arbeit erleichtern könnte: „Als du gerade meine Rolle gespielt hast, warst du genauso gekränkt, wie ich es in Wirklichkeit bin. Woher wußtest du das?" Oder: „Ich glaube nicht, daß ich so rede, wie du es dargestellt hast. Ich werde in dem Moment nicht wütend, ich fühle mich eher gekränkt." In beiden Fällen kann die Szene anschließend fortgesetzt werden. Nach der ersten Bemerkung läßt sich zum Beispiel herausarbeiten, warum Mary verbirgt, daß sie Johns Gefühle in Wirklichkeit – wie sein Kommentar gezeigt hat – durchaus versteht: Sie hat Angst, ihn direkt darauf anzusprechen, glaubt, es würde ihn verunsichern, wenn er wüßte, daß sie weiß usw... Durch Folgeszenen findet Mary vielleicht neue Wege, offener mit John zu reden. Im Anschluß an die zweite Bemerkung könnte John seiner Frau zeigen, wie er selbst sich in jener Situation zu verhalten glaubt.

Wer zum ersten Mal Rollen tauscht, zeigt in solchen Diskussionspausen oft ablehnende Reaktionen: „So bin ich ganz bestimmt nicht! Das sind einfach boshafte Unterstellungen! Du verstehst mich überhaupt nicht!" Falls Mary so denkt, muß sie Gelegenheit haben, das auch zu sagen. Solange sie sich als Opfer fühlt, kann sie auf das Rollenspiel kaum wirklich eingehen. Als Leiterin kann ich dann versuchen, zwischen John und Mary zu vermitteln. Wollte John Mary mit seiner Darstellung provozieren, das alte Spiel um eine neue Variante bereichern? Oder wollte er sie nur auf etwas hinweisen, was ihm an ihr aufgefallen war? Wenn die Mißverständnisse ausgeräumt sind und wir das „Spielfeld" wieder verlassen haben, kann die Szene fortgesetzt werden.

Ich könnte jedoch auch eine ganz andere Strategie einschlagen und Mary durch ein weiteres Rollenspiel aus der Sackgasse zu führen versuchen:

Eva: Mary, du hast gesagt, daß John dich anders dargestellt hat, als du in Wirklichkeit bist, nicht wahr?

Mary: Ja. So etwas wie „Ich gehe zu meiner Mutter zurück", sage ich nicht. Er macht sich nur über mich lustig. Ich habe meine Mutter seit Jahren nicht mehr gesehen.

E: Was hättest du in diesem Moment denn wirklich gesagt?

M: Also, wahrscheinlich hätte ich gesagt: „Ich halt's hier nicht mehr aus! Keinen Tag länger!"

106

E: Gut, John, würdest du einfach diesen Satz wiederholen?

John: Ich halt's hier nicht mehr aus!

E: Mary, hättest du es auch so ähnlich gesagt?

M: Ja, genau so hätte ich es gesagt.

E: Gut, dann können wir jetzt vielleicht mit unserer Szene weitermachen. Mary, du bist jetzt wieder John und antwortest auf das, was er eben gesagt hat.

Mit dieser Strategie läßt sich eine Diskussion des Streits zwischen John und Mary umgehen; Mary erhält eine gewisse Einflußmöglichkeit und braucht daher nicht mehr unbedingt zu befürchten, daß John sie lächerlich machen könnte.

Rollentausch ist eine besonders für hierarchisch strukturierte Gruppen hervorragend geeignete Technik. Meistens arbeite ich mit Gruppen, denen sowohl Patienten als auch Betreuer angehören, manchmal mit Lehrern und Schülern. In allen Fällen eindeutiger Rollentrennung – Eltern und Kinder, Ehemänner und -frauen, Mitglieder und Nichtmitglieder, Arbeitgeber und Arbeitnehmer – bietet es sich an, eine oder mehrere Psychodrama-Sitzungen dem Rollentausch zu widmen.

In einer psychiatrischen Klinik kann ich als Einstieg zum Beispiel jeden Teilnehmer bitten, an einen Vertreter der anderen Statusgruppe zu denken, mit dem er Schwierigkeiten gehabt hat. Die Patienten denken an einen Betreuer, die Betreuer an einen Patienten. Nach einer angemessenen Pause fordere ich jeden einzelnen auf, in der Rolle der von ihm gewählten Person einen oder zwei Sätze über sich selbst zu sagen. Patient John hat sich zum Beispiel Dr. K. ausgesucht, auf den er gar nicht gut zu sprechen war. Jetzt soll er als Dr. K. einen oder zwei Sätze über John sagen, zum Beispiel: „Bei John ist halt nichts zu machen. Er sitzt einfach nur da und sagt keinen Ton." Gewöhnlich höre ich mir alle Beiträge an und inszeniere anschließend – mit Hilfe einer kurzen Feedback-Phase – weitere Umkehrungen der Betreuer-Patient-Beziehung.

Eltern und Kinder kann man Paare bilden – jeweils ein Elternteil und ein Kind – und einen aktuellen Konflikt durchspielen lassen.

In Institutionen mit festem Beziehungsgefüge kann man oft ein alle Beteiligten betreffendes Problem im Wege des Rollentauschs aufarbeiten. Mit den Bewohnerinnen und Erzieherinnen eines Mädchenheims zum Beispiel ließ sich die neue Zimmerordnung viel leichter und entspannter besprechen, nachdem ein Rollentausch vorgenommen worden war.

Wenn diese Technik einmal geläufig ist, wird sie oft von den Teilnehmern selbst vorgeschlagen: „Ich habe diesmal allerhand Mühe gehabt, bis Jane einverstanden war, hierherzukommen. Können wir mit vertauschten Rollen daran arbeiten?"

Einstieg

Gruppenleitern, die sich vorzugsweise mit Konflikten zwischen Eltern und Kindern beschäftigen, sei der folgende Einstieg empfohlen. Er demonstriert, wie besondere Umstände – hier die unterschiedliche Körpergröße der Teilnehmer – im Rollentausch besonders vorteilhaft genutzt werden können: Die Gruppe teilt sich in Paare. Jedes Paar muß entscheiden, wer Vater oder Mutter und wer Kind sein will, wie alt das Kind sein soll und an welchem Problem man arbeiten will (ein Fünfjähriger verweigert die Mahlzeiten; ein Achtzehnjähriger streitet sich mit dem Vater um die Benutzung des Autos usw.). Wichtig ist, daß jedem Paar ein Stuhl zur Verfügung steht.

Anschließend schlägt der Leiter vor, daß die Paare mit ihrer Konfliktszene beginnen, wobei der Vater bzw. die Mutter auf dem Stuhl und das Kind auf dem Fußboden sitzen soll. Der Leiter vergewissert sich, daß jedes Paar ein einigermaßen ergiebiges Thema gefunden hat, und bittet nach einigen Minuten den Vater bzw. die Mutter, die Auseinandersetzung im Stehen fortzusetzen. Im ersten Durchgang bleibt das Kind auf dem Fußboden sitzen, während sein Vater bzw. seine Mutter zunächst auf dem Stuhl sitzt, dann steht und schließlich auf dem Stuhl steht. Thema und Rollen bleiben von diesen Positionsveränderungen unberührt. Im zweiten Durchgang sitzt der Vater bzw. die Mutter auf dem Fußboden, während das Kind zuerst auf dem Stuhl sitzt, dann aufsteht und schließlich auf den Stuhl steigt. Während der ganzen Zeit wird immer am gleichen Thema gearbeitet. Obwohl diese Übung keinen vollständigen Rollentausch vorsieht, erlebt jeder Partner den Konflikt auch aus der Gegenperspektive. Die letzte Phase besteht darin, daß die Paare sich eine Position suchen, die Unterschiede in der Körpergröße ausgleicht, und die Auseinandersetzung zum Abschluß bringen.

Dieser Einstieg wird meistens mit großer Begeisterung aufgenommen und endet nicht selten in lautstarkem Trubel (falls dem Gruppenleiter so viel Turbulenz ungelegen kommt, kann er auch ein einzelnes Paar bitten, die Übung für alle Teilnehmer zu demonstrieren). Die anschließende Gruppendiskussion steht gewöhnlich ganz im Zeichen des Erlebnisses schwindender Autorität: „Ich konnte nichts mehr bestimmen. Je höher ich stieg, desto hilfloser kam ich mir vor." – „Ganz oben fand ich es prima. Ganz unten war es schrecklich. Ich mußte an die Zeit denken, wo ich selbst so klein war." – „Als das Kind auf dem Stuhl stand und ich auf dem Fußboden saß – das paßte genau. So fühle ich mich zu Hause, als ob die Kinder Riesen wären." – „Ich fand es gut, als wir auf gleicher Höhe waren. So kann man besser miteinander reden, egal worüber." Wenn noch Zeit zur Verfügung steht und die Gruppe weiterhin Interesse zeigt, kann man die gesamte Übung mit vertauschten Rollen wiederholen.

Eine hervorragende Erörterung des Rollentausches finden Sie in Adam Blatners *Acting-In. Practical Applications of Psychodramatic Methods* (New York; Springer, 1988).

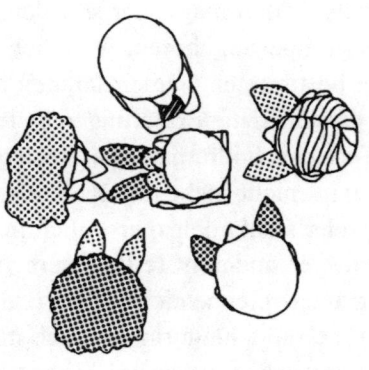

6
Das
Soziogramm

Diese den Sozialwissenschaften entlehnte Technik ist so etwas wie ein Schlüssel in der Hand des Therapeuten – sie erschließt ihm das soziale Umfeld seiner Klienten, ihre Beziehungen zu Familie, Beruf, Freunden und anderen wichtigen Gruppen. In den Sozialwissenschaften ist ein Soziogramm eine grafische Darstellung der Beziehungen zwischen einem Individuum und einer Gruppe (so beginne ich meine Einführung des Soziogramms auch in Gruppensitzungen). Bekannt sind Diagramme, die zum Beispiel über Johns Beliebtheit bei seinen Spiel- und Schulkameraden Auskunft geben. Der mit J bezeichnete Kreis steht für John, der Kreis unmittelbar daneben für Tommy, seinen einzigen engen Freund. Außer ihm hat John noch drei weitere, weniger enge Freunde: Mary, Ted und Jack – Nachbarskinder, mit denen er nach der Schule gelegentlich zusammenkommt. Von den anderen Klassenkameraden, und erst recht von den anderen Nachbarskindern, fühlt er sich ziemlich isoliert.

Insgesamt ergibt sich etwa folgendes Bild:

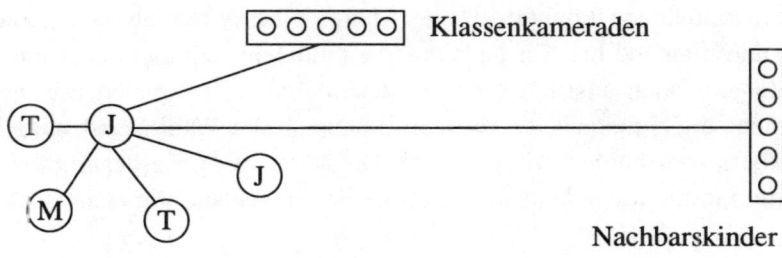

Jeder Betrachter des Bildes kann Vermutungen über Johns Leben anstellen. John mag einer sozialen, weltanschaulichen oder ethnischen Randgruppe angehören. Vielleicht beruht seine Isolation gerade auf einer bestimmten Gemeinsamkeit mit seinem Freund Tommy. Zahlreiche verschiedene Erklärungen bieten sich an.

Das psychodramatische Soziogramm ist ein lebendes Bild. John erscheint nicht mehr nur als Kreis auf einem Stück Papier, sondern er sitzt oder steht höchstpersönlich in der Mitte seines Soziogramms, von wo aus er anderen Teilnehmern die seinen wichtigsten Sozialbeziehungen entsprechenden Rollen und Plätze zuweist.

Als Gruppenleiterin kann ich mit Hilfe des Soziogramms zum Beispiel versuchen, mehr über Johns Familienleben zu erfahren. Falls die Gruppe die Technik noch nicht kennt, beginne ich mit einigen einführenden Vorbemerkungen. Anschließend frage ich John, ob er interessiert ist, mit Hilfe dieser Technik seine Beziehungen zu seiner Familie aufzuarbeiten. Wenn ja, bitte ich ihn, sich – mit oder ohne Stuhl – in die Mitte des Raumes zu begeben; wahrscheinlich begleite ich ihn, um sein Lampenfieber zu dämpfen. Als nächstes will ich wissen, welche Familienangehörigen ihm besonders wichtig sind bzw. früher sehr wichtig waren. Gewöhnlich füge ich hinzu, daß er auch ein verstorbenes Familienmitglied einbeziehen kann, wenn diese Person in seinem Leben eine besondere Rolle gespielt hat; ihr Einfluß ist ja höchstwahrscheinlich über den Tod hinaus wirksam geblieben. Nachdem John mit seiner Aufzählung begonnen hat, bitte ich ihn, sich in der Gruppe umzuschauen und zu überlegen, wer die Rollen der von ihm benannten Personen übernehmen könnte. Wenn John die Aufgabe ernstnimmt, bereiten ihm die Rollenbesetzungen einige Schwierigkeiten: Niemand scheint zum Beispiel irgendwelche Ähnlichkeiten mit seiner Mutter aufzuweisen usw. In diesem Fall kann ich als Leiterin helfen, indem ich John bestätige, daß letztlich niemand die Stelle seiner Mutter einnehmen könnte: „Deine Mutter gibt es nur einmal, natürlich kann niemand hier ihr genaues Ebenbild sein. Ich möchte ja nur, daß du jemanden aussuchst, der vielleicht ihre Rolle spielen, sie wenigstens andeutungsweise vertreten könnte." Die Wahl selbst muß John überlassen bleiben. Er wird sich Darsteller mit ganz bestimmten, für ihn emotional bedeutsamen Eigenschaften suchen, die außer ihm niemand kennt. Sobald John einen geeigneten Teilnehmer gefunden hat, bitte ich ihn, von seiner Zentralposition aus den Platz des Rollenspielers so zu bestimmen, daß die räumliche Distanz – eher gering oder eher weit – der darzustellenden Beziehung entspricht. Dazu soll John den Rollenspieler noch in eine für die Rolle typische Haltung einweisen. Seine Mutter läßt er vielleicht stehend hinter sich aufragen, vielleicht resigniert oder unangreifbar abgewandt auf einem Stuhl sitzen. Die Kombinationsmöglichkeiten sind so vielfältig, daß sich für jede gegebene Beziehung eine typische Ausdrucksform finden läßt. Wichtig ist wiederum, daß John die Entfernungen und Stellungen der Rollenspieler von sich aus bestimmt und nicht untätig zuläßt, daß sie sich ihre Positionen selbst suchen. Wenn John jedem der ausgewählten Familienmitglieder eine in bestimmter Weise auf ihn selbst bezogene Position zugewiesen hat, ist der erste Teil des Soziogramms beendet. Wir haben ein lebendes Bild von John und seiner Familie vor uns.

Im zweiten Teil des Soziogramms kommt Bewegung in das lebende Bild: es lernt sprechen. Zunächst bitte ich John, sich für jede Person einen Satz auszudenken, den sie typischerweise zu ihm sagen könnte. Möglicherweise macht sich John die Aufgabe selbst schwieriger, als sie eigentlich ist; es kann sein, daß er schon beim ersten Satz ins Grübeln kommt, weil er meint, er müsse den einen Satz finden, der die betreffende Person in ihrer Einstellung zu ihm charakterisiert. Eine genaue Erklärung ist daher wichtig: „Denk an einen Satz, der dir von diesem Familienmitglied geläufig ist; einfach irgend etwas, was er oft sagt, wenn ihr zusammen seid." Jeder Vorschlag des Protagonisten wird vom Leiter akzeptiert. Nach meiner eigenen Erfahrung reicht die Bandbreite von einem schlichten: „Hallo!" bis zu: „Worauf gründet sich deine Daseinsberechtigung, mein Junge?" Als Leiterin weiß ich, daß sich das emotionale Engagement im Laufe der Arbeit von selbst entwickeln wird; ich brauche nur erst einen Anfang. Ich bitte die einzelnen Rollenspieler, den Satz, den John ihnen vorspricht, im Gedächtnis zu behalten, damit sie ihn zu gegebener Zeit bereit haben. Nachdem John seine Instruktionen beendet hat, wende ich mich erneut an die Rollenspieler: „Jeder sagt jetzt bitte seinen Satz zu John, und zwar in der Reihenfolge, in der er euch hierher zur Mitte gerufen hat. John wird euch zuerst nicht antworten. Er wird nur zuhören und sich

113

einen Eindruck verschaffen, wie ihr die Rollen spielt, die er euch zugewiesen hat."

Gewöhnlich ermuntere ich den Rollenspieler, der gerade an der Reihe ist, mit einem Kopfnicken. Wenn jeder seinen Satz gesagt hat, frage ich John: „Wie waren sie? Schau dich einmal um. Könntest du jemand anderen aus der Gruppe vielleicht eher dazu bringen, den Satz so zu sagen, wie die Person, an die du denkst?" Falls John Änderungswünsche hat – zum Beispiel: „Mein Vater würde das aggressiver sagen" –, lasse ich ihn diese möglichst nicht näher beschreiben, sondern fordere ihn auf, im Rollentausch mit dem betreffenden Darsteller zu demonstrieren, wie sein Vater den Satz sagen würde.

Während der letzten Phase des Soziogramms tritt John selbst in Aktion, oder genauer: in Inter-Aktion mit den Figuren seines Soziogramms. Die Rollenspieler bekommen von mir folgende Anleitungen: „Jeder sagt jetzt bitte wieder seinen Satz, und diesmal wird John euch antworten. Anschließend führt ihr in eurer jeweiligen Rolle ein kurzes Gespräch mit John. Ihr könnt natürlich nicht wissen – woher auch? –, was die Personen, die ihr darstellt, wirklich sagen würden. Folgt deshalb am besten einfach eurer Eingebung und unterhaltet euch solange mit John, bis ich euch unterbreche." Die Unterhaltung mit der von John zuerst gerufenen Person beginnt gewöhnlich wieder auf ein Zeichen von mir. Wenn ich als Beobachterin merke, daß die Gespräche in emotionaler Hinsicht ein wenig oberflächlich bleiben, kann ich zum Beispiel als Doppelgänger des Protagonisten helfend eingreifen. Ich könnte John aber auch vorschlagen, dem Dialog eine bestimmte Richtung zu geben, indem er zum Beispiel seinem Gegenüber genau schildert, mit welchen Gefühlen dieses Gespräch für ihn verbunden ist, indem er Forderungen an sein Gegenüber stellt, ihm erklärt, was er an ihm nicht leiden kann usw. Solche Eingriffe sind jedoch nur selten erforderlich. Oft verrät uns schon ein kurzer Dialog zwischen John und einem Familienmitglied alles, was wir wissen müssen, um Hypothesen über die Art der Beziehung aufstellen zu können:

Mutter (den von John vorgegebenen Satz wiederholend): Wann bist du gestern abend nach Hause gekommen?
John: Ungefähr um halb elf.

114

M: Ich habe mir Sorgen um dich gemacht. Es wäre mir lieber gewesen, du hättest angerufen und gesagt, wann du nach Hause kommst.

J: Entschuldige bitte.

Ehefrau: Helfen dir deine Besuche im Behandlungszentrum?

J: Von diesen Tabletten wird es anscheinend nur noch schlimmer.

E: Den Eindruck habe ich auch – warum nimmst du sie überhaupt noch?

J: Ich sollte es wohl wirklich besser bleibenlassen. Aber es heißt immer, daß ich sie weiter einnehmen soll.

E: Fühlst du dich denn wenigstens ein bißchen besser?

J: Nein, tut mir leid.

Bruder: Es wird schon wieder werden, John! Du mußt einfach ordentlich essen und dir ein bißchen Bewegung verschaffen!

J: Danke, George.

B: Hast du's schon mal mit längeren Spaziergängen versucht? Mir hilft das immer, wenn ich mich aufrege. Allerdings wird es bei mir auch nie so schlimm wie bei dir.

J: Hab' ich schon probiert. Aber ich danke dir für deine Aufmerksamkeit.

In allen Gesprächen spielt John die Rolle des willigen Zuhörers. Als Beobachter fragt man sich, ob er nicht wütend auf alle diese lieben Menschen ist, die so besorgt um ihn sind und ihm unablässig helfen wollen. Ein Doppelgänger, der diese Verärgerung und Wut zum Ausdruck bringt, könnte unseren Zweifeln auf den Grund gehen. Falls John unsere Vermutungen bzw. die Gefühle des Doppelgängers bestätigt („Es stimmt ja. Ich wäre so froh, wenn sie mal den Mund hielten und mich ab und zu in Ruhe ließen."), so ergibt sich der nächste Schritt von selbst: Wir können die Arbeit mit ihm zu einem vorläufigen Abschluß bringen, indem wir die vorigen Szenen wiederholen – mit dem Unterschied, daß John diesmal seine innere Wut offen eingesteht und zum Ausdruck bringt.

Sobald die ein Soziogramm strukturierende Dialogreihe abgeschlossen ist, können Leiter und Gruppe wählen, welche Einzeldialoge sie gern noch weiter verfolgen würden.

Das Soziogramm ist eine einfache Methode, neue Gruppen oder Gruppenmitglieder kennenzulernen. Der im psychodramatischen Gelände noch unsichere Therapeut bekommt hier ein Instrument an die Hand, dessen klare, einfache und konkrete Aufgabenstellung die Anfangsschwierigkeiten seiner Gruppe mühelos überbrücken hilft. Die schrittweise erfolgenden Anleitungen sind eine zusätzliche Stütze für die Gruppe. Die meisten Gruppenmitglieder beteiligen sich gern als Rollenspieler am Soziogramm des Protagonisten. Da der Protagonist im Anfangsstadium des Soziogramms nicht allzuviel sagen muß, hat er eine längere Anlaufzeit, als wenn er sich sofort voll konzentrieren müßte.

Meine Arbeit in psychiatrischen Kliniken bringt mich oft mit Menschen zusammen, die unter schweren Belastungen stehen und wenig über ihre Lebensumstände sprechen. Das Soziogramm ist nicht nur eine wertvolle Hilfe zum besseren Verständnis auch dieser Menschen, sondern auch so aufgebaut, daß es erstaunlich selten versagt.

Als Beispiel mag das Soziogramm eines Jugendlichen dienen, der bei Pflegeeltern aufgewachsen und in seiner ganzen Art mißtrauisch und verschlossen war. Anstelle eines Satzes gab er jedem Familienmitglied dasselbe Wort vor: „Hallo!" Meinen Vorschlag, doch etwas genauer zu umschreiben, was die verschiedenen Personen typischerweise zu ihm sagen könnten, schien er gar nicht zu verstehen; er wiederholte statt dessen, daß man ihn im allgemeinen mit einem schlichten „Hallo!" begrüße. Ich versprach mir nicht gerade viel davon, auf einer so spärlichen Informationsbasis weiterzuarbeiten; andererseits dachte ich aber auch daran, daß der Junge bislang durchaus willig gewesen war. Er hatte Rollenspieler für seine Familie ausgesucht und saß mitten auf der Bühne. Vielleicht war mit ein wenig Geduld ja durchaus ein Ergebnis zu erreichen? Den Personen seines Soziogramms antwortete er, wie nicht anders zu erwarten, ebenfalls mit „Hallo!"; als er jedoch seiner Mutter gegenüberstand, fiel einem der anwesenden Betreuer auf, wie sich der Körper des Jungen straffte. Auf eine entsprechende Frage antwortete der Junge, daß er das „Hallo!" seiner Mutter als Verhör – wo er sich herumtreibe usw. – interpretiert habe und daß seine anschließende Verkrampfung eine Abwehrreaktion gewesen sei. Nach diesem Hinweis bat ich die Frau, die die Mutter darstellte, ihre Rolle noch eine Zeitlang weiterzuspielen; und tatsächlich wurde der einsilbige Sohn zunehmend gesprächig und mitteilsam.

Besonders gute Dienste erweist mir das Soziogramm, wenn mich eine mir unbekannte Gruppe für eine einzelne Sitzung konsultiert. Nach dem Einstieg bitte ich einen der Teilnehmer, aus seiner Sicht ein Soziogramm der Gruppe zusammenzustellen. Falls die Gruppe sehr groß ist, kann ich ihm auch vorschlagen, sich auf die sechs oder sieben für ihn wichtigsten Personen zu beschränken. Geht es um seine Arbeitsplatz-Situation, mag er einzelne Personen als ihm nahestehend, andere als eher weit entfernt einordnen, zusätzlich einen besonderen Platz für den Chef vorsehen usw. Nach Beendigung eines Soziogramms wollen oft weitere Teilnehmer auch ihre Versionen durchspielen. So entsteht schon in der Anfangsphase ein immer deutlicheres Bild der maßgeblichen Beziehungen in der Gruppe.

Das Soziogramm ist – naheliegenderweise – vielseitig verwendbar. Ein Familientherapeut kann Soziogramme mit den „echten" Familienmitgliedern zusammenstellen lassen; ein Gruppentherapeut mag einen Teilnehmer bitten, seine Beziehungen zu den anderen Gruppenmitgliedern im Soziogramm abzubilden; die Bewohner eines Wohnblocks, ihre Freunde, Nachbarn oder Lebensmittelhändler – sie alle passen in Soziogramme, nur der Himmel nicht mehr. Die einzige Voraussetzung dieser Technik ist Zeit: Ein Soziogramm, an dem ich nicht dreißig bis fünfundvierzig Minuten arbeiten kann, fange ich gar nicht erst an.

7
Der
leere Stuhl

Den Grundstein zu dieser Technik legte Moreno, weiterentwickelt wurde sie von Fritz Perls, dem Vater der Gestalttherapie, der regelmäßig zu den Moreno-Workshops in Beacon Hill kam. Ich habe den „leeren Stuhl" bei Perls kennengelernt. Dabei habe ich sehr viel über mich selbst gelernt; diese neue Technik und ihre spezifischen Anwendungsmöglichkeiten waren außerdem beruflich ein Gewinn für mich.

Wo andere mit Rollenspielen arbeiten, verwendet Perls den leeren Stuhl. Wenn zum Beispiel John über sein problematisches Verhältnis mit seiner Schwiegermutter arbeiten möchte, würde Perls vorschlagen: „Setz deine Schwiegermutter auf den leeren Stuhl und rede mit ihr." Johns Einverständnis wäre daran zu erkennen, daß er sich auf den „heißen Stuhl" (hot seat) gleich neben Perls und gegenüber besagtem leeren Stuhl begibt. Ich selbst halte keinen „heißen Stuhl" bereit, sondern tausche lieber meinen Platz mit dem neben dem Protagonisten sitzenden Teilnehmer und lasse dann einen zusätzlichen leeren Stuhl vor dem Protagonisten aufstellen. Nach meiner Erfahrung ist es wichtig, daß ich direkt neben dem Protagonisten sitze; er hat dadurch die zusätzliche Sicherheit meiner unmittelbaren Nähe – falls nötig, auch meiner Hand –, und er merkt, daß ich wirklich zuhöre; außerdem kann ich aus dieser Position tatsächlich am besten zuhören und nonverbale Signale beobachten.

Falls John sich in die ungewohnte Aufgabe nicht so schnell hineinfindet, könnte ich ihm – hier wie im weiteren folge ich Perls' Beispiel –

eine Starthilfe geben: „Bevor du mit ihr redest, sag uns doch bitte, wen du vor dir siehst. Mach dir ein Bild von ihr, wie sie auf dem Stuhl hier sitzt. Schildere uns dieses Bild."

Es empfiehlt sich, John dabei wiederholt nach Einzelheiten zu fragen; man erleichtert ihm damit, sich sein Gegenüber ganz konkret vorzustellen: „Ja, also, sie ist ungefähr 1,65 Meter groß, eher untersetzt und ungefähr 60 Jahre alt. Und sie gackert ununterbrochen – gack, gack, gack!"

Mit dem zweiten Teil seiner Beschreibung hat John das Stichwort für den anschließenden Dialog gegeben. Hier ist etwas, was ihn stört, was er seiner Schwiegermutter sagen könnte, um die Aussprache leichter in Gang zu bringen. Auf solche emotional eingefärbten Äußerungen muß man unbedingt achten – sie leiten ganz von selbst zum eigentlichen Dialog über.

John nimmt den Faden auf und wendet sich jetzt zum leeren Stuhl: „Himmel, Mutter, wenn du nur mal still sein könntest! Kannst du denn gar nie den Mund halten?! Du gackerst unentwegt: gack, gack, gack!" (zu mir): „Aber so würde ich nie mit ihr reden." An dieser Stelle sollte ich John vielleicht erklären, daß wir an seinen inneren Konflikten interessiert sind, daß er den Dialog nicht unbedingt als Generalprobe für den nächsten Besuch seiner Schwiegermutter auffassen muß (was ihm andererseits natürlich auch nicht verboten ist).

Anschließend bekommt John weitere Anleitungen: „Schön, jetzt hast du ihr die Meinung gesagt. Mal sehen, wie sie reagiert. Tausch mit ihr den Platz. Jetzt bist du die Schwiegermutter und antwortest auf Johns Vorwürfe." Wie beim Rollentausch darf John erst fortfahren, nachdem er sich auf den anderen Stuhl gesetzt hat. So kann er die Aufgabenstellung konkreter nachvollziehen und der Verwirrung entgehen, die oft entsteht, wenn man verschiedene Rollen von demselben Platz aus spielen soll. John spricht nun für seine Schwiegermutter: „Noch nie hat mich jemand so gekränkt! Unglaublich! Nach allem, was ich für euch Kinder getan habe!" Als Therapeutin muß ich John jetzt helfen, den Dialog so voranzutreiben, daß er seinen in der wirklichen Situation unterdrückten Gefühlen Ausdruck verleihen kann.

Vielleicht stößt John im Laufe des Dialogs auch bis zu den Hintergründen seines Konfliktes vor. Dem Therapeuten könnte zum Beispiel auffallen, daß John sich nicht etwa in seine Wut hineinsteigert, sondern daß seine Stimme immer dünner und er selbst immer kleiner wird, je länger er mit seiner Schwiegermutter spricht. „Du mußt einfach immer recht haben, nicht wahr?" klagt John schon fast weinerlich. „Ich halt' das nicht mehr aus. Dabei weißt du noch nicht einmal, wovon du eigentlich sprichst."

Der Therapeut wird John daraufhin fragen: „Wie alt fühlst du dich jetzt?" und – falls John zugibt, daß er sich wie ein kleiner Junge vorkommt – noch hinzufügen: „Mit wem hättest du als kleiner Junge so geredet? Zu wem hättest du gesagt (es folgt der letzte Satz des Dialogs): ,Ich halt das nicht mehr aus.'?" Wenn John eine Verbindung herstellt zu jemandem, der in einem früheren Akt seines Lebensdramas eine Rolle gespielt hat – „Ja, genauso war auch meine Großmutter, die früher bei uns gewohnt hat, und ich habe genauso reagiert wie damals als Siebenjähriger" –, dann wird der leere Stuhl anschließend mit dieser Person besetzt (in Johns Fall also mit der Großmutter), so daß John seine Arbeit weiter vertiefen kann.

Für die Individualtherapie ist der leere Stuhl von unschätzbarem Wert: Er gibt auch Einzelpersonen die Möglichkeit zum Rollenspiel. Aber auch in einer Gruppe bietet der leere Stuhl viele Vorteile: Von allen rollenspielenden Gruppenmitgliedern ist er der beste Kenner der wirklichen Situation, der verständnisvollste Partner des Protagonisten, der zuverlässigste Garant kontinuierlicher Arbeit usw. Sollen in ein laufendes Psychodrama neue Rollen eingeführt werden, kann man sich zur Demonstration des leeren Stuhls bedienen. Wenn zum Beispiel die Rolle von Johns Schwiegermutter zu besetzen ist, könnte John sie mit Hilfe des leeren Stuhls zunächst in einigen Dialogpassagen vorstellen, bevor der Gruppenleiter fragt, ob jemand sich die Rolle zutraut. Der leere Stuhl ermöglicht unmittelbare Erfahrung ohne komplizierten Aufwand; er erspart das rationalisierende „Reden über" Probleme, das Zerreden der Konflikte. Eben deshalb hat Perls ihn erfunden.

Bislang habe ich den leeren Stuhl als engen Verwandten des herkömmlichen Rollenspiels vorgestellt. Mit seiner Hilfe kann man jedoch auch Zugang finden zu Symbolen, Bildern und Träumen und damit zu jenen Schichten der inneren Konflikte, die nicht mehr unbedingt auf andere Personen, sondern auf tief verwurzelte innere Widersprüche, Befürchtungen und Ängste verweisen.

Das folgende Beispiel entstammt meiner eigenen Arbeit mit Fritz Perls. Es war mir keineswegs leichtgefallen, auf dem leeren Stuhl Platz zu nehmen. Selbst nach einigen Vorübungen war ich noch hauptsächlich mit meiner Angst beschäftigt.

Perls: Kannst du die Augen schließen und dir deine Angst bildlich vorstellen? Kleide sie in eine Landschaft. Überlasse dich ganz deinem Angstgefühl. Was siehst du?

Eva (überrascht, wie schnell die Bilder entstehen): Ich sehe eine Dachkammer. Nur eine Ecke, mit einem braunen Holzfußboden. Ich kann die Maserung der breiten Dielen erkennen. Es ist dunkel und kalt, und am anderen Ende der Dachkammer, ganz hinten, scheint ein blaues Licht.

P: Kannst du mit der Stimme der Dielen sprechen? Sei der Fußboden. Was sagt er?

E: Ich bin braun und alt und ganz ausgetreten. Ich bin dunkel. Ich bin kalt. Ich bin sehr einsam. Kein Mensch kommt jemals hier herauf. (Ich empfinde eine hoffnungslose Einsamkeit und beginne zu weinen.) Hier ist kein Mensch weit und breit.

P: Geh jetzt hinüber zum leeren Stuhl und sei das blaue Licht.

E (wechselt den Platz): Ich bin weit weg von der Dachkammer. Ich bin hell. Auch ich bin kalt. Ich bin sehr schön, wie ein blauer Eiskristall. Durch das Fenster sehe ich einen Zipfel meiner Strahlen auf dem Fußboden.

P: Was hast du den Dielen zu sagen?

E: Ihr seid so dunkel und häßlich! Warum kommt ihr nicht ins Licht?

P: Setz dich auf den anderen Stuhl und antworte.

E (wechselt den Platz): Weil wir uns nicht rühren können. (Wieder befällt mich tiefer Schmerz.) Wir können dich nicht erreichen. Du mußt zu uns kommen. (Ich habe nicht die geringste Hoffnung, daß sich dieser Wunsch erfüllen könnte.)

P: Setz dich wieder auf den anderen Stuhl.

E: Ich kann euch nicht helfen, ich bin, wo ich bin. Ihr müßt zu mir kommen.

P: Geh wieder zurück und frage jetzt das Licht: „Wie kann ich dich berühren, ohne zu erfrieren?"

Als ich Perls' Frage höre, wird mir bewußt, daß er einen Teil meines Ich anspricht, der nur zu oft die Wärme anderer mit eisiger, überheblicher Kälte „eingefroren" hat. Die Arbeit hat mir meine Einsamkeit vor Augen geführt, aber auch mein Bemühen, diese Einsamkeit gegen alle Eindringlinge abzuschotten. Perls will, daß ich zu mehreren Teilnehmern sage: „Ich kann dich einfrieren." Ich folge ihm aus Überzeugung. Meine Stimmung hellt sich auf. Ich sage Perls, daß es mir jetzt besser geht. Er bittet mich, erneut die Augen zu schließen und auch meine jetzige Stimmung in Bilder zu kleiden.

Eva: Ich fühle mich jetzt wie an einem warmen Tag. Mir ist wirklich warm. Ich komme mir vor wie in einem See, ganz knapp unter der Wasseroberfläche. Ich spüre sogar, wie ein paar Wasserpflanzen sanft an mir entlangstreichen.

Perls: Kannst du das auch mit Leuten aus der Gruppe machen – sanft an ihnen entlangstreichen?

Ich kann. Sanft berühre ich ein Gesicht, eine Hand, eine Schulter. Ich fühle mich erleichtert. Ich habe also auch ein Ich, das sich anderen zuwenden kann. Ich würde gern mehr Wärme ausstrahlen. Vielleicht gelingt es mir, einen Teil meiner Kälte in jener Zeit zurückzulassen, als ich mich nur in ihrem Schutz sicher fühlte.

Der leere Stuhl bringt leblose Gegenstände, Phantasiefiguren und Bilder zum Sprechen – Rollen, um deren tiefere Bedeutung nur ihr Schöpfer weiß; Rollen, die ein anderer Darsteller kaum nachvollziehen könnte.

Perls sieht in jeder Einzelheit unserer Bilder und Träume eine Projektion. Wenn ich mich im Traum in eine Heuschrecke verwandle und von einer Katze gefressen werde, so zeigt sich darin nicht nur meine Angst, als Spielzeug behandelt und bei lebendigem Leibe verschlungen zu werden, sondern auch meine sadistische Seite: jenes Ich, das mit anderen nur spielt, um sie schließlich zu verschlingen. Der Kampf zwischen der Heuschrecke und der Katze verweist mich auf den

123

Widerspruch zwischen meiner Stärke und meiner Schwäche und damit auf einen inneren Konflikt, den ich lösen muß.

Das Traumbild eines leeren, sich nach und nach mit Autos füllenden Parkplatzes enthüllte im anschließenden Dialog die regungslose Passivität (Parkplatz), die dieser Teilnehmer allen – inneren wie äußeren – aktiven, vorwärtstreibenden Kräften (Autos) entgegensetzte.

Auch eine bestimmte Körperhaltung läßt sich bildlich interpretieren. Ich beobachte zum Beispiel an einem Teilnehmer eine bestimmte Haltung der Hände und weise ihn darauf hin: „Schau, was deine Hände machen!" Die rechte Hand ist zur Faust geballt, die linke umschließt die rechte, ihr Daumen streichelt die Faust. Beide Hände führen jetzt einen Dialog; an der einen erkennen wir innere Anspannung und Verkrampfung, vielleicht sogar Wut (Faust!), an der anderen das Bedürfnis nach Geborgenheit, Liebe und Zuneigung. Wie man auf einfache Weise sinnvolle Symbolbilder (das Attribut scheint beinah überflüssig; ein „sinnloses" Symbolbild kann ich mir jedenfalls kaum vorstellen) entstehen lassen kann, selbst wenn der Teilnehmer sich weder an Träume noch an Hinweise erinnert, die den gerade beschriebenen Handbewegungen vergleichbar wären, hat mir Perls während unserer gemeinsamen Arbeit demonstriert: Man bittet den Protagonisten, die Augen zu schließen und sich seine jeweilige Stimmung bildlich zu vergegenwärtigen. Wann immer jemand auf eine bestimmte Situation emotional reagiert – sei es mit Angst, Rückzug, Belustigung, Enttäuschung oder Wut –, nach dieser Strategie würde er stets den gleichen Vorschlag hören: „Stell dir deine augenblickliche Stimmung bildlich vor. Schließ die Augen und versuche, dich ganz in das Gefühl hineinzuversetzen. Mal es aus zu einem Landschaftsbild. Schildere genau, wie die Landschaft deines Gefühls aussieht."

Es gibt noch eine weitere Verwendungsmöglichkeit des leeren Stuhls, die sich im psychodramatischen Prozeß ebenfalls als belebendes Moment erweisen könnte: Wenn während einer Familienkonsultation oder einer szenisch dramatisierten „fiktiven Situation" eine verstorbene oder abwesende Person immer mehr emotionale Bedeutung zu gewinnen scheint, kann der leere Stuhl als Stellvertreter dieser Person fungieren. Die Szenenspieler können nun nicht mehr ü b e r den Betreffenden sprechen, sondern müssen m i t ihm reden, als befände

er sich mitten unter ihnen. Die Rolle des Abwesenden kann dabei auch
– muß aber nicht – vorübergehend von einem der Teilnehmer übernommen werden. Ich selbst lasse den Stuhl lieber während der gesamten Szene leerstehen, als Symbol des abwesenden Gruppenmitgliedes,
verstorbenen Vaters oder geschiedenen Ehemannes. Die an den leeren
Stuhl gerichteten Bemerkungen sind in Wirklichkeit oft für einen der
Anwesenden bestimmt – man hat den Umweg nur gewählt, weil sich
ein Abwesender so trefflich als Sündenbock eignet. Auch unbewältigte
Trennungserlebnisse – Situationen, in denen Tod oder Abschied plötzlich kamen oder die Zurückgebliebenen ihre Gefühle verbargen – können mit dieser Strategie aufgearbeitet, Leid, Wut oder Liebe aus den
Fesseln der Verdrängung befreit werden.

Der an diesen Techniken umfassender interessierte Leser sei auf
die Werke von Fritz Perls verwiesen. Man muß jedoch nicht unbedingt
Gestalttherapeut sein, um sich der Technik des leeren Stuhls bedienen
zu können. Der leere Stuhl ist für jeden mit erfahrungsorientierten
Techniken arbeitenden Therapeuten ein Schlüssel zu bildhaften Symbolen und unmittelbarem emotionalen Erleben.

8
Sechs Figuren für eine Persönlichkeit

Die Sechs-Figuren-Technik stammt von Virginia Satir, die zur Weiterentwicklung des erfahrungsorientierten Ansatzes – besonders im Bereich der Familientherapie – in vielfacher Weise beigetragen hat. Die psychodramatische Aufarbeitung individueller Sozialbeziehungen kann sich zahlreicher Techniken bedienen; vergleichsweise bescheiden wird jedoch die Auswahl, wenn das psychische Innenleben des Teilnehmers erkundet werden soll. Hierfür bietet sich die Sechs-Figuren-Technik an.

Für

Die Sechs-Figuren-Technik setzt voraus, daß die Patienten über eine gewisse Formulierungsfähigkeit und Phantasie verfügen und daß die Gruppe in der Lage ist, einen entspannten Arbeitsstil durchzuhalten. In Krisensituationen würde diese Technik scheitern. Die Sechs-Figuren-Technik führt uns auf eine Reise ins Bewußtsein des Protagonisten.

Voraus-setzung

Wogeht es nicht

Ich gebe etwa folgende Einführung: „Such dir bitte sechs bekannte Gestalten aus, sechs berühmte Figuren – drei Männer und drei Frauen. Es ist gleichgültig, aus welcher Zeit diese Figuren stammen bzw. woher du sie kennst – ob aus Büchern, Theaterstücken, Filmen, Märchen usw. Es sollte sich aber um drei Männer und drei Frauen handeln, die in deinem Leben einmal eine gewisse Bedeutung hatten oder noch haben."

Ablauf

Mit dem Bildungsstand und/oder dem spontanen Einfallsreichtum des Teilnehmers wächst auch seine Aufgeschlossenheit für diese Aufgabe. Es kommt vor, daß jemand nicht genügend berühmte Figuren zusammenbringt und statt dessen auch echte historische Gestalten einbeziehen möchte. Ich erlaube dies nur als letzten Ausweg, da mir gerade die aus Erinnerungen an Sagen und Legenden erwachsenden Archetypen besonders bedeutsam erscheinen.

Wenn der Protagonist sich auf sechs Figuren festgelegt hat, sucht er sich für jede Rolle einen Darsteller aus der Gruppe. Auf meine Bitte faßt er außerdem seine Interpretation der einzelnen Figuren für die Rollenspieler in jeweils drei Adjektiven zusammen; mit dieser Hilfe fällt es den Rollenspielern leichter, ihr Spiel den Vorstellungen des Protagonisten anzunähern. Einmal gehörten zu den sechs Figuren eines Protagonisten zum Beispiel Kapitän Ahab und die Sphinx. Den Kapitän beschrieb er als „rastlos, getrieben, besessen", die Sphinx stellte er sich „weise, rätselhaft und katzenartig" vor (die Szene wird weiter unten ausführlich geschildert).

Nach der Besetzung der Rollen erkläre ich dem Protagonisten: „Wir werden jetzt deine sechs Figuren zu einer Party einladen, wo sie sich treffen und miteinander unterhalten werden. Wir beide bleiben als Beobachter am Rande des Geschehens." Daraufhin bestimme ich einen Platz für die Bühne und bitte die Rollenspieler, sich einzeln vorzustellen, sobald sie sich zur Party gesellen. Zumeist beginnt die Party etwas verkrampft, da sich die Gäste erst in ihre Rollen einarbeiten müssen. Im weiteren Verlauf kommt es oft zu Meinungsverschiedenheiten und Koalitionsbildungen: Die Party wird zum Spiegelbild der inneren Konflikte des Protagonisten. Als Leiterin muß ich mich ganz auf den Protagonisten einstellen, damit ich ihm helfen kann, die von ihm selbst in Gang gesetzte Szene zu bewältigen. Nach ungefähr zehn Minuten bitte ich den Protagonisten, den Rollenspielern gegebenenfalls mit Änderungsvorschlägen weiterzuhelfen. Auch wenn die Szene chaotisch wird oder ein Disput in eine Sackgasse gerät, bitte ich den Protagonisten um Hilfestellung für die Rollenspieler.

Die Dauer der Szene wird vom Leiter bestimmt. Nach meiner eigenen Erfahrung ist die eigentliche „Party" in der Regel nach fünfzehn bis zwanzig Minuten beendet. Wenn ich merke, daß das Konflikt- und Argumentationspotential größtenteils ausgeschöpft ist, breche ich die Szene ab und frage den Protagonisten nach seinen Eindrücken als Beobachter. Seine typische Antwort beginnt mit den Worten: „Genau dasselbe erlebe ich ständig mit mir selbst. Das war ich selbst. Genauso rede ich immer mit mir selbst." Daraufhin kann ich mit ihm zusammen herauszufinden versuchen, was er als Beobachter der Szene im einzelnen über sich selbst erfahren hat.

Um die psychodramatische Auswertung der Szene noch weiter zu vertiefen, stehen dem Gruppenleiter verschiedene Strategien zur Verfügung. Er kann einen Rollenspieler bitten zu beschreiben, welche Gefühle sein Spiel in ihm hervorrief. Er kann andererseits den Protagonisten bitten, entweder zu seinen Figuren der Reihe nach zu sagen: „Du bist mein(e)... (Zärtlichkeit, Haß, Kraft usw.)" oder die gegenseitigen Beziehungen seiner Figuren als Skulptur (zum Beispiel als Pyramide: unten der bescheidene Siddharta, zuoberst der habgierige Midas) darzustellen und sich zuletzt selbst einzuordnen.

Die Sechs-Figuren-Technik liefert eine Fülle von Themen für die weitere Gruppenarbeit: Gefällt dem Protagonisten, was er da beobachtet? Möchte er nach seinen Eindrücken von der Party die eine oder andere seiner Figuren noch weiter erforschen? Der Protagonist kann seine Figuren befragen, in Konfliktsituationen bringen, ihre geheimen Gedanken aussprechen lassen – kurz: er kann sie nach Belieben dirigieren. Nachdem er seine Figuren in Aktion gesehen hat, möchte er vielleicht auch die Hilfe eines Doppelgängers in Anspruch nehmen, um seine Reaktionen zu erkunden und seine Eindrücke zu einem Gesamtbild zu verbinden.

Ein Beispiel

Ich hatte die Sechs-Figuren-Technik von Virginia Satir gelernt und war sehr schnell begeistert. Das folgende Anwendungsbeispiel stammt aus meiner Arbeit mit einer Gruppe unverheirateter junger Leute, die sich bereits ungefähr ein Jahr lang in jeder Woche für zwei Stunden getroffen hatten. Vor Michaels Arbeit, unserem Beispiel, hatte die Gruppe bereits seit einigen Wochen mit der Sechs-Figuren-Technik experimentiert. Die Gelegenheit, so reizvolle und populäre Rollen zu spielen, war mit Begeisterung aufgenommen worden. Ein in der Gruppe geläufiger Spruch besagte, daß jeder – auch der Therapeut – um jeden Preis „etwas Besonderes" sein mußte; für Jesus Christus war eher ein Darsteller zu finden als für die Rolle eines Gemüsehändlers in der Bronx, des Vaters einer der Teilnehmer.

Die Sitzung hatte kaum begonnen, als Michael sich meldete und mit der Sechs-Figuren-Technik arbeiten wollte. Er habe viel über diese Technik nachgedacht, erzählte er, und seine sechs Figuren bereits im Kopf. Michael ist ein Mann Anfang der Dreißig, ein für seine Originalität wie für seine Launenhaftigkeit bekannter Architekt. Die Gruppe war mit seinem Wunsch einverstanden. Er gab sich oft arrogant und verschlossen, so daß man nur schwer Zugang zu ihm finden konnte. Vielleicht bot sich hier eine Gelegenheit, ihn besser kennenzulernen.

Ich bat Michael, sich in der Gruppe Darsteller für seine sechs Figuren zu suchen. Anschließend sollte er in Gesprächen herausfinden, wie die einzelnen Rollenspieler ihre Rollen interpretierten, und ihnen seine eigenen Vorstellungen darlegen. Außerdem bat ich Michael, jeweils in drei Adjektiven zusammenzufassen, welche Eigenschaften der verschiedenen Figuren in der Darstellung besonders hervorgehoben werden sollten.

Zuerst besetzte Michael die männlichen Rollen. Robert, der älteste Teilnehmer und ein hochbegabter Mathematiker, sollte „Kapitän Ahab" aus Melvilles „Moby Dick" spielen, und zwar „rastlos, getrieben und besessen". Auch Robert kannte und liebte „Moby Dick"; er schien sofort zu verstehen, wie sich Michael die Rolle vorstellte.

Als nächster wurde Tad gebeten, die Rolle des „Siddharta" zu übernehmen. Tad war so etwas wie eine Künstlernatur, ein stiller junger Mann mit ausdrucksvollen Augen. Hesses poetischen Roman, dessen Titelfigur Michael ausgesucht hatte, kannte er zwar nicht, dafür hatte er aber in Büchern über den Zen-Buddhismus viel über Buddha gelesen; jedenfalls schien auch er Michaels Vorstellungen – zusammengefaßt in den Adjektiven „gütig, sanft und verständnisvoll" – leicht nachvollziehen zu können.

Michaels nächste Figuren waren „Pagliacci", der traurige gehörnte Clown aus der gleichnamigen Oper, und „Rima", die Waldfee aus Hudsons „Green Mansions". Rima sollte von Leah gespielt werden, die zwar Hudsons Roman nicht gelesen hatte, für die Rolle jedoch geradezu prädestiniert war; wir wußten alle, daß sie keine Schwierigkeiten haben würde.

Für die Rolle der Ayn Rand suchte sich Michael June aus – auch dies eine maßgeschneiderte Besetzung, wie wir fanden, denn June war eine willensstarke, in ihrem Auftreten recht energische Person. Sie bekam ähnliche Adjektive wie Ahab, „rastlos, willensstark, heftig".

Zuletzt wurde Justine gebeten, die „Sphinx" darzustellen – „weise, rätselhaft und katzenartig".

In der Reihenfolge der Rollenbesetzung trafen die Figuren auf der Party ein. Zuerst erschien Kapitän Ahab; er sah finster aus, seine Gesichtszüge wirkten noch härter und verschlossener als gewöhnlich. Auftragsgemäß stellte er sich vor: „Kapitän Ahab." Er warf dem Publikum ein paar kurze, abschätzende Blicke zu, die ihn offensichtlich zu keinem günstigen Urteil führten, und suchte sich einen Platz am Fenster. Solange die Party dauerte, sah er zum Fenster hinaus; für die laufenden Unterhaltungen hatte er lediglich hier und da eine knappe Bemerkung übrig.

Die Sphinx erschien. Der Schleier der Weisheit lag über ihren Zügen, und die Bewegungen ihres hochgewachsenen Körpers erinnerten an eine Katze. Sie sah sich um; ein Mona-Lisa-Lächeln huschte über ihr Gesicht, als sie Ahabs Blick auffing: „Ich bin die Sphinx", hauchte sie (die Gruppe reagierte überrascht, da Justine sich nie zuvor so verführerisch gezeigt hatte).

Rima tauchte auf. Sie war jung und hübsch, dunkle Locken fielen über ihr Gesicht. Sie hatte die Schuhe ausgezogen. Ihr Gesichtsausdruck war ruhig und entspannt und schien dennoch ein Lächeln anzudeuten. Sie ging geradewegs auf die Sphinx zu: „Hallo, ich bin Rima, eine Freundin von Michael. Ich habe Sie noch nie gesehen. Kennen Sie ihn gut?" Die Sphinx hatte es sich auf einem Sofa bequem gemacht. Anstatt sofort zu antworten, musterte sie Rima mit abschätzenden Blicken. Rima ließ es sich offenbar gern gefallen. Schließlich sagte die Sphinx: „Ich kenne ihn besser, als ihm lieb ist."

Während sie noch sprach, erschien Tad und stellte sich als Siddharta vor. Er gab sogleich zu erkennen, daß er sich mit Rima unterhalten wollte; sehr bald waren die beiden in ein Gespräch über die umliegenden Wälder vertieft. Die Sphinx sah ihnen zu – still und in Gedanken verloren, aber interessiert.

Ayn Rand betrat die Szene. Sie war eine ältere Frau wie auch die

Sphinx, allerdings mit völlig anderem Charakter. Sie wirkte unruhig und erkennbar aggressiv, dabei jedoch ziellos. Offensichtlich ging sie ganz in ihrer Rolle auf (in der Gruppe hatte man Junes Tatendrang oft gebremst; jetzt durfte sie ihrer raschen und impulsiven Art freien Lauf lassen). Ayn Rand durchmaß den Raum mit raschen Schritten. Sie glaubte, die Sphinx schon einmal auf einer Schriftsteller-Tagung getroffen zu haben. Als die Sphinx lächelnd verneinte, versuchte sie, ein Gespräch mit Ahab anzuknüpfen. Aber auch dort holte sie sich einen Korb; der Kapitän ließ keinen Zweifel, daß er mit ihr nicht das Geringste zu tun haben wollte. Ayn schien einen Moment lang überrascht. Sie konnte nur schwer verstehen, daß sie nicht im Mittelpunkt aller Aufmerksamkeit stand. Wieder ging sie auf und ab; jetzt hoffte sie offensichtlich auf eine Gelegenheit, sich in das angeregte Gespräch zwischen Rima und Siddharta einzumischen.

Pagliacci erschien. Eine gewisse Anziehungskraft ging von ihm aus, wie er in seinem Hippie-Kostüm seine traurigen Augen über die Party schweifen ließ; offenbar suchte er jemanden, der ihm Verständnis und ein wenig Wärme entgegenbringen würde. Nachdem er sich vorgestellt hatte, ging er hinüber zur Sphinx und ließ sich im Schneidersitz vor dem Sofa nieder.

„Ich erinnere mich an Sie", sagte die Sphinx. „Als ich Sie das letzte Mal sah, mußte ich Ihnen aus dem Weg gehen, weil ich etwas wußte, was Sie noch nicht wußten."

„Außer mir wußte es wohl jeder", gab er traurig zurück. „Vielleicht war es auch besser so."

„Ganz bestimmt", sagte die Sphinx. „Aber das ist ein paar Monate her. Sie sind doch nicht immer noch traurig wegen dieser Frau?"

„Nein", antwortete Pagliacci traurig. „Ich bin jetzt viel glücklicher."

Die Sphinx ließ ihre Blicke über die Leute wandern. „Glück ist wie Wasser", sagte sie dann. „Einmal ist es kristallklar, im nächsten Moment wird es trüb."

Auf der anderen Seite der Bühne versuchte Ayn Rand ihr Glück – bei Siddharta: „Ich habe für diese Dinge ganz und gar nichts übrig. Sie kommen mir so künstlich vor. Was meinen Sie?" Sein Blick verriet Erstaunen. Er und Rima hatten sich gemeinsam stiller Versunkenheit hingegeben, und Ayn war mittenhinein geplatzt. Jetzt wandte er sich um; bevor er jedoch antworten konnte, ergoß sich Ayns Wortschwall vollends über ihn: „Ich weiß bestimmt, daß ich Ihnen schon einmal begegnet bin. Ich meinte, auch die Dame dort drüben schon von früher her zu kennen, aber sie bestritt das – obwohl ich immer noch nicht so recht glaube, daß ich mich getäuscht haben soll. Die Leute sind oft ziemlich vergeßlich; i c h habe eigentlich ein gutes Gedächtnis. Aber Sie... Sie...? Wo habe ich Sie getroffen? Sie sehen so ähnlich aus wie der junge Mann, der für mich einmal als Sekretär gearbeitet hat – aber das können Sie natürlich nicht gewesen sein. Sind Sie vielleicht mit ihm verwandt? Er hieß Gautama...“

(June versuchte hier ein Wortspiel und war sichtlich zufrieden, als sie merkte, daß auch einigen anderen „Gästen“ ihre geschickte Anspielung nicht entgangen war.) „Er ist indischer Abstammung, also kann er natürlich gar nicht mit Ihnen verwandt sein. Aber in Ihrer ganzen Art erinnern Sie mich doch sehr an ihn. Auch in Ihnen schlummert etwas, das nur darauf wartet, geweckt zu werden. Ich glaube, ich könnte Ihnen helfen, Ihre schöpferischen Kräfte zu entdecken. Ich könnte Ihnen helfen zu schreiben. Meine Intuition beflügelt mich...“

Siddharta sah sich um, er suchte Rima; sie war zu einem Fenster auf der anderen Seite des Raumes gegangen. Sein ruhiger Blick ruhte jetzt auf Ayn Rand, er nahm ihre Hand und sagte: „Ich verstehe Sie nicht ganz. Ich war nicht jener Mann, aber vielleicht ist er wirklich mit mir verwandt. Entschuldigen Sie mich jetzt bitte, ich möchte mich gern mit dem Herrn dort drüben unterhalten.“ Er ging hinüber zu Ahab.

Die Szene wurde jetzt zusehends verkrampfter und ähnelte tatsächlich immer mehr einer Party – einer Party, die nicht recht in Schwung kommt. Die Gäste fragten sich anscheinend, wozu sie eigentlich gekommen waren. Auf ratsuchende Blicke zur Therapeutin wurde ihnen nur stillschweigend bedeutet, die Party fortzusetzen. Sie liefen ziellos herum und versuchten, die eine oder andere Unterhaltung in Gang zu bringen, schafften es aber nicht, sich näherzukommen.

Michael, der vom Rand der Bühne aus zusah, war sichtlich verstört. Er sah mich an, seine Unzufriedenheit war deutlich zu spüren. Ich fragte nach seinen Eindrücken.

„Irgend etwas fehlt", sagte er. „Jeder hat einen ausgeprägten Charakter, und doch scheinen sie nichts miteinander anfangen zu können. Jeder von ihnen lebt anscheinend in seiner eigenen Welt." Ich fragte Michael, wie die Partygäste seiner Meinung nach diese Gräben überwinden könnten. Er antwortete, sie sollten sich intensiver bemühen, aufeinander einzugehen. Ich forderte ihn auf, seinen sechs Figuren zu erklären, daß sie sich mehr um gegenseitiges Verständnis und weniger um die Pflege ihrer Eigenarten bemühen sollten.

„Das kommt mir irgendwie bekannt vor", erwiderte er und drehte sich zur Gruppe um. Sein Lächeln verriet, daß er diese Aufforderung nicht zum ersten Mal in seinem Leben hörte.

Die Figuren auf der Bühne waren damit beschäftigt, sich gegenseitig zu mustern. Rima kam vom Fenster zurück. Ayn Rand fing ihren Blick auf und sagte: „Die Party wird langweilig. Lassen Sie uns miteinander reden! Sie sind ein sehr hübsches Mädchen. Hübsche Mädchen mögen doch eigentlich solche Parties. Aber Sie sehen gar nicht so aus, als würde es Ihnen hier gefallen. Was stört Sie denn?"

„Ich fürchte mich vor diesem Mann", antwortete Rima und deutete auf Ahab. „Ich habe Angst vor ihm. Eine finstere Macht geht von ihm aus. Ich möchte unbeschwert und glücklich sein, aber das kann ich nicht, solange er hier ist." Sie wandte sich an die Sphinx, die die ganze Zeit über auf dem Sofa gesessen hatte: „Was meinen Sie?"

Die Sphinx lächelte Pagliacci zu, der sich immer noch in ihrer Nähe aufhielt: „Warum müssen wir immer unseren Spaß haben? Vergnügen und Wahrheit passen selten zusammen. Manchmal ja, manchmal nein. Aber mir ist das gleichgültig. Mir ist alles recht."

„Sie haben eine poetische Ader", sagte Ayn Rand zur Sphinx und blickte ihr tief in die Augen. „Sie sind eine außergewöhnliche Persönlichkeit. Sie haben Macht. Macht interessiert mich. Sind wir uns nicht doch schon einmal begegnet?"

Die Sphinx drehte sich zu ihr um: „Nein, ganz bestimmt nicht." Und wieder wanderten Ayn Rands Blicke unstet hin und her.

Neben der Bühne fragte mich Michael, ob er die Szene unterbrechen dürfe, um ein Gespräch zwischen Ahab und Siddharta zustande zu bringen. Ich bestärkte ihn in seiner Absicht.

Ahab hatte seinen Platz am Fenster während der ganzen Zeit nicht verlassen. Sein Blick war nach wie vor finster und abweisend.

Siddharta ging auf ihn zu und fragte: „Würde es Ihnen etwas ausmachen, mir ein wenig Gesellschaft zu leisten? Sie sind mir aufgefallen – haben Sie Ärger?"

Ahab wandte sich Siddharta zu. Er schien in der Tat verärgert. Offenbar hatte er den jungen Mann erst gar keiner Antwort würdigen wollen, sich dann aber doch anders entschieden. „Ich ärgere mich", sagte er, „weil alle diese Menschen ihr Leben vergeuden."

Siddharta wollte wissen, was damit gemeint sei. „Ihre Seelen sind leblos", antwortete Ahab, „wie Brei – eine formlose Masse. Ich bin ganz anders, und deshalb vertrage ich mich auch nicht mit Euresgleichen."

Siddharta war offensichtlich betroffen. „Sie sind wirklich anders", sagte er. „Sie sehen aus wie ein Mann, der Tag und Nacht nur ein einziges Ziel vor Augen hat. Was ist dieses Ziel?"

Er sei ein Gefangener im Banne des weißen Wals, erklärte Ahab, und in diesem Moment spürten alle Zuhörer etwas von jener finsteren Macht, die Rima schon vorher erwähnt hatte. Blitze zuckten durch Ahabs Gesicht, während er sprach. Er steigerte sich in eine solche Heftigkeit, daß man glauben konnte, aus seinem Körper Funken sprühen zu sehen. In seiner Welt existierte nur Moby Dick; es war klar, daß im Leben dieses Fanatikers für andere Menschen kein Platz sein konnte. (Die Rolle paßte zu Robert, dem oft vorgeworfen wurde, er hänge einzig an seiner Mathematik.) Dennoch ging von Ahabs wilder Entschlossenheit auch eine gewisse Anziehungskraft aus – er kannte sein Ziel.

Während wir ihm zuhörten, wurde uns klar, daß sich Michael – der Protagonist – ebenso kompromißlos verhalten konnte.

Siddharta hatte schweigend zugehört und Ahab mit gütigen und verständnisvollen Blicken betrachtet. „Ich weiß, daß Sie wissen, daß ich nicht bin wie Sie", sagte er jetzt, nachdem Ahab seine Rede beendet hatte. „Ich weiß auch, daß Sie mir nicht zuhören würden, wenn ich Sie an Ihre Mitmenschen und an die Werte der Menschlichkeit erinnern wollte. Sie folgen einer Berufung, Sie müssen ihr folgen. Schade – ich wünschte, Sie hätten mich verstanden." Diese letzten Worte klangen ein wenig traurig.

Michaels zunehmende Betroffenheit war mir nicht entgangen. Ich stand jetzt dicht bei ihm – vielleicht würde ihm meine Nähe einen gewissen Rückhalt geben. Als er mich ansah – das Gespräch zwischen Siddharta und Ahab war gerade beendet –, hatte er Tränen in den Augen.

„Genauso ist es mit mir und meinem Vater", sagte er; „das heißt, ich bin der verbohrte und impulsive, er ist der gütige und verzeihende Teil. Aber wir werden uns wohl nie verstehen."

Ich fragte Michael, ob er mit seinen Figuren noch irgend etwas anderes vorhabe. Er überlegte: „Nein, ich glaube nicht. Mein Ahab macht mir immer noch zu schaffen. Ich muß wohl erst noch ein bißchen über ihn nachdenken."

Ich bat die Gruppe, fünf Minuten Pause einzulegen. Anschließend hatte ich noch eine Bitte an Michael: „Ich möchte gern, daß du deinen sechs Figuren erklärst, wer welche Eigenschaft von dir dargestellt hat. Hättest du dazu Lust?"

Michael war einverstanden. Die Zuordnung bereitete ihm keine Schwierigkeiten, sondern schien ihm im Gegenteil zu helfen, einen Abschluß zu finden, mit sich selbst wieder ins reine zu kommen. Zu Ahab sagte er: „Du bist meine Rücksichtslosigkeit."

Siddharta erklärte er: „Du bist meine Menschenfreundlichkeit."

Zu Pagliacci sagte er: „Oh, dich hätte ich beinahe vergessen. Du bist mein Mitleid."

Der Sphinx erklärte er: „Du bist meine Klugheit."

Zu Rima sagte er: „Du bist mein Idealismus."

Und zu Ayn Rand: „Auch du bist meine Rücksichtslosigkeit, und außerdem bist du mein Ehrgeiz."

Michael atmete tief durch, als er fertig war. Die Szene hatte ihn voll und ganz in Anspruch genommen. Als wir anschließend noch über seine Eindrücke sprachen, schien er immer noch überrascht, daß sich vor seinen Augen sein Inneres in ein lebendiges Bild verwandelt hatte. „Ich habe mich in vielem wiedererkannt", sagte er, „aber Ahab hat mich am meisten beschäftigt. Wie soll ich den Ahab in mir bändigen?"

Ich war mit dem Verlauf der Szene sehr zufrieden. Michael hatte recht: Es gab vieles, woran wir weiterarbeiten konnten, zum Beispiel am Widerspruch zwischen dem rastlosen, besessenen Feuerkopf und dem liebebedürftigen jungen Mann.

Als wir die Szene noch einmal Revue passieren ließen, erklärte Tom, der den Pagliacci gespielt hatte, daß er sich vernachlässigt gefühlt habe. Alle anderen seien häufiger in das Geschehen einbezogen worden.

Lachend fragte jemand: „Michael, geht es dir nicht ständig so, daß du dich vernachlässigt fühlst?" Michael mußte auch lachen: „Ja, sicher – wenn ich doch bloß nicht aus jeder kleinen Enttäuschung immer gleich einen Staatsakt machen müßte!"

Ich merkte, wie zwanglos sich Michael in die Gruppe einfügte. Die Szene hatte es geschafft, den Graben zwischen ihm und den anderen endlich zu überbrücken.

In psychiatrischen Krankenhäusern habe ich bislang noch nicht mit der Sechs-Figuren-Technik gearbeitet. Da diese Technik voraussetzt, daß zumindest ein Teil der Gruppe über eine gewisse Ausdrucksfähigkeit, Phantasie, Freude am Spiel und Fähigkeit zur Selbstwahrnehmung verfügt, wären stationäre Patienten, die zumeist unter schwerer seelischer Belastung stehen, möglicherweise überfordert. In Gruppen, die für Veränderungsprozesse aufgeschlossen sind – Encounter-Gruppen, Therapiegruppen –, werden Spontaneität und Phantasie durch die Sechs-Figuren-Technik noch zusätzlich beflügelt. Ob Eleanor Roosevelt, Elizabeth Taylor, Rima aus „Green Mansions", Lulu, Alice im Wunderland, die Sphinx, Rotkäppchen, Marlene Dietrich, Ahab, Moses, Odysseus, der Indianerhäuptling Hiawatha, Linus von den „Peanuts", Siddharta, der Ritter mit der Eisernen Hand, der Heilige Franz von Assisi oder der Kleine Lord – die Auswahl ist ebenso unbegrenzt wie die sich der Gruppe erschließende Erlebnisvielfalt.

9
Die
fiktive
Situation

In jeder Psychodrama-Gruppe bieten sich bestimmte Szenen insofern von selbst an, als sie ein Stück gemeinsamer Alltagserfahrung der Teilnehmer widerspiegeln. In einer zur Psychodrama-Sitzung umfunktionierten Elternbeiratsversammlung – um ein Beispiel zu nennen – würden sich solche Szenen mit Problemen der Schule, mit Eltern, Lehrern und Kindern beschäftigen. Eine fiktive Situation mit realem Hintergrund wäre in diesem Zusammenhang etwa der Versuch eines Vaters, die Lateinlehrerin zu einer besseren Benotung der letzten Klassenarbeit seines Sohnes zu überreden; eine ähnlich naheliegende Szene könnte eine Mutter oder eine Lehrerin mit einem widerspenstigen Kind konfrontieren, das sich rechtfertigt mit dem Hinweis, „zu Hause (in der Schule) bei meiner Mutter (bei meiner Lehrerin) darf ich das aber!" Solche Szenen, die sich auf allen Beteiligten vertraute Alltagssituationen beziehen, werden manchmal auch als „Soziodramen" bezeichnet. Sie eignen sich besonders dann als Arbeitsgrundlage, _Eignung_ wenn sich Gruppe und Leiter noch nicht kennen, wenn aus der Gruppe zu wenig Themenvorschläge kommen oder wenn die betreffende Sitzung vorrangig der Stärkung des Gruppenzusammenhalts dienen soll.

Um für eine bestimmte Gruppe eine fiktive Situation zu konstruieren, lege ich mir folgende Fragen vor: Wer gehört zu dieser Gruppe? Gibt es Untergruppen, zwischen denen eventuell Gegensätze bestehen (Eltern – Kinder, Eltern – Lehrer, Krankenschwestern – Patienten usw.)? Hat sich die Gruppe aus einem speziellen Grund zusammengefunden, der auf bestimmte Problembereiche schließen läßt (Anonyme Alkoholiker, psychiatrische Krankenhausabteilung, Therapiegruppe, Ausbildungskurs für Bewährungshelfer)? Welcher Einstieg könnte mir helfen, eine geeignete Situation zu finden?

Wenn ich die Gruppe noch nicht kenne, wähle ich möglichst einen Einstieg, der gleichzeitig als Übergang zur fiktiven Situation dienen könnte. Auf der Elternbeiratsversammlung würde ich zum Beispiel Paare bilden lassen, in denen jeweils ein Partner die Lehrer- und einer die Elternrolle übernimmt. Habe ich mir bereits eine geeignete Situation ausgedacht, würde ich sie den Paaren als Arbeitsgrundlage vorschlagen, also zum Beispiel sagen: „Wenn ihr nun die Rollen verteilt habt, bitte ich die Eltern, die Lehrer auf jene ,Sechs' anzusprechen, die Johnny neulich in Mathematik bekommen hat. Als Eltern ärgert ihr euch über diese Sechs; ihr fürchtet, Johnnys Chancen auf einen Studienplatz seiner Wahl könnten dadurch schwinden. Das ist eure Ausgangslage; alles weitere bleibt euch überlassen. Überlegt erst ein paar Minuten, wie ihr die Szene spielen wollt. Ist Johnny ein guter oder ein schlechter Schüler? Soll Johnny einen Denkzettel für seine Faulheit verpaßt bekommen? Sind die Eltern übertrieben ehrgeizig? Klärt bitte zunächst diese Fragen und führt dann eure Gespräche, bis ich die Szene abbreche. Ich werde herumgehen und zuhören."

Während ich hier und da hineinhöre, kann ich ohne Mühe Themen sammeln, die von mehreren Paaren angesprochen werden und sich daher auch für die Gesamtgruppe als weiterführende Arbeitsschwerpunkte eignen könnten.

Auch in der psychiatrischen Station, an der ich arbeite, gibt es solche geläufigen Situationen: die Szene, wie der Patient im Krankenhaus ankommt und die Aufnahmeformalitäten erledigt; die Heimkehr des Patienten nach der Entlassung; die Szene, in der der Patient den Therapeuten nach dem Entlassungstermin fragt; die Suche nach einem neuen Arbeitsplatz nach der Entlassung aus dem Krankenhaus.

Der nächste Abschnitt beschreibt am Beispiel des „Einstellungsgesprächs" den Verlauf einer solchen fiktiven Inszenierung im Rahmen einer Sitzung mit stationären Patienten.

Das Einstellungsgespräch

Vor meiner Psychodrama-Sitzung in der psychiatrischen Abteilung eines unserer großen städtischen Krankenhäuser erfahre ich, daß die Patienten vor einigen Stunden in der Vollversammlung über Einstellungsgespräche bei der Arbeitsplatzsuche diskutiert haben. Verschiedene Fragen sind dabei offengeblieben: Soll man einem potentiellen Arbeitgeber sagen, daß man in stationärer Behandlung war? Soll man es verschweigen? Wenn nicht, in welcher Form könnte man die psychische Erkrankung erwähnen?

Ich kenne die Gruppe von früheren Sitzungen als besonders lebhaft, mitteilungsfreudig und aufgeschlossen. Ich glaube daher, auf einen Einstieg verzichten und sofort mit der Szene beginnen zu können: „Ich habe gehört, daß ihr über eure Chancen auf dem Arbeitsmarkt diskutiert habt (bestätigendes Kopfnicken). Wenn ihr einverstanden seid, würde ich gern mit euch an diesem Thema weiterarbeiten. Wer von euch beabsichtigt, sich in nächster Zeit irgendwo vorzustellen?"

Shirley ist eine gutaussehende Frau Mitte Dreißig, geschmackvoll gekleidet, aufgeschlossen, unternehmungsfreudig. Jeder Muskel ihres kerzengerade aufgerichteten Körpers scheint zum Zerreißen gespannt. Sie habe sich für den Nachmittag mit verschiedenen Berufsberatern verabredet, erklärt sie. Der Singsang ihrer Stimme verrät, daß sie einmal Grundschullehrerin war. Eine andere Patientin erklärt sich bereit, mit Shirley ein Einstellungsgespräch zu führen. Shirley hat von Anfang an keinerlei Schwierigkeiten; sie erklärt ohne Umschweife, was sie will – eine Stelle als Vorzimmersekretärin –, und verfolgt konsequent ihre Interessen in bezug auf Arbeitszeit und Bezahlung; sie wirkt selbstbewußt und sachkundig. Ihr Krankenhausaufenthalt wird nicht erwähnt.

Ich habe den Eindruck, daß zwischen Shirley und ihrer Partnerin, der „Berufsberaterin", ein stillschweigendes Einverständnis besteht, heikle Themen möglichst auszuklammern. Ich frage nach: „Hast du Angst, Shirley, daß die Berufsberaterin dir bestimmte unangenehme Fragen stellen könnte?"

Sie antwortet: „Ja; ich habe doch kaum Erfahrung in der freien

Wirtschaft; für kurze Zeit habe ich in einem Bestattungsinstitut gearbeitet, abgesehen davon aber immer als Lehrerin. Und darauf möchte
ich jetzt nicht mehr eingehen, weil man mich sonst doch nur fragen
würde, warum ich den Beruf wechseln will und so weiter. Andererseits will ich auch die Sache mit dem Bestattungsunternehmen lieber
für mich behalten – sonst verlangen die vielleicht noch eine Empfeh-
lung von meinem früheren Chef."

„Und?"

„Und mein ehemaliger Chef weiß, daß ich hier bin... Na ja, ich
habe bei ihm so ziemlich Hals über Kopf aufgehört; ich habe eigentlich gar nicht gekündigt. Ich bin einfach ins Krankenhaus gegangen,
habe ihn von hier aus angerufen und ihm gesagt, daß ich hier bin und
daß ich nicht wieder ins Büro zurückkomme."

Marilyn, eine energisch aussehende jüngere Frau, die nach außen
hin wesentlich stabiler wirkt als Shirley, nickt zustimmend: „Genauso
hab' ich es auch gemacht." Andere bekräftigen, sie könnten sich nichts
Unangenehmeres vorstellen, „als jemandem zu sagen, daß man geht".

Damit ist die Grundlage für weitere Szenen geschaffen. Zunächst
bitte ich Shirley – die Sekretärin des Bestattungsunternehmers –, ihren
früheren Arbeitgeber anzurufen und mit ihm über ihre Beurteilung zu
sprechen. Beim ersten Mal erweist sich der Unternehmer als sehr ent-
gegenkommend: Selbstverständlich werde er Shirleys Krankenhausaufenthalt mit keinem Wort erwähnen. Shirley bedankt sich, äußert
aber gleichzeitig die Befürchtung, daß sich das Gespräch in Wirklichkeit wohl etwas schwieriger gestalten würde.

Beim zweiten Versuch präzisiert sie die Rolle des Unternehmers:
Er fühle sich moralisch verpflichtet, auf Shirleys psychische Störungen hinzuweisen; falls man ihn darauf anspreche, müsse er die Wahrheit sagen. Wir sind verblüfft, wie klar und bestimmt Shirley ihr
Anliegen vorträgt. Gelassen kommentiert sie die ablehnende Antwort:
„Vielen Dank, unter diesen Umständen werde ich Sie nicht als Refe-
renz angeben", und legt auf. Sie ist mit sich selbst zufrieden und
erklärt, sie fühle sich jetzt ganz anders als damals, als sie sich nicht
zur Kündigung entschließen konnte.

Ich selbst habe das Gefühl, daß alles ein bißchen zu einfach gegangen ist. Shirley hat sich glänzend aus der Affäre gezogen, kein Zwei-

fel; die Szene hat nur leider in emotionaler Hinsicht so wenig in Bewegung gebracht, daß wir uns fragen müssen, wie schnell wohl die schöne glatte Fassade Risse bekommen mag. Ich bitte Shirley, noch eine weitere Szene zu spielen, und zwar die Szene, der sie sich durch ihre Flucht ins Krankenhaus entzogen hat: die Kündigung bei ihrem Chef.

Jetzt zeigt Shirley ihr anderes Ich. Bevor die eigentliche Szene beginnt, möchte sie uns erst in aller Ausführlichkeit darlegen, warum sie gezwungen war, die Stellung aufzugeben: Die Bezahlung war miserabel; sie mußte um fünf Uhr aufstehen, um rechtzeitig am Bahnhof zu sein; man hatte sie mit der versprochenen Gehaltserhöhung hingehalten; mit dem Chef konnte man überhaupt nicht reden usw. usw. In der anschließenden Szene mit ihrem Chef verwandelt sie sich in ein Bild des Jammers: Sie ertrage keinerlei Belastung, und außerdem brauchten ihre Kinder sie, wenn sie nach der Schule nach Hause kommen. Am liebsten wäre ihr offenbar, der Chef würde ihr zuvorkommen und sie aus Mitleid entlassen.

Aus der Gruppe bekommt sie den Beinamen „die Maus" und alle erdenklichen Ratschläge, wie sie sich besser durchsetzen kann. Marilyn – die jüngere Frau, die schon vorher in Shirleys Problemen ihre eigenen zu erkennen glaubte – zeigt ihr, wie sie bei ihrem Chef auftreten muß, wenn sie sich behaupten will.

Natürlich weiß ich, daß Shirley nicht einfach Marilyns Vorbild nachahmen kann; sie würde in diesem Fall nur eine Robustheit zur Schau tragen, die sie in Wirklichkeit gar nicht besitzt. Ich gehe einen Schritt weiter – oder auch zurück, wenn man so will: Ich fordere Shirley auf zu sagen, was sie wirklich über ihren Chef denkt, ihre Gefühle offen auszusprechen, freundliche und weniger freundliche, was immer in ihr vorgehen mag.

Shirley geht darauf ein: „Ich weiß nicht, warum ich eigentlich hier bin. Eigentlich habe ich doch gar keinen Grund zu kündigen. Sie waren so großzügig, es einfach mit mir zu versuchen. Ich kann von Glück sagen, daß ich diese Stellung überhaupt bekommen habe!"

Sie unterbricht sich und lacht. „Dieser schäbige, lausige, läppische Job! Sie Mistkerl, Sie elender! Sie wissen doch ganz genau, daß es ein schäbiger Job ist – also dürfen Sie sich auch nicht wundern, wenn

Ihnen Ihre Leute davonlaufen! Ich gehe auch, Freitag ist mein letzter Tag!"

Als Shirley sich anschließend mit den anderen unterhält, lacht sie wieder; sie hat Zugang gefunden zu einem Kampf in ihrem Innern, dem Kampf zwischen Aschenbrödel und einem revoltierenden Freigeist.

Während Shirley arbeitet, fällt mir auf, daß von Marilyn die ganze Zeit über widersprüchliche Botschaften kommen. Sie „spielt mit", als könne sie die Situation genau beurteilen, und empfiehlt, dem Bestattungsunternehmer die Einschaltung von Gewerkschaften und Regierungsbehörden anzudrohen. Andererseits erinnere ich mich, daß auch Marilyn zugegeben hat, sie habe sich nicht von sich aus zur Kündigung ihres Arbeitsverhältnisses entschließen können. Als ich Marilyn darauf anspreche, antwortet sie, es gehe ihr in Wirklichkeit ganz ähnlich wie Shirley. Sie möchte daran arbeiten. Ich bitte sie, in der Rolle ihres Chefs Marilyns Arbeitsleistungen zu beurteilen.

„Sie war eine ganz hervorragende Kraft, die beste, die ich je hatte, zuverlässig und tüchtig. Aber dann kamen diese verrückten Anwandlungen. Ich kann das einfach nicht verstehen."

Ich frage ihn, was er davon wisse.

„Gar nichts! Sie erschien einfach nicht mehr zur Arbeit und schrieb mir dann nach einer Woche einen Brief – sie wolle wieder zurückkommen, aber vorerst nur für ein bis zwei Stunden, um sich wieder einzugewöhnen. Zuerst dachte ich, das ließe sich machen, aber inzwischen habe ich doch Bedenken."

Ich bitte Marilyn, die Rolle des Chefs jetzt an jemanden aus der Gruppe abzugeben und in einer neuen Szene mit dem Chef die Rückkehr an ihren Arbeitsplatz zu besprechen. Ihre Unterwürfigkeit wirkt geradezu bestürzend: „Ich habe so gern für Sie gearbeitet!... Bei Ihnen wußte ich immer, woran ich war; ich habe mich noch mit keinem Chef so gut verstanden... Wenn ich nicht gleich wieder anfangen kann, wenn Sie lieber erst jemanden anders einstellen möchten – würden Sie mich dann benachrichtigen, wenn Sie irgendwann wieder jemanden brauchen?"

Die Gruppenmitglieder sind einhellig der Meinung, daß Marilyns Worte doppelte Botschaften enthalten. Einige Teilnehmer machen sie darauf aufmerksam, wie inständig sie ihren Chef bat, wieder bei ihm arbeiten zu dürfen, und daß sie eigentlich sagen wollte: „Ich bin ein so bedauernswertes Geschöpf, stellen Sie mich doch aus Mitleid wieder ein!" Ein anderer Teilnehmer vermutet, daß Marilyn – im Gegensatz zu Shirley – überhaupt nicht mehr arbeiten möchte, daß sie in Wirklichkeit nicht um ihre Wiedereinstellung, sondern um ihre endgültige Entlassung bittet. Das zentrale Thema dieser Sitzung ist damit benannt: „Ich weiß nicht, was mir wichtiger ist – Arbeit oder Mitleid."

Dank ihrer Aufgeschlossenheit und ihres Einfühlungsvermögens findet die Gruppe schnell heraus, daß Marilyn tief enttäuscht ist von ihrem Mann, der die vergangenen drei Monate seit seiner Entlassung aus dem Gefängnis zu Hause verbracht hat.

Einer der ehemaligen Strafgefangenen in der Gruppe spielt Marilyns Mann, wie er ihr in aller Ruhe seine Situation erklärt: „Du weißt, ich habe mich bemüht, Arbeit zu finden. Aber wer nimmt schon einen ehemaligen Häftling?... Also schlafe ich lange; das würdest du auch tun nach einem Jahr Gefängnis... Wäre ich denn hier, wenn du und die Kinder mir gleichgültig wären?"

Marilyn versucht vergeblich, jene unbeugsame Härte zu demonstrieren, die sie vorher schon Shirley empfohlen hatte; es wird immer wieder deutlich, daß sie nicht in der Lage ist, einen Standpunkt konsequent zu vertreten. Einzig durch die Flucht ins Krankenhaus hat sie zum Ausdruck bringen können, daß sie sich um ihren Mann nicht mehr kümmern will.

In der Gruppendiskussion wird Marilyn darauf hingewiesen, wie schwierig es ist, hinter ihrer zur Schau getragenen Härte und Robustheit ihre Schwäche und Hilflosigkeit zu erkennen, so daß sie sich nicht zu wundern braucht, wenn andere ihre Hilfe in Anspruch nehmen und dabei übersehen, daß sie selbst Hilfe benötigt. Marilyn fühlt sich von der Gruppe verstanden – von derselben Gruppe, die noch am Tag zuvor ihr Verhalten als aggressiv und abweisend bezeichnet hat.

Die beiden Beispiele haben gezeigt, daß die fiktive Situation des „Einstellungsgesprächs" in verschiedene Richtungen ausgebaut werden kann. Im ersten Fall sind wir im Rahmen der Ausgangssituation verblieben, um mit Hilfe der Szene unbewältigte Probleme aufzuarbeiten und verschiedene Lösungsmöglichkeiten zu erkunden. Als Fortsetzung der Arbeit mit Shirley hätte sich zum Beispiel angeboten, in ähnlichen Szenen auch anderen Teilnehmern Gelegenheit zur Vorbereitung ihres Vorstellungstermins zu geben. Man hätte aber auch – als Alternative zu der von Shirley bevorzugten Lösung – eine Szene anschließen können, in der ein Arbeitsuchender von sich aus auf seinen Klinikaufenthalt (seine psychische Erkrankung, seine psychiatrische Behandlung) zu sprechen kommt, um herauszufinden, welche Konsequenzen sich aus seiner Offenheit ergeben. Unsere Arbeit mündete in ein bei Klinikpatienten häufig anzutreffendes Problem: Marilyns gespaltenes Verhältnis zur Berufstätigkeit. Mit Worten sagte sie: „Ich will arbeiten", wortlos aber bat sie: „Stellen Sie mich nicht wieder ein." Daran anknüpfend befaßten wir uns in allgemeinerer Form mit dem Kern dieses Problems, das heißt mit dem Wunsch, Stärke zu demonstrieren, obwohl man sich völlig machtlos fühlt.

Fast jeder Patient in ganztägiger oder stationärer Behandlung macht sich Gedanken über seine Fähigkeit, wieder „draußen" leben zu können. Diese Technik ist ebenso für Highschool-Schüler oder College-Absolventen geeignet und auf viele spezifische Situationen anwendbar, z. B. wenn eine Frau nach der Erziehungspause wieder ins Berufsleben einsteigen will. Das „Einstellungsgespräch" bietet die Möglichkeit, konkret an solchen Fragen zu arbeiten.

10
Der
Zauberladen

Manche Techniken können einerseits als Einstieg dienen, andererseits aber auch eine volle Stunde oder sogar eine ganztägige Sitzung ausfüllen. Eine solche ist der „Zauberladen". Es handelt sich dabei um eine ganz besondere Technik, die in ihren besten Momenten etwas von der Weisheit und Spontaneität der Märchen und der Kinder zurückbringt.

In meiner Anleitung lasse ich meist den Tonfall einer Geschichtenerzählerin anklingen. Ich möchte einen leisen Zauber wecken, eine spielerische, magische, herausfordernde Atmosphäre schaffen, die Metapher zum König machen und ausgefallene Projektionen hervorlocken. Manchmal greife ich auf diese Technik zurück, um meine Regenwetter-Stimmung aufzuheitern; manchmal auch, weil es in der Gruppe niemanden zu geben scheint, der nicht lieber jemand anders wäre. Was immer der Anlaß ist – wenn der Zauberladen erst floriert, wird er kaum vor Ende der Sitzung schließen, so lange sie auch dauern mag. Findet der Zauberladen jedoch keinen Zuspruch, so wirkt er wie jeder welkende Zauber: enttäuschend, aufgeblasen, langweilig und irgendwie ärgerlich. Der Zauberladen ist eine ungewöhnliche Technik für ungewöhnliche Leute, die Kontakt haben zu den unkonventionellen, verrückten Teilen ihrer Persönlichkeit, zu ihrem Sinn für ein ernsthaftes Spiel. Wo niemand den anderen kennt, ist er eher fehl am Platz.

Ich gebe folgende Anleitung:

„Der Zauberladen ist ein ganz besonderer Laden. Man kann dort alles mögliche bekommen, zu allen möglichen Preisen. Es gibt nur eine Einschränkung: Der Zauberladen handelt ausschließlich mit menschlichen Eigenschaften. Ach ja, dazu kommt noch, daß Zauberladen-Besitzer kein Geld nehmen – niemals. Sie treiben nur Tauschhandel: eine menschliche Eigenschaft gegen eine andere. Könnt ihr es euch schon ungefähr vorstellen? Ihr bekommt jede menschliche Eigenschaft, die euch zusagt – Zorn, Habgier, Güte, Humor, Demut –, sofern ihr den jeweiligen Preis zu zahlen gewillt seid. Und noch etwas solltet ihr wissen, bevor ihr anfangt: Der Zauberladen existiert nur in der Phantasie. Und er befindet sich notwendigerweise an einem ganz besonderen Ort, in der märchenhaftesten Umgebung, die ihr euch ausmalen könnt, wenn ihr selbst einen Laden eröffnen solltet. Wir hatten schon einen Laden dreißig Kilometer unter dem Meer, mit einer uralten Seeschlange als Besitzerin; einen Laden auf einer Waldlichtung, der einem steinalten, von Kopf bis Fuß mit Blättern bedeckten Schamanen gehörte, an dem die Zeit vorübergegangen zu sein schien; wir hatten Läden in Bäumen, Felsen und Flugzeugen; einer Spinne gehörte sogar ein Laden in einem Winkel des Turmkreuzes einer mittelalterlichen Kölner Kirche. Wenn sich der Laden an einem genau bestimmten Ort befindet, können die Kunden sich leichter entscheiden, ob sie dort kaufen wollen oder nicht. Zu dem Schamanen im Wald kam beispielsweise ein Singvogel, der sich Entspannung eintauschen wollte. Die Spinne wurde von einem Eichhörnchen aufgesucht, das sich nicht überreden ließ, auch nur ein Jota seines Charmes herzugeben für die Fähigkeit, unterdrückter Wut Luft zu verschaffen.

Stellt euch zuerst vor, wie die Umgebung eures Ladens aussehen würde. Ihr könnt die Augen schließen, wenn ihr das möchtet. Macht euch ein sehr genaues Bild, auch von euch selbst als Besitzer des Ladens. Wo befindet sich euer Zauberladen? Was für ein Ladenbesitzer seid ihr?"

Gewöhnlich gebe ich drei bis fünf Minuten Zeit. Diese Anleitungen ermöglichen jedem Teilnehmer, den Zauberladen aus eigener Erfahrung kennenzulernen, und vermitteln daher eine weitaus bessere Grundlage für anschließende Arbeiten als etwa eine Vorführung der Übung durch den kleinen Kreis derjenigen, die stets bereit sind, etwas

Neues auszuprobieren. Ein Beispiel mag den weiteren Verlauf veranschaulichen:

Leiterin: Wer hat seinen Laden schon eingerichtet? Wie sieht er aus?

John: Mein Laden befindet sich in Muir Woods, in einer alten Eibe, genaugenommen am Fuß des Stammes, am Wurzelhals; ein Brand hat dort eine Höhle hinterlassen.

L: Und wem gehört der Laden?

J: Ich bin eine Eidechse, und zwar eine ganz besonders launische und empfindliche. (Die Gruppe lacht; John ist ein Mitarbeiter des Instituts und ein sehr ernster Mensch.) Aber mein Laden ist eine wahre Fundgrube. Ich habe alles, was man sich nur wünschen kann, und noch ein bißchen mehr dazu.

Wenn man die Übung als Einstieg benutzen will, kann man an dieser Stelle unterbrechen und andere Teilnehmer ihre Zauberläden vorstellen lassen – die natürlich nichts anderes sind als bildhafte Selbstdarstellungen ihrer Inhaber. Sofern die Gruppe mit dieser Symbolsprache umgehen kann und will, ist der Zauberladen ein Einstieg, der sehr rasch eine Atmosphäre gegenseitigen Verständnisses zu schaffen vermag. Wenn der Leiter darüber hinaus möchte, daß im Zauberladen richtig gehandelt wird, dann kann er wie folgt fortfahren:

L: Könntest du deinen Laden für uns aufbauen?

J: Ja. (Er holt sich ein paar leere Stühle und Kissen und baut daraus einen Baum.)

L: Wie alt bist du, Eidechse?

John: Oh, ich wohne hier seit dem Brand, seit ungefähr zweihundert Jahren, aber ich weiß nicht mehr, wie alt ich war, als ich damals hierher kam.

L: Für meinen Geschmack bist du ein ziemlich gruseliger Krämer. Aber wir werden wohl jemanden finden, der bei dir kaufen will. Wer möchte?

Mary: Ich!

L: Wer oder was bist du, und wie wirst du mitten im Wald Johns Baum herausfinden?

M: Darf ich einfach ich selbst sein?

L: Es wäre besser, wenn du dich auch in ein Wesen aus dem Zauberwald verwandeln würdest – wie willst du sonst zu dem Laden hinkommen oder überhaupt wissen, daß es ihn gibt?

M: Also, ich bin hier in der Psychodrama-Gruppe... ja... hm... Also, ich bin ein Rehkitz – ein kleines Rehkitz, das einfach so durch den Wald läuft. Jeder im Wald kennt den Zauberladen; also mache ich mich einfach auf den Weg.

Mary ist sehr grazil und hat wunderschöne rehbraune Augen. Sie hätte sich keine passendere Verwandlung aussuchen können; die Gruppe ist begeistert. Das Szenarium ist damit komplett. Von jetzt an muß ich als Leiterin darauf achten, daß wirklich „gehandelt" wird. John gefällt sich in seiner Rolle.

J: Lieber Himmel, hoffentlich kommen heute keine Kunden! Die bringen bloß immer alles durcheinander – brrr! (streckt die Zunge heraus.) Ich habe eine lange, klebrige Zunge – sie sollten sich in acht nehmen! (verschwindet hinter den Kissen.)

M (steht jetzt vor dem Laden, nachdem sie zuerst ein paar Schritte auf und ab gegangen ist. Ihre Stimme klingt erwartungsvoll und freundlich; die mürrische, wortkarge Eidechse dagegen läßt sich nur äußerst selten aus der Reserve locken. Mary klopft an die Ladentür): Ist da jemand?

J (zu sich selbst): Ich gehe gar nicht erst rauf – Kinderspielzeug gibt es hier schließlich nicht!

M (klopft zum zweiten Mal an die Tür): Ist da jemand?

J (zischt und rührt sich nicht von der Stelle): Nein!

M: Hallo! Ich habe gehört, hier ist ein Zauberladen; ich will etwas kaufen!

J: Also gut, wenn's unbedingt sein muß. (Er schiebt den Kopf vor und schaut zwischen den Stuhlbeinen heraus.) Sag schon, was du willst – aber'n bißchen plötzlich!

M: Also, ich hab gehört, du handelst mit menschlichen Eigenschaften – stimmt das?

J: Ganz genau!

M: Ich möchte Unabhängigkeit, sehr viel Unabhängigkeit. Gibt's die hier?

150

J: Natürlich gibt's die hier! Überleg dir aber, was du sagst – hier werden nur Kunden bedient, die genau wissen, was sie wollen. Welche Sorte soll's denn sein?

M: Ich will nicht andauernd aufpassen müssen, wenn ich im Wald herumlaufe. Ich möchte unbesorgt überall hingehen können, wo es mir gefällt. Ich will mich nicht immer in acht nehmen müssen vor den Männern mit den Gewehren und den Autos auf der Straße. Ich will frei und unabhängig sein!

J: Was gibst du mir dafür? Ich habe hier drei Maß Unabhängigkeit, beste Qualität und genau die Sorte, die du suchst. Was bietest du mir dafür?

M: Ich weiß nicht... Ich bin ja nur ein kleines Rehkitz. Fällt dir etwas ein, was du von mir gebrauchen könntest? (unschlüssig und verlegen:) Was willst du?

Wie vielen Kunden des Zauberladens fällt es auch Mary sehr schwer, auf die Frage nach ihrem Angebot eine Antwort zu finden. Ich versuche, ihr zu helfen:

Leiterin: Wir fragen mal die Zuschauer um Rat, ja? Gibt es hier noch andere Waldwesen, die sich ein bißchen einmischen möchten und vielleicht einen Vorschlag haben? (Sie gibt selbst ein Beispiel:) Ich bin ein Habicht, und ich sage: Laß dich von dieser Eidechse nicht einschüchtern, kleines Kitz!

Teilnehmer: Ich bin auch eine alte Eidechse und weiß, daß wir Eidechsen viel von dir gebrauchen könnten. Warum bietest du ihm nicht etwas von deiner Jugend und deiner Schönheit an?

Mary: Nein, nein – das geht nicht! Dann wäre ich ja nicht mehr ich selbst.

Teilnehmer: Ich bin ein Vogel. Gib ihm gar nichts. Du kannst gut so bleiben, wie du bist.

M: Oh, er wollte gerade schon gehen! (heftiges Kopfnicken des Ladenbesitzers) Jetzt hab ich ihn schon so lange aufgehalten... Vielleicht fällt mir ja doch noch etwas ein... Ah ja, jetzt hab ich's! Ich biete dir etwas von meiner Fähigkeit, über Zäune und Büsche zu springen, etwas von meiner Behendigkeit; aber nicht alles, denn ich muß auch einen Teil für mich behalten. Ich biete dir ein Maß.

John: Akzeptiert! Ich bin zwar behende genug, aber ich werde älter. Was hast du sonst noch zu bieten? Mach voran, ich hab' keine Lust, noch länger zu warten!

M (ihre Miene hellt sich plötzlich auf, ein zündender Funke ist übergesprungen): Jetzt weiß ich, was ich dir anbieten kann! Etwas, was du wirklich nötig brauchst. Ich biete dir ein Maß Liebe: lieben und geliebt werden, beides zugleich. Das kannst du ganz bestimmt brauchen – stell dir vor, wie dein Leben sich verändern würde!

J (reagiert überrascht und lächelt ausnahmsweise): Du hast ins Schwarze getroffen! Das brauche ich wirklich! Die wenigsten Kunden scheinen Liebe übrig zu haben... Ein Maß?... Nein, das ist zu wenig. Ich will alles. Gib mir alles, und ich gebe dir meine ganze Unabhängigkeit (lacht). Die brauche ich hier in meinem Baum sowieso nicht, also mache ich einen hervorragenden Tausch!

M: Das kann ich nicht! Wenn ich dir meine ganze Liebe gäbe, würde ich genauso alt und verschroben werden wie du! So dringend brauche ich die Unabhängigkeit nun auch wieder nicht. Was hat man schon von seiner Unabhängigkeit, wenn man ganz allein ist?

J (eiskalt): Ende der Debatte – alles oder nichts!

M: Läßt du nicht mit dir handeln?

J: Nein. Entweder – oder.

Unter Umständen muß man jetzt den „Verhandlungspartnern" helfen, eine Lösung zu finden. Ich mische mich wieder unter die „Zuschauer" und greife in die Versammlung ein:

Leiterin: Die Versammlung der Waldwesen verlangt, daß ihr euren Handel zum Abschluß bringt. Wer weiß, wohin das sonst noch führt!

(Einige andere Teilnehmer ergreifen offensichtlich erleichtert die lang erwartete Gelegenheit, ihrem Unwillen Luft zu machen:)

Teilnehmer: Ich bin ein Eichhörnchen, und ich sage: Rutsch mir den Buckel runter! Geh zu einem anderen Laden!

Teilnehmer: Ja, tu das! Bei dem kannst du doch nichts werden. Geh lieber gleich!

M: Ja, es sieht nicht so aus, als würde ich bekommen, was ich will... Ich muß wohl gehen... Aber es tut mir wirklich leid... Bleibst du dabei?

J: Das war mein letztes Wort.

M: Schade! Jetzt muß ich weiter auf der Hut sein, vorsichtig sein, aufpassen, daß mir nichts passiert. Aber dafür darf ich wenigstens die Aussicht auf ein bißchen Liebe behalten. (Sie zieht sich langsam zurück.)

Wie so oft im Leben, bleiben auch im Zauberladen viele Entscheidungssituationen glücklicherweise in der Schwebe. Ob ein Verhandlungsergebnis erzielt wird oder nicht, ist für unsere Zwecke auch nur von untergeordneter Bedeutung. Wichtig ist vielmehr der symbolische Verhandlungsprozeß als Medium sich neu erschließender Selbsterfahrung. Die Gruppe kann diese Symbolik zumeist automatisch nachvollziehen und benötigt kaum besonderen Ansporn oder zusätzliche Erklärungen seitens des Leiters. Johns abweisendes Gebaren wurde sehr bald wiedererkannt als eben jener Umstand, der es auch in seinem Büro Kollegen und Patienten gleichermaßen erschwerte, mit ihm ins Gespräch zu kommen. Alle waren glücklich, daß er seinen Mangel an Herzlichkeit so offen zugegeben hatte – das Eingeständnis sprach ja immerhin dafür, daß er ein so schlechter Mensch nun auch wieder nicht sein konnte. Daß Mary sich selbst als ein anmutiges, schutzloses und naives Geschöpf des Waldes darstellte, wurde von allen, die sie kannten, als vollkommen natürlich empfunden.

Im Anschluß an eine Zauberladen-Szene versuche ich zumeist, an den Verhandlungsprozeß anzuknüpfen, indem ich zum Beispiel frage: „Welchen Eindruck hat der Verlauf des Handels auf euch gemacht? Welche Verhandlungspartner habt ihr vor euch gesehen?"

In unserem Fall ging John unmittelbar auf diese Fragen ein. Die Niedergeschlagenheit und Bitterkeit, die der Gesichtsausdruck manches Teilnehmers deutlich verriet, war ihm nicht entgangen, und auch er selbst schien ein wenig bedrückt zu sein: „Genau dasselbe sagt auch meine Frau von mir: Alles oder nichts. Ich bin einfach unfähig, Kompromisse zu schließen. In ihren Augen bin ich ganz bestimmt eine griesgrämige, eigenbrötlerische alte Eidechse."

Die meisten Teilnehmer hatten für Mary Partei ergriffen und waren ein bißchen überrascht zu hören, daß sie den Verlauf des Handels ebenfalls eher zu bedauern schien: „So geht es mir jedes Mal. Ich rede und rede, und dann bleibt alles beim alten. Aus irgendeinem Grund bekomme ich es anscheinend immer nur mit Burschen vom Schlage dieser alten Eidechse zu tun."

Die nächste Phase des Psychodramas besteht in der Planung der weiteren Arbeit mit den Protagonisten des Zauberladens: „Was möchtet ihr jetzt als nächstes machen? Mary, möchtest du vielleicht zusammen mit einer Doppelgängerin noch eine andere Verhandlungsstrategie ausprobieren?"

Wir können aber auch zunächst an Johns Thema weiterarbeiten: „John, vielleicht könnte jemand die Rolle deiner Frau spielen, und du kommst gerade nach Hause und schilderst ihr die Szene im Zauberladen?"

John schien auf diese Aufforderung gewartet zu haben, während sich Mary zurückhielt. Im Verlauf der sich anschließenden Szene mit seiner Frau versuchte John, mit Hilfe eines Doppelgängers aus dem „Alles-oder-nichts-Dilemma" herauszufinden. Johns Konflikt zwischen seinem Eigensinn und der gleichzeitigen Erkenntnis, daß eben diese Starrköpfigkeit aus ihm einen einsamen Menschen gemacht hatte, wurde für alle Teilnehmer zu einem nachhaltigen Erlebnis; in mehreren weiteren Zauberläden wurde daraufhin Liebe zum begehrtesten Tauschobjekt. Wenn jemandem im Zauberladen ein vorteilhafter Handel gelungen ist – wenn zum Beispiel eine Maus einen Teil ihres Talents, Hilflosigkeit zu demonstrieren, gegen eine Prise selbstsicheren Auftretens eingetauscht hat –, möchte ich oft noch einen Schritt weitergehen: „Was wirst du von jetzt ab anders machen? Wem würdest du jetzt am liebsten begegnen, nachdem du deine Prise Selbstsicherheit bekommen hast?" Die Antwort kann wiederum als Ausgangspunkt weiterer Szenen dienen.

Der Inhaber des Zauberladens hat die Wahl zwischen zwei durchaus verschiedenen Strategien. Zum einen kann er – genau wie der Kunde – im Sinne seiner eigenen Wünsche und Bedürfnisse verhandeln; Anfänger schlagen automatisch diesen Weg ein und folgen damit dem Beispiel unserer grantigen Eidechse. Beide Verhandlungspartner erhalten mit Hilfe dieser Strategie Aufschlüsse darüber, inwiefern sie sich selbst ändern möchten und um welchen Preis sie ihre Ziele vielleicht verwirklichen könnten. Im zweiten Fall dagegen nutzt der

Ladenbesitzer seine Position, um die Wünsche des Kunden durch Hinweise auf unbedachte Konsequenzen zu hinterfragen:

Er: Ich bin eine wunderschöne goldene Buddha-Statue.

Sie: Ich weiß; ich bin ein Schmetterling. Ich bin genauso schön wie du, und ich hätte gern Kraft.

Er: Welche Art von Kraft?

Sie: Kraft, mit der ich mich gegen den Wind stemmen und jedem Chamäleon, das mich fressen will, das Maul aufreißen kann.

Er: Ich werde dir Kraft geben, aber sie wird sich nicht immer vorher ankündigen.

Sie: Wie meinst du das?

Er: Manchmal wirst du dich gegen den Wind stemmen können, wie du es dir wünschst; manchmal aber wirst du jemanden verletzen, den du eigentlich mit deinen schönen Flügeln streicheln wolltest.

Unser Schmetterling muß sich jetzt überlegen, ob sie sich weiter auf ihre Harmlosigkeit verlassen können will. Der kluge Ladenbesitzer hat ihr eine echte Entscheidung abverlangt. Wenn eine Schnecke sich einen Feuerkopf wünscht, riskiert sie, daß ihr eigenes Haus abbrennt. Ein Singvogel, der nach Beschaulichkeit verlangt, sollte vielleicht wissen, daß die Erfüllung seines Wunsches zu Lasten seiner flinken Behendigkeit gehen könnte. Ein Maulwurf, der Geselligkeit und Freundschaft kaufen will, muß wahrscheinlich bezahlen aus seinem Vermögen, sich tiefe Fluchtburgen zu graben.

Diese zweite Strategie läuft im Kern darauf hinaus, eindeutig zu erweisen, daß der Kunde die ursprünglich gewünschte Eigenschaft letztlich nicht mehr haben w i l l (nicht, daß er sie nicht haben könnte oder nicht in der Lage dazu wäre), weil er etwas für ihn Unverzichtbares dafür hergeben müßte.

Ein Märchen, das ich als Kind besonders gern hörte, erzählt von einer Prinzessin, die immerzu weinen mußte, bis sie einer im abgelegensten Teil des Waldes lebenden Hexe alle ihre Tränen gab und dafür Fröhlichkeit und Perlenschmuck bekam. Es war aber ein schlechter Tausch: Die Prinzessin hatte sich gewünscht, lachen zu können, anstatt weinen zu müssen. Wenn nun etwas geschah, was sie früher zu Tränen gerührt hatte, lachte sie; sie lachte so hemmungslos, wie sie ehedem hatte weinen müssen, und ihre Perlenkette schien vor Vergnügen zu hüpfen und zu tanzen. Selbstredend verbrachte sie abermals geraume Zeit in jenem unwegsamen Gehölz, bis sie schließlich die Hexe wiederfand und die verwunschene Kette zurückgab. In den Zauberladen kommen oft Prinzessinnen mit ähnlich dummen Wünschen; wir hoffen, daß sie im Verlauf des Handels ein wenig klüger werden – wir bemühen uns jedenfalls darum, wie die folgenden Beispiele vielleicht zeigen.

Burt gehört zum Stamm einer unserer Gruppen für Ehepaare. Er wirkt sanftmütig, nachgiebig, fast noch jugendlich und spricht in einem weichen, angenehmen Tonfall. Die Gruppe hat dieses harmlose Stilleben längst durchschaut: Burt ist ein Meister der Verzögerungstaktik. Er ist so dickköpfig wie ein Maultier. Er bittet mit unwiderstehlichem Augenaufschlag, man möge ihm doch einen kleinen Anstoß geben – und bleibt unbeweglich wie ein Klotz. Schon eine leise Andeutung empfindet er als Druck; und unter Druck setzen lassen will er sich nicht. Andererseits weiß er auch nicht, was er von sich aus tun könnte; also tut er gar nichts.

Er kam in meinen Zauberladen und wollte Arbeitsfähigkeit kaufen. Er ist arbeitslos; seine Frau will nicht mehr allein für den Unterhalt der Familie aufkommen, und er hat dafür auch Verständnis. Aber er kann sich einfach nicht aufraffen, irgend etwas zu tun. Er schafft es nicht, die Kleinigkeiten zu erledigen, die im und am Haus anfallen; er findet nicht mehr die richtige Stimmung, seine künstlerischen Projekte voranzutreiben; er kann sich nicht entscheiden, in welchem Bereich er sich eine neue Stellung suchen soll. Er seufzt. Ich frage ihn, was er mir bietet, wenn ich ihm die gewünschte Eigenschaft gebe. Ich weiß bereits, was ich will, und warte nur auf den richtigen Moment, meine Forderung anzubringen.

Er bietet mir Stolz. Ich nehme nur eine Prise mit der Begründung, er werde selbst noch etwas davon brauchen; ein wenig bissig füge ich hinzu, ich sei an Stolz eigentlich nicht sonderlich interessiert, und an Stolz ohne entsprechende Leistung noch weniger. Wir kennen uns recht gut, so daß ich mir diese kleine Stichelei durchaus erlauben darf. Er will mir etwas von seiner Kreativität geben. Die anderen Teilnehmer raten ihm ab, und ich lasse meinerseits durchblicken, daß mir an

Kreativität ohne Freude sowieso nicht sonderlich viel gelegen sei. Eine kleine Portion nehme ich schließlich doch, wenn auch erneut ohne große Begeisterung. Ich bin eine sehr wählerische Händlerin. Er bietet mir die Fähigkeit, von sich selbst überzeugt zu sein, eine neue Arbeit voller Begeisterung anzufangen in der Gewißheit, am Ende werde ein großartiges, unübertreffliches Werk herauskommen. Ich gehe auf das Angebot ein und nehme zwei Portionen, warte aber nach wie vor noch auf etwas anderes. Er hat jedoch nichts mehr zu bieten und kann sich auch nicht denken, was ich von ihm will. Er wirkt erschöpft, Selbstmitleid überkommt ihn – wie gehabt.

Ich komme zur Sache: „Wie wär's mit deiner Freiheit, den ganzen Tag lang tun und lassen zu können, was dir gerade in den Sinn kommt?"

Seine erste Reaktion ist eine Mischung aus Ärger und Überraschung. Dann lächelt er: „Donnerwetter – zuerst hab' ich gedacht, davon kann ich unmöglich etwas abgeben!"

Ich lasse nicht locker: „Ich will alles. Oder sagen wir, fast alles – 99 Prozent deines Vorrats."

Wir verhandeln. Es ist ihm völlig unverständlich, wie man von einem Menschen verlangen kann, irgendwelche Freiheiten aufzugeben. Ich erkläre ihm, daß mein Bedarf kaum zu decken ist, da die meisten meiner Kunden soviel Freiheit aufgegeben haben, daß sie schon für ein Quentchen einige ihrer besten Eigenschaften opfern würden. Außerdem, so versichere ich ihm, könne er mir schon deshalb getrost 99 Prozent seiner Freiheit abtreten, weil ihm nach meiner Ansicht selbst der verbleibende Rest noch erlauben würde, seinen Tagesablauf weitgehend nach Lust und Laune einzuteilen; er wäre immer noch besser bedient als die meisten seiner Bekannten.

Er stellt jede Menge Fragen, macht aber kein Angebot; das Tauschgeschäft kommt nicht zustande.

In der nächsten Gruppensitzung, eine Woche später, kommt Burt noch einmal in meinen Zauberladen. Er hat seine Meinung geändert: Das reine Vergnügen sei seine Freiheit ja nun auch wieder nicht, er komme im Gegenteil viel zu sehr ins Grübeln und Sinnieren. Er wolle sich auf den Handel einlassen. Die anderen Teilnehmer sind begeistert. Sie nutzen die Gelegenheit, mit Burt über seine weiteren Pläne zu sprechen, und er scheint ausnahmsweise nichts dagegen zu haben. Mein Assistent schlägt vor, Burts Sinneswandel auf die Probe zu stellen: Ein paar Leute aus der Gruppe könnten doch konkret nachprüfen, ob er jetzt wirklich etwas unternimmt. Burt findet die Idee gut. Eine Woche lang wird er jeden Abend angerufen und muß über sein Tagwerk berichten. In der nächsten Sitzung wirkt er tatkräftiger als sonst und meldet eine erheblich verbesserte Arbeitsleistung. Vorerst hat er sich am eigenen Schopf aus dem Sumpf gezogen.

Barbara ist eine junge Frau Anfang zwanzig und gehört zu einer Gruppe, die an unserem Zentrum eigens für Einzelpersonen eingerichtet worden ist. Sie kam in meinen Zauberladen und wünschte sich, mit ihrer fünften Klasse besser zurechtkommen zu können. Wir hatten uns schon im Rollenspiel ausführlich mit ihrer Klasse beschäftigt und als Schüler den wunden Punkt unserer Lehrerin schnell entdeckt: Sie nahm alles persönlich. Wir waren halt Kinder und versuchten nach besten Kräften, irgendwie der Langeweile zu entgehen; und unsere Lehrerin war ein dankbares Opfer, weil sie sich über jede Kleinigkeit gleich aufregte. Ihr Gesicht krampfte sich zusammen. Sie drohte uns Strafen an, ohne ihre Drohungen jemals wahrzumachen. Und ihre Stimme – das war der Gipfel – wurde zu einem weinerlichen Gejammer, als wolle sie uns irgendwie um Mitleid bitten. Es war schlimm.

Im Zauberladen bot mir Barbara ihre Intelligenz, ihr Fachwissen, ihren Kummer, ihre Kreativität – ich spielte auf Zeit und wartete auf eine Gelegenheit, meine Forderung vorzubringen. Diesmal lautete sie: „Ich möchte dir die Hoffnung nehmen, daß die Kinder in deiner Klasse dir das Gefühl geben könnten, ein guter Mensch zu sein."

Auch Barbara reagierte sofort. Sie zog sich zusammen und sagte: „Also, mein erster Gedanke ist: Nein, d a s darfst du mir nicht nehmen!"

Wir verhandelten eine Zeitlang. Ich erklärte ihr – im Stil eines Zen-Meisters –, daß sie nur durch Verzicht ihrem Ziel näherkommen werde und daß „ein guter Mensch sein" vielleicht Thema eines anderen Zauberladens werden könnte.

Barbara ließ sich auf den Handel nicht ein. Sie denkt immer noch darüber nach.

Ein Besuch im Zauberladen kann erstaunliche Folgen haben. In einem Fall beschloß ein junger Mann, der keine Arbeit finden konnte und daher von Sozialhilfe lebte, den Zauberladen eines uralten tibetischen Lamas aufzusuchen. Der Lama lebte hoch in den Bergen in einer Stadt, die seine treuen Anhänger aus dem Felsen geschlagen hatten. Um dorthin zu gelangen, mußte sich der Besucher in eine Bergziege verwandeln; so war er zwar scheu und ziemlich sprunghaft, aber andererseits kräftig und behende genug, um selbst die schwierigsten Bergpfade zu erklimmen.

Lama: Was willst du?

Ziege: Ich suche Beständigkeit bei der Arbeit. Ich möchte ein bißchen Selbstvertrauen und ein bißchen Stehvermögen, so daß mich nicht jeder kleine Zwischenfall gleich aus der Bahn wirft.

L: Was bietest du mir dafür?

Z: Ich habe nicht sehr viel. Ich könnte dir etwas von meiner feinen Witterung anbieten. Jemandem, der Gefahren nicht rechtzeitig bemerkt, wäre damit vielleicht gedient. Ich habe in dieser Hinsicht nicht die geringsten Schwierigkeiten.

L: Leider bin ich mit dieser Eigenschaft schon reichlich eingedeckt; in letzter Zeit scheinen viele meiner Kunden ihre Überschüsse abbauen zu wollen. Eine Prise will ich trotzdem nehmen; aber mehr als eine bescheidene Anzahlung kann ich dir dafür leider nicht anrechnen.

Z: Ich brauchte schon eine Riesenportion Selbstvertrauen, damit ich mich nicht immer so leicht ins Bockshorn jagen lasse. Ich brauche eine Unmenge Selbstvertrauen – und bis jetzt habe ich dir nur eine Prise meiner scheuen Witterung dafür geboten. Wäre dir meine Genügsamkeit von Nutzen? Ich lebe seit mehr als einem Jahr von Sozialhilfe.

L: Das ist ein Angebot. Genügsamkeit ist in unserer materialistischen Zeit eine begehrte Rarität geworden. Ich hätte gern alles, was du davon auf Lager hast.

Z: Nein, vielleicht brauche ich irgendwann selbst noch etwas davon. Können wir uns nicht auf 75 Prozent einigen?

L: Einverstanden.

Z: Reicht das jetzt?

L: Nein.

Z: Fällt dir noch irgend etwas ein, was ich dir geben könnte?

L: Ich möchte deine Hilflosigkeit. Du hast da eine sehr nützliche Spielart entwickelt – immerhin hast du ja andere dazu bewegen können, dir Nahrungsmittel, Geld und psychotherapeutische Behandlung zukommen zu lassen. Viele meiner Kunden könnten diese Art von Hilflosigkeit gut gebrauchen. Du dagegen bist nicht mehr darauf angewiesen, sobald du über genügend Selbstvertrauen und Stehvermögen verfügst. Also kannst du mir ruhig deine ganze Hilflosigkeit geben.

Z: Alles? Dann bin ich ja völlig aufgeschmissen, wenn ich doch noch einmal Hilfe brauche! Nein, so geht's nicht! Ich könnte dir aber wieder 75 Prozent geben – wärst du damit zufrieden?

L: Wenn du willst – abgemacht! Eine Riesenportion Selbstvertrauen und Beständigkeit gegen eine Prise deiner feinen Witterung sowie jeweils 75 Prozent deiner Genügsamkeit und deiner Fähigkeit, so wirkungsvoll den armen Schlucker hervorzukehren.

Z: Es wird nicht ganz einfach werden, aber ich bin einverstanden.

Der Handel erwies sich als ausgesprochen vorteilhaft. Der junge Mann begab sich mit neuem Selbstvertrauen auf Arbeitssuche, wurde von einer Firma eingestellt und blieb dort während des gesamten folgenden Jahres – oder sogar bis heute; jedenfalls ist der Berichterstatterin nichts Gegenteiliges bekannt geworden.

Im Zauberladen kommt es vor, daß gerade nach besonders ergiebigen Verhandlungen keine Einigung erzielt wird. In solchen Fällen enthüllt der Zauberladen im Wege szenisch vergegenständlichter Erfahrung oft den eigentlichen Kern eines unbewältigten Konflikts. Oft muß der Kunde im Laufe des Verhandlungsprozesses mehrfach auf diesen Konflikt zurückkommen, ehe er die Lösung klar erkennen kann.

Der Zauberladen ist eine ganz besondere, eine spielerische, einfühlsame und poetische Technik. Und er hat auch die entsprechenden Nachteile: Stimmung und Atmosphäre müssen „passen". Die Gruppe muß mitteilungsfreudig sein und Lust am Spiel haben. Mit dem Einfallsreichtum der Gruppe – Studenten, Lehrer, Therapeuten, Künstler, Kinder – wächst auch die Erfolgswahrscheinlichkeit. Eine Gruppe, die

„kein Larifari", sondern „harte wissenschaftliche Fakten" und „Butter bei den Fischen" sehen will, wird mit einem Zauberladen nicht allzu viel anzufangen wissen. Manche Teilnehmer müssen erst das Gefühl überwinden, vom Leiter nicht für voll genommen, wie Kleinkinder behandelt zu werden; andere mögen sich auf die Dauer langweilen, insofern die Verhandlungen auf einer eher abstrakten Ebene geführt werden. Der Zauberladen ist eine sehr wirkungsvolle Technik, der jedoch Grenzen gesetzt sind: Sie muß zum richtigen Zeitpunkt eingeführt werden und läßt sich nicht beliebig oft wiederholen.

11
Masken

Meine ersten Erfahrungen im Umgang mit Masken verdanke ich Bari Rolfe, einer Tänzerin am Modernen Ballett, die auch pantomimische Übungen für den Schauspielunterricht entwickelt hat. Das wichtigste emotionale Ausdrucksmittel des Pantomimen ist sein Körper. Ein grell weißgeschminktes Gesicht und ein betont unscheinbares Kostüm unterstreichen oft noch, daß ausschließlich der Körper spricht; das Gesicht wird kaum bewegt. Bari verwendet eine andere Methode, um die Wirkung des Gesichts auszuschalten und die Ausdruckskraft des Körpers zu steigern. Ihr Gesicht trägt unentwegt dieselben Züge: die Züge einer Maske.

Alle grundlegenden Dimensionen der menschlichen Persönlichkeit – Jugend/Alter, Ernst/Oberflächlichkeit, Schönheit/Häßlichkeit, Boshaftigkeit/Güte, Kälte/Wärme – lassen sich auf Masken übertragen. Bari arbeitet außerdem noch mit einer „neutralen" Maske, die nur das menschliche Wesen als solches darstellen soll. Die neutrale Maske hat eine unbestimmte Hautfarbe und wohlgeformte, jedoch wenig ausgeprägte Gesichtszüge. Ihr nächster Verwandter ist das Gesicht einer noch nicht zurechtgemachten Schaufensterpuppe; sie paßt weder in ein Lustspiel noch in eine Tragödie. Mehr noch als das ausdruckslose Gesicht des Mimen erhält diese Maske ihren Sinn erst durch die Bewegungen seines Körpers.

Bari gab einen Einführungskurs für eine Gruppe von Therapeuten, die die Verwendungsmöglichkeiten von Masken im Rahmen erfahrungsorientierter Techniken erkunden wollten; ich schloß mich an. Es stellte sich heraus, daß sie ganz ähnlich vorging wie ich selbst in meinen ersten Psychodrama-Gruppen. Sie ließ uns die gleichen Übungen ausführen, die sie auch im Ballett- und Schauspielunterricht verwendete, und hoffte dabei, daß wir eigene Ausdrucksformen finden würden. Alle diese Übungen eignen sich auch sehr gut als Einstieg, als Ausgangspunkt eines Psychodramas.

Der Anfang war nicht schwierig. Jemand brachte einen Koffer mit fünfzehn oder zwanzig Masken. (Masken kann man leicht selbst herstellen. Besonders einfache Anleitungen findet man überall dort, wo Bastelarbeiten mit Pappmaché beschrieben werden. Faschingsmasken, Keksdosen oder Verpackungscollagen aus Glaswolle eignen sich ausgezeichnet als Grundformen. In Büchern für Bühnenausstatter findet man zusätzlich Hinweise zur Anfertigung leichterer Kunststoff-Masken aus Gesichtsabdrücken von Menschen, Schaufensterpuppen oder anderen Masken. Unsere Gruppe hat zwei herrliche Samstagnachmittage lang Masken gebastelt – schon allein dadurch wird die Phantasie angeregt und das Zusammengehörigkeitsgefühl gestärkt.)

Unser Gruppenraum stand bis auf einen eigens für unsere Übungen herbeigeschafften mannshohen Spiegel völlig leer, da die gesamte Einrichtung einschließlich der üblichen Kissen und Lampen entfernt worden war. Bari bat uns, den Koffer durchzusehen; jeder sollte sich eine Maske aussuchen, die ihn gefühlsmäßig ansprach. Danach wurden wir aufgefordert, die Masken aufzusetzen und vor dem Spiegel auszuprobieren, Bewegungen des Kopfes und des Oberkörpers auf die jeweilige Maske abzustimmen und schließlich den zur Maske passenden Gang zu finden.

Auf den ersten Blick wirkten die Masken ziemlich dürftig und unansehnlich. Sie waren hautfarben oder weißlich-grau, und viele zeigten grotesk verzerrte Züge. Als ich meine Maske aufsetzte, dachte ich, sie könne unmöglich zu meinem Gesicht passen; weder Größe noch Farbe, nichts schien zu stimmen. Nachdem es mir aber durch einiges Probieren gelungen war, den Sitz der Maske meinem Gesicht und meinen Haaren anzupassen, änderte ich meine Meinung: Die Maske schien ein Teil von mir selbst geworden zu sein. Dennoch war ich schon halb gefaßt auf den Anblick eines verunglückten Faschingszuges, als ich mich jetzt nach den anderen umsah; sie hatten sich jedoch genau wie ich inzwischen in ihre Masken hineingefunden.

Alle anwesenden Therapeuten kannten sich gegenseitig recht gut. Wir begannen auszuprobieren, welche Körperbewegungen und Stellungen am besten zu unseren Masken paßten. Ich war erschrocken, plötzlich lauter Fremde um mich herum zu sehen; ein Blick in den Spiegel zeigte mir, daß ich auch selbst kaum wiederzuerkennen war.

Ich hatte mir die Maske einer runzeligen Greisin ausgesucht, deren Züge mir Resignation und zugleich auch stille Ergebenheit auszudrücken schienen. Die Maske war für mein Gesicht ein gutes Stück zu groß. Um eine natürlichere Wirkung zu erzielen, veränderte ich meine Frisur; dabei hatte ich plötzlich das Gefühl, als legte sich eine bedrückende Last auf mich. Unwillkürlich ließ ich den Kopf sinken; mein Rücken krümmte sich; die Ellbogen bohrten sich mir in die Seiten, mehr als ein paar spärliche und ziemlich nutzlose Bewegungen der Hände und Unterarme wollten sie nicht mehr erlauben. Mein Gang wurde schleppend. Wenn andere Maskenträger auf mich zukamen, fühlte ich mich wie die unsterbliche Urmutter: Ich berührte sie sanft und gab dabei glucksende Laute von mir, als wäre ich uralt und noch sehr jung zugleich; dann schüttelte ich den Kopf, aber es blieb unklar, ob als Zeichen des Erkennens oder der Resignation unter der mir aufgebürdeten Last. Eigentlich entsprach diese Rolle ganz und gar nicht meiner Art. Ich bin normalerweise ein Mensch, der rasch vorankommen will, der an anderen Menschen vorbeigeht und nur stehenbleibt, wenn dafür ein besonderer Grund vorliegt. Ich setze energisch nach, anstatt zu resignieren. Aber die Maske hatte mich vollkommen verwandelt, verwandelt in ein lebendes Mosaik aus Erinnerungen an viele alte Frauen, die mir im Laufe der Zeit begegnet waren.

Wir machten alle die Erfahrung, daß uns die anderen in gewisser Weise unzugänglich geworden waren. Ähnlich wie ohne Ton abgespielte Videobänder vereinfachten uns die Masken zwar die Wahrnehmung der anderen, aber in unserem Fall waren nicht nur die vertrauten Stimmen „abgeschaltet", sondern auch Veränderungen des Gesichtsausdrucks, die uns über Stimmungen hätten Auskunft geben können, blieben uns verborgen. So wie viele von uns immer wieder feststellen, daß wir unsere Kenntnis der Welt ausschließlich aus Worten und

Gedanken beziehen zu können glauben und daher im Bereich der Gefühle oft im dunkeln tappen, so wurde während dieser Übung vielen Teilnehmern bewußt, daß sie eigentlich immer nur auf Gesichter geachtet hatten. Welch ein Schock, nun in ein völlig regungsloses Gesicht zu blicken! Mancher von uns vermißte die feinen Nuancen des Mienenspiels der anderen so sehr, daß wir bald schwören wollten, die Masken h ä t t e n sich gerührt – eine Braue hochgezogen, die Mundwinkel zusammengekniffen usw. Wir sehnten uns so sehr nach einem ausdrucksfähigen Gesicht, daß wir an den Masken ablesen zu können glaubten, was uns in Wirklichkeit die Körperhaltung verriet.

Diese sehr einfache Übung erfüllt meines Erachtens mindestens drei Zwecke: Zum einen erlaubt die Maske – ähnlich wie der Zauberladen – ihrem Träger, mit Phantasievorstellungen zu spielen. Vielleicht ist dies überhaupt die wichtigste Funktion vieler psychodramatischer Techniken; ich werde weiter unten ausführlicher darauf zurückkommen. Zweitens gewinnt der Maskenträger durch diese besondere Art der Verkleidung ein bewußteres Verhältnis zu seinen Körperbewegungen; in Verbindung mit der ungewohnten Maske wird sein Körper auf eine ganz neue Weise erfahrbar. Drittens schließlich erlebt der Maskenträger, wie sich das Verhalten anderer ihm gegenüber merklich ändert. Wir vergessen oft, daß wir uns an bestimmte Reaktionen anderer ebenso gewöhnt haben wie an unsere eigenen. Wir sind nicht nur gewohnt, uns selbst in bestimmter Weise zu verhalten, sondern wir verlassen uns auch darauf, daß andere in bestimmter Weise auf uns reagieren. Der Maskenträger erlebt sich selbst in einer neuen Umgebung.

In Europa, wo ich aufgewachsen bin, ist der Brauch, zu bestimmten Anlässen Masken zu tragen, weit verbreitet. Der süddeutsche Fasching dauert mehrere Tage, ein Maskenball einen Abend lang und die Walpurgisnacht der Tiroler Bauern eine ganze Nacht. Alte Sagen aus jenen Gebieten Europas, wo solches Brauchtum gepflegt wird, berichten von allerlei Abenteuern, seltsamen Erlebnissen und übernatürlichen Erscheinungen, die den Maskierten widerfahren sollen. Ich habe viel nachgedacht über den Sinn und die Anziehungskraft dieser gefühlsbeladenen Bräuche, die dem Psychodrama ja in gewisser Weise sehr nahestehen. Sie sind auf jeden Fall willkommener Anlaß, rauschende Feste zu veranstalten und neue Bekanntschaften zu knüpfen. Und sie laden ein, die Phantasie spielen zu lassen; so manches Kind (und so mancher Erwachsene) hat schon erlebt, daß in diesen Nächten ein Stück altvertrauter Überlieferung Wirklichkeit wurde.

Erst unsere eigene Arbeit mit Masken erschloß mir jedoch noch einen anderen und sehr wichtigen Aspekt der Erlebniswelt des Maskenträgers: Er kann in ein anderes Leben überwechseln. Er kann sich auf andere Weise bewegen, er kann anders fühlen und anders sehen. Er kann sich in einer ungewohnten Rolle versuchen und sich dabei von seinem Alltags-Ich beliebig weit entfernen. Was aber vielleicht das Wichtigste ist: Andere verhalten sich ihm gegenüber ganz anders als sonst. Man kann sich nicht wirkungsvoller verstellen. Der Maskierte macht nicht nur die Erfahrung, daß seine Bekannten ihn nicht wiedererkennen; er erlebt, wie andere auf eine fremde Person reagieren, die gleichwohl in seiner eigenen Haut steckt.

In der nächsten Übung arbeiteten wir mit der neutralen Maske. Wir versuchten, die Allgemeinheit ihres Ausdrucks auf unsere Bewegungen zu übertragen, oder kurz: jedermann darzustellen.

Eine Übung mit der neutralen Maske

Anleitung: „Stellt euch einmal vor, ihr wärt Menschen aus einer längst vergessenen Zeit, als die Lebensgewohnheiten noch viel primitiver waren. Jeder lebt ganz für sich allein. Ihr habt die Nacht über im Wald geschlafen und seid gerade aufgewacht. Denkt daran, wir wollen nur herausfinden, worin sich alle Menschen in dieser Situation im Grunde genommen gleichen. Irgendwelche Einzelheiten – ob jemand glücklich ist oder nicht, ob er alt ist oder jung, ob er Kopfschmerzen hat usw. – interessieren uns nicht. Konzentriert euch ganz auf das Wesentliche: Was erleben diese Menschen? Was sehen sie? Womit kommen sie in Berührung? Ihr habt es wahrscheinlich leichter, wenn ihr schaut, was sich um euch herum befindet oder ereignet, und darauf möglichst einfach und zweckmäßig reagiert."

Ich beschränke mich im folgenden wieder auf meine eigenen Erfahrungen mit dieser Maske. Ihre unmittelbare Wirkung besteht darin, daß die Aufmerksamkeit vom Gesicht abgelenkt und statt dessen auf den Körper gerichtet wird. Als ich vor dem Spiegel in die regelmäßigen, wohlgeformten Züge der neutralen Maske blickte, wurden mir meine Körperbewegungen sofort und unwillkürlich in weit stärkerem Maße bewußt als vorher. Weil mir das Gesicht nichts Besonderes sagte, konnte ich meine Bewegungen so objektiv beobachten, wie ich sonst nur anderen zusehe. Ich betrachtete mich im Spiegel und dachte: „Irgendwie ziehe ich die Schultern zu hoch. Ich lasse sie besser wieder ein bißchen hängen. Ich stehe ja stocksteif da! Eher schon verkrampft, würde ich sagen. Versuch dich ein bißchen zu entspannen, Eva. Warum hältst du die eine Hand so nach vorn, als würdest du eine Handtasche tragen? Warum kannst du die Arme nicht einfach herunterhängen lassen?... Es gibt überhaupt keinen Grund, so zaghaft herumzuschleichen; geh doch einfach ganz normal!" – Allmählich gelang es mir, mich etwas natürlicher zu bewegen.

Als ich nach und nach besser zurechtkam, spürte ich ein großes Erfolgserlebnis und fand immer mehr Gefallen an der Übung. Dies hing teilweise damit zusammen, wie ich mich körperlich auf die Übung und die Maske eingestellt hatte: Ich hatte mich entspannt. Die Vorstellung, an einem warmen Sommermorgen im Wald zu erwachen, war ein erfrischender sinnlicher Genuß. Und noch etwas an dieser Übung faszinierte mich (und fasziniert viele Patienten, wie ich später festgestellt habe): das Erlebnis, eine grundlegende menschliche Erfahrung nachzuvollziehen, „dazuzugehören" – das gerade Gegenteil jenes Gefühls der Entfremdung, des „Andersseins", das ich schon so lange mit mir herumgeschleppt hatte.

Allmählich wurden die Übungen schwieriger. Jeder von uns experimentierte mit verschiedenen Masken – verschiedenen Ichs – und improvisierte (allein, mit einem oder zwei Partner[n] oder mit der ganzen Gruppe) kurze Szenen, wie es sich aus den Masken gerade ergab. Auch Standard-Improvisationsübungen sind ohne weiteres mit Masken durchführbar. Nachdem sich die Teilnehmer ihre Masken ausgesucht haben, kann man ihnen zum Beispiel vorschlagen, zwanzig Minuten lang Menschen in einem Luftschutzkeller des 2. Weltkriegs, im Wartezimmer eines Arztes oder beim Sommerschlußverkauf eines großen Warenhauses zu porträtieren. Natürlich besteht zwischen Improvisationen mit und ohne Masken ein entscheidender Unterschied:

Die Maske gebietet Schweigen. Die Verständigung erfolgt ausschließlich pantomimisch.

Wenn die Teilnehmer nur wenig Ich-Stärke zeigen oder aus irgendeinem anderen Grund ihrer Phantasie weitgehende Zurückhaltung auferlegen, arbeite ich in der Regel nicht mit Masken. Die Maske würde in solchen Fällen nur als Bedrohung empfunden. Schon der Anblick einer Maske kann Bestürzung hervorrufen. Masken können Verweigerungstendenzen Vorschub leisten, indem sie die Angst verstärken, man könnte sich lächerlich machen, in Verlegenheit geraten oder bloßgestellt werden.

Eine Masken-Übung für Paare

Im folgenden möchte ich eine Masken-Übung beschreiben, die sich besonders für die Arbeit mit Ehepaaren anbietet. Man bittet beide Partner, sich je eine Maske auszusuchen, die etwas aussagt darüber, wie sie die Beziehung zum anderen erleben. Ich erinnere mich lebhaft an meine eigenen Erfahrungen mit dieser Übung, die ich mit meinem Mann zusammen selbst ausprobiert habe.

Als wir den Maskenkoffer aufmachten, wußte ich bereits, welche Maske ich wählen würde. Ich dachte an eine Maske, die ich als Teenager und als junge Frau jahrelang getragen hatte, die abzuschütteln mich große Mühe gekostet hatte und die sich mir immer noch aufdrängte, wenn ich unter Streß stand. Es war eine eher unscheinbare Maske. Das Auffälligste an ihr war ihr Grinsen – ein ausgesprochen breites Grinsen. Die Züge der Maske wurden völlig beherrscht von diesem Grinsen, das sich bis über beide Ohren zu erstrecken schien. Tiefe Furchen umschlossen die Mundwinkel, und die kleinen runden Augen unter der krausen Stirn waren fast ganz verdeckt von den Falten des ausufernden Grinsens.

Auch Alan hatte sich inzwischen eine Maske ausgesucht. In gewisser Weise war seine Maske das Gegenstück zu meiner. Meine Maske hatte ein schmales Gesicht – seine ein breites; meine Maske hatte ein faltiges Gesicht – seine ein glattes; das Gesicht meiner Maske paßte ebensogut zu einer Frau wie zu einem Mann – seine Maske zeigte betont männliche Züge. Auf den ersten Blick kam er mir mit seiner Maske vor wie ein Bilderbuch-Schurke. Seine besondere Note erhielt dieses glatte, breite Gesicht durch die hervortretenden Backenknochen und die verhältnismäßig kleinen, schlitzförmigen Augen. Der Mund war schmal und wirkte auf mich irgendwie bedrohlich. Der hervorstechendste Zug dieser Maske aber war ihre Ausdruckslosigkeit – sie war glatt und kalt und zeigte nicht die geringste Gefühlsregung.

Ein paar Minuten lang sollten wir uns nun als Träger dieser Masken aufeinander beziehen und dabei die Masken dazu benutzen, die Züge unseres Selbstbildes, die wir in sie hineingelegt hatten, besonders hervorzuheben.

Wir begannen mit der Übung. Ich hatte natürlich keinerlei Schwierigkeiten, in meine vertraute Rolle zu schlüpfen. Ich fing an, „auf lieb zu machen". Ich wollte freundlich sein, hier und da ein bißchen helfen, gute Miene zum bösen Spiel machen (fürwahr ein treffendes Bild!) und Alan und mich in einem verzuckerten Käfig einlullen, wo irgendwelche Gefühlsausbrüche sich gar nicht erst anbahnen konnten.

Während ich so herumschwirrte, Alan ein bißchen streichelte, ihm zu essen brachte, ihn am Kinn kitzelte und meine allzeit gute Laune mimte, stellte ich zu meinem Erstaunen fest, daß er sich von einer Seite zeigte, die absolut nichts Bedrohliches an sich hatte. Vielmehr wurde mir bald klar, daß ich eine Bedrohung eher als Wohltat empfunden hätte im Vergleich zu dem, was er mir fortgesetzt demonstrierte. Die Person, die er darstellte, war völlig passiv, gefügig und hilflos. Je emsiger ich herumschwirrte, desto schlaffer wurde er. Es schien nichts zu geben, womit er allein hätte fertigwerden können. Er bat um Hilfe beim Essen; er wollte wissen, was als nächstes zu tun sei – um anschließend zu verlangen, ich solle es allein machen. Nach dem Essen bedeutete ich meinem unbeholfenen Freund, er möge mir doch beim Geschirrspülen helfen. Es dauerte eine Weile, bis er begriff. Dann gab es Scherben. Wenn er etwas abgetrocknet hatte, wußte er nicht, wohin damit. Er wurde immer trauriger und hilfloser, und auch meine kleinen Scherze konnten ihn nicht zum Lachen bringen.

Zu Beginn unserer Improvisation hatte ich kaum absehen können, wie massiv ich in meine alte Rolle des „fröhlichen Rettungsengels" zurückgedrängt werden sollte. Es blieb nicht lange beim bloßen Rollenspiel. Je hilfloser sich Alan gebärdete, desto heftiger wühlte es in meinem Innern. Ich m u ß t e ihn irgendwie aufmuntern. Ich konnte ihn nicht einfach sich selbst überlassen. Ich wollte unbedingt verhindern, daß wir erlebten, was aus ihm wurde, wenn man ihm nicht half, oder was aus mir wurde, wenn ich nicht helfen durfte. So fühlte ich mich gezwungenermaßen alleinverantwortlich für alles, was wir taten, und war als allgegenwärtige Aufpasserin ständig bestrebt, Alans Versagen zu überspielen.

Die anderen Teilnehmer (die miteinander gut bekannt waren und auch uns beide ziemlich genau kannten) hatten sich die gesamte Zeit über köstlich amüsiert. Sie erinnerten sich, daß wir in anderen Zusammenhängen tatsächlich dieselben gegensätzlichen Positionen eingenommen hatten. Die pantomimische Darstellung hatte dem nur noch einen Schuß Komik hinzugefügt. Alan und mir dient diese Übung bis heute als mahnendes Beispiel dafür, wie wir im Streß miteinander Probleme bekommen können.

Ich gebe zur Maskenübung für Paare folgende

Anleitung: „Jeder von euch beiden sucht sich bitte eine Maske aus, die irgend etwas über die gemeinsame Beziehung aussagt. Es ist euch ja wahrscheinlich schon klar, daß während dieser Übung nicht gesprochen werden darf, auch nicht beim Aussuchen der Masken. Wenn ihr eure Masken aufgesetzt habt, mimt ihr bitte irgendeine gemeinsame Alltagsbeschäftigung im Haushalt. Es ist egal, wer anfängt; der andere wird schon merken, worum es geht, und entsprechend reagieren. Vergeßt nicht, daß ihr Masken tragt. Ihr müßt euch so verhalten, wie es euch die Masken vorschreiben. Ihr habt vier bis fünf Minuten Zeit für die Übung."

Diese Paarübung kann sowohl in Gruppensitzungen als auch im Rahmen einer normalen Konsultation Verwendung finden. Es gibt mehrere weiterführende Varianten dieser Übung; zur Unterstützung von Selbsterfahrungsprozessen sollte dabei stets mit Spiegeln und Video-Feedback gearbeitet werden:

1. Wir bitten die Partner, füreinander Masken auszusuchen und dann die gleiche Übung vorzuführen.
2. Man bittet die Paare, Masken zu wählen, die einen bestimmten Ausschnitt ihres Zusammenlebens kennzeichnen – Harmonie oder

Streit, eine frühere oder zukünftige Phase ihrer Beziehung, eine Situation, in der „alles schiefgeht" etc.

In unserer Gruppe zeigte sich, daß beide Varianten gerade zur Überprüfung von Projektionen sehr viel beitragen können. Ein Teilnehmer beispielsweise hatte für seine Frau eine besonders unfreundliche Maske ausgesucht; als sie jedoch zusammen mit ihm die Szene zu spielen begann, stellte er fest, daß es seine Erinnerung an die Vergangenheit war, die ihm die Maske so wohlvertraut erscheinen ließ. In Wirklichkeit paßte die Maske gar nicht mehr zu seiner Frau. Ein anderes Paar überraschte viele Teilnehmer damit, daß die Frau ihrem Mann eine kantige, ziemlich athletisch wirkende Maske überreichte – eine Maske, die einem Rugbyspieler hervorragend zu Gesicht gestanden hätte. In unseren Gruppensitzungen hatte sie sich oft über die Gefühlsarmut ihres Mannes beklagt. Jetzt schien sie dagegen zum Ausdruck bringen zu wollen, daß sie selbst im Grunde den starken, schweigsamen Typ bevorzugte.

Beide Varianten lassen sich noch weiter ausbauen. Wenn zum Beispiel eine bestimmte Szene in einer Gruppe ein sehr lebhaftes Echo auslöst, lassen wir oft noch andere Paare mit den gleichen Masken arbeiten. Dabei werden einige Grundmuster vieler typischer Ehekonflikte sichtbar: introvertierte gegen extrovertierte Persönlichkeit; Drache/Opfer; Bösewicht/Opfer; Opfer/Retter; stoische Ruhe gegen Hysterie usw.

Die Übung läßt sich noch weiter vertiefen, indem man die Beteiligten bittet, die Szene zu wiederholen und dabei bis zur letzten Konsequenz zu gehen: „Angenommen, dieses Maskenspiel wäre ein Vorgeschmack gewesen auf das, was euch in den nächsten zehn Jahren erwartet – wie würde eure Beziehung danach wohl aussehen? Wollt ihr uns mal zeigen, wie ihr euch das vorstellt?" Wenn man auf diese Weise die Wirkung einer bestimmten Szene steigern möchte, sollte man den Beteiligten unbedingt zunächst eine Pause einräumen, in der sie sich den bisherigen Verlauf und insbesondere die für die nachfolgende Vertiefungsphase entscheidenden Gefühle und Empfindungen noch einmal vergegenwärtigen können.

Anleitung: „Nehmt euch erst einmal ein paar Minuten Zeit zur Besin-
nung, bevor ihr anfangt. Wie fühlt ihr euch jetzt, nach der letzten
Szene? Was kam euch bekannt vor? Was war ungewohnt? Wie ist eure
Stimmung? Welche Gefühle habt ihr füreinander? Wie fühlt ihr euch
körperlich, verkrampft oder entspannt? Wenn ihr euch irgendwie verkrampft fühlt – wo genau krampft sich etwas zusammen? Wie würde
euer Körper reagieren, wenn ihr euch in diese Verkrampfung immer
mehr hineinsteigern würdet? Schließt die Augen, wenn ihr wollt, und
versucht, in euch selbst die Antworten auf diese Fragen zu finden.
Versucht euch vorzustellen, was mit euch geschehen würde, wenn ihr
zehn Jahre lang so weiterleben müßtet wie in dieser Szene. In ein paar
Minuten werden wir uns anschauen, was nach den zehn Jahren aus
euch geworden ist."

In gleicher Weise lassen sich auch andere in diesem Buch beschriebene Techniken vertiefen. Wenn zum Beispiel jemand ein Soziogramm zusammengestellt hat, kann man ihn bitten, seine Beziehungen
zu den beteiligten Personen ein zweites Mal ins Bild zu setzen – unter
der Annahme, daß sich zehn Jahre lang die Art des gegenseitigen
Umgangs kaum verändert hat. Nachdem die Teilnehmer als Einstieg
zum Beispiel gemeinsam eine Zeichnung angefertigt haben, kann man
sie bitten, ihre momentane Stimmung auszuloten und sich vorzustellen, was herauskäme, wenn sie zehn Jahre lang in ähnlicher Weise
miteinander Kontakt hätten. Im Grunde läßt sich jede Szene, in der es
um eine wichtige Beziehung geht, mittels dieser Strategie ausbauen
und vertiefen.

Masken können auch bei der Arbeit mit der Kindheitsfamilie verwendet werden. Bei einer Technik, entwickelt von der Sozialarbeiterin
Justine Fixel (persönliche Mitteilung an die Autorin), wird der Protagonist gebeten, Masken für seine Eltern und sich selbst auszuwählen.
Möglichst viele und unterschiedliche Masken werden auf dem Tisch
ausgebreitet, so daß er seine Auswahl treffen kann. Dann wählt er
Gruppenmitglieder für die Rollen aus, die ohne Worte gespielt werden
sollen. Die Anweisung lautet: Erfindet eine Szene, die die Beziehung
zwischen den Familienmitgliedern symbolisiert. Die Szenen sind im
allgemeinen kurz und kraftvoll. Teuflische Väter spielen mit engelhaf-
ten Müttern herum; Eltern mit goldenen Masken umkreisen einen

Spiegel. Diese Arbeit hat einen rituellen Charakter. Ich würde daher empfehlen, langsam vorzugehen, damit die Arbeit sich von selbst entfalten und zu einem Ende kommen kann. Die Aufführung der Szene wird allen lange Zeit im Gedächtnis bleiben, unabhängig davon, was im Anschluß daraus gemacht wird.

Ich habe diese Übungen mit ganz verschiedenen Patientengruppen durchgeführt und dabei festgestellt, daß sie ihre volle Wirkung gerade dann entfalten, wenn die Teilnehmer über ein hohes Maß sprachlicher Ausdrucksfähigkeit verfügen. Als Strategien gegen wortreich rationalisierende Abwehrversuche besitzen diese Übungen alle Vorzüge einer nonverbalen Technik; ihre eigentliche Stärke aber liegt im Bereich der Phantasie, wo sie ungeahnte Möglichkeiten erschließen. Wenn die Selbstsicherheit und Anpassungsfähigkeit der Teilnehmer ausreicht zu verhindern, daß ihnen schon der bloße Anblick der skurrilen Maskerade einen Schrecken einjagt, dann sind diese Gruppenübungen echte Energiespender, die oft sogar – was in den Heiligen Hallen der Gruppentherapie selten genug vorkommt – auch noch Spaß machen.

12
Freie
Bahn für
Spontaneität

Wir Therapeuten sind abonniert auf schlechte Nachrichten. Unsere Patienten erzählen uns von ihrer leidvollen Vergangenheit, schildern uns die Gegenwart in düsteren Farben. Wir sollen ihnen zuhören, ihnen helfen, sich selbst und ihre Umwelt besser zu verstehen, uns mit ihnen solidarisieren – fast könnten wir darüber vergessen, daß wir noch eine andere Aufgabe haben, die ebenso wichtig ist und dabei weitaus mehr Freude macht: Wir können unsere Patienten in eine ganz neue Situation versetzen, einen Erfahrungsraum schaffen, in dem Patient und Therapeut mit verschiedenen Rollen experimentieren können – auch wenn es beide einige Mühe kosten mag, ihre anfängliche Scheu zu überwinden.

Wenn wir zulassen, daß sich in den vier Wänden unserer Praxis nichts anderes abspielt als der Kummer der Vergangenheit und die Hoffnungslosigkeit der Gegenwart, dann berauben wir uns selbst auch noch der bescheidensten Möglichkeiten, helfend einzugreifen. Wenn es uns andererseits gelingt, eben diese vier Wände nach Belieben in einen Rummelplatz, einen fremden Planeten oder ein Unterseeboot zu verwandeln, die Phantasie anzuregen und herauszufordern, dann besteht immerhin die Hoffnung, daß neue Energien freiwerden und sowohl wir selbst als auch unsere Patienten zu neuen, zur Erkundung einladenden Ufern vorstoßen.

Therapeut wie Patient leben in einer Welt, in der man eine Art schablonenhafter Selbstkontrolle zur Schau zu tragen pflegt, in der man Spontaneität fürchtet und unterdrückt. Im schlimmsten – und nicht seltenen – Fall fühlt sich der Therapeut an ein starres Rollenklischee gebunden: Ein Therapeut kleidet sich unauffällig, spricht leise, wahrt bei aller Freundlichkeit eine gewisse Distanz, bedient sich ausgesucht neutraler Formulierungen und beschränkt sich im Gespräch mit dem Patienten auf kurze Fragen und knappe Antworten. Dieser Patient steckt nur allzu oft in einer ähnlichen Zwangsjacke: Er weiß, daß er über seine Probleme sprechen soll. Er gibt sich alle Mühe, sich seine Sorgen auch äußerlich anmerken zu lassen. Gedankenschwere Falten erscheinen auf seiner Stirn. Oft spricht er noch leiser als der Therapeut (der Therapeut scheint den Eindruck zu erwecken, daß lautes Sprechen irgendwie fehl am Platze wäre). Dem Therapeuten von erfreulichen Dingen zu berichten, ihn gar mit einem Scherz zu erheitern, kann er sich überhaupt nicht vorstellen (oder er kann es sich vielleicht vorstellen, weiß sich aber sehr wohl zu beherrschen). Beide, Therapeut wie Patient, werden im Verlauf der Sitzung zu immer neuen Einfällen, Phantasien und Assoziationen angeregt; beide wissen freilich auch, daß der erhabene Ernst der Situation gebietet, solche Gedankenspielereien füglich unter Verschluß zu halten. Selbstverständlich hat man es hier mit Vorurteilen zu tun; mit Vorurteilen allerdings, wie man sie nicht nur in der Einzeltherapie, sondern auch in Gruppen und Familien und in allen Bereichen des Lebens antreffen kann.

Der Psychodramaturg läßt sich nicht in Klischees pressen. Er stürzt Denkmäler vom Sockel. Er tut häufig etwas ganz Unerwartetes und fordert seine Patienten auf, sich ihm anzuschließen. Er schafft Freiräume für Spontaneität, für Experimente: Man darf auch einmal etwas Albernes ausprobieren, etwas, was man sich sonst vielleicht nicht so recht getrauen würde; man kann Neuland erkunden. Bisher war die Rede davon, welche Art von Einsichten verschiedene Techniken – Doppelgänger, Rollentausch, Zauberladen, Masken – als therapeutische Instrumente zu vermitteln vermögen; der durchschlagende Einfluß desjenigen, der die Techniken selbst vermittelt, ist dagegen noch kaum zur Sprache gekommen.

Der Therapeut, der von einem Kaufladen erzählt, in dem mit menschlichen Eigenschaften gehandelt wird; der einen Koffer voller bizarrer Masken mitbringt; der plötzlich aufsteht und für eine andere Person spricht, als wäre er ein Teil von ihr – dieser Therapeut demonstriert eine Spontaneität, die zu erleben für die Patienten zu einer der wertvollsten Erfahrungen der gemeinsamen Arbeit werden könnte. Er schafft einen Freiraum für spielerische Aktivitäten. Er schafft einen Freiraum für ganz unterschiedliche Ebenen des Mitteilens und Zuhörens: für inhaltliche Gespräche und dramatische Ausdrucksformen, für Phantasie und Spiel. Er gestaltet Szenen, er kann aber auch selbst mitwirken, um zu zeigen, wie man dem Jammertal entgehen, wie man eine aktivere Rolle spielen kann, die möglicherweise mehr Spaß macht, die vielleicht sogar aufregend spannend ist, vielleicht aber auch Ängste auslöst. Er schafft den Freiraum, in dem man spielerisch neue Wege ausprobieren kann. Er schafft den Freiraum für Veränderung.

Wir betrachten alle unsere Therapiemodelle oft nur als verschiedene Wege, das Elternhaus zu ersetzen. Therapeuten, die das Spielen nicht verlernt haben, gehören sicher zu den angenehmsten Ersatzeltern, die man sich wünschen kann. Ein solcher Therapeut wird sein Kind zur Entwicklung einer starken, differenzierten Persönlichkeit anleiten; und er wird fähig sein, im Rahmen seiner therapeutischen Beziehung sowohl dem Zauber des Spiels als auch ernsthafter Intensität Ausdruck zu verleihen.

13
Verweigerungen – konstruktiv gewendet

Verweigerungen haben im Grunde immer dieselbe Ursache: Angst vor dem Unbekannten. Wir wollen uns ändern und fürchten uns gleichzeitig davor. Ob wir uns hilfsbereiten Freunden oder Verwandten, einem Priester, einem Therapeuten oder einer Gruppe anvertrauen – stets befinden wir uns im Zwiespalt: Einerseits möchten wir nur zu gern etwas Neues ausprobieren, etwas riskieren, unbekanntes Terrain erkunden; unser anderes Ich aber – das vorsichtige, ängstliche, mißtrauische Ich – hält solche Abenteuer von vornherein für dumm, lächerlich und sinnlos und drängt uns immer wieder zum Rückzug.

Unser Widerstand gegen Psychodrama kommt zunächst vom Lampenfieber. Jeder von uns verbindet mit Theaterarbeit, daß man für andere Personen spielt, von ihnen angeschaut wird. Angeschaut zu werden bedeutet durchschaut zu werden. „Ich kann nicht auf die Bühne gehen. Jeder wird merken, wie ich wirklich bin. Sie werden feststellen, wie dumm (ungeschickt, blöd, fett, wertlos, häßlich, verrückt) ich wirklich bin. Ich werde mich nicht verstecken können. Ich würde mich in Grund und Boden schämen. Das ist eine Übung in Demütigung." An einem Psychodrama teilzunehmen bedeutet, sein verletzliches Ich vor anderen zu entblößen, die vielleicht kein Verständnis zeigen werden.

In diesem Kapitel untersuchen wir, wie Menschen ihren Widerstand gegen Psychodrama erleben und wie wir ihnen helfen können, ihn zu überwinden.

Ob man nun der Protagonist ist oder ein Mitspieler, die Gefahr liegt darin, sich zu exponieren, und das Risiko besteht darin, sich auf unbekanntes Territorium zu wagen. Sowohl der Protagonist als auch die Mitspieler fürchten, die vertraute Wahrnehmung der eigenen Persönlichkeit zu verlieren. Wenn jemand sich freiwillig als Protagonist meldet, dann muß er den anderen einen Teil seines Lebens zeigen, der sich verändern soll. Das birgt das Risiko, daß man „seine schmutzige Wäsche in der Öffentlichkeit wäscht". Der Protagonist muß bis zu einem gewissen Grade die Angst aushalten, daß man ihn beurteilt, über ihn lacht und bemerkt, daß ihm „grundlegende Eigenschaften, die einen Menschen erst ausmachen" fehlen, wie es ein Student von mir ausdrückte. Auf der Bühne wir selbst zu sein ist paradox. In unseren privatesten Augenblicken sind wir ganz wir selbst. Wie kann man sich selbst „porträtieren"? Wie immer man sich auch dem Problem nähern mag, das Risiko, in eine unbekannte Situation zu geraten, ist groß.

Sich als Mitspieler in die Rolle einer anderen Person zu versetzen, ist auch mit Risiken verbunden. Jeder von uns hat seine Eigenarten – eine bestimmte Stimmlage und Sprechweise, gewisse Gesten, einen bestimmten Bewegungsrhythmus –, die ihm helfen, seine Identität zu wahren. In Zeiten von Streß halten wir verzweifelt an diesen Merkmalen fest. Es ist schwer, sich anders zu verhalten. Die Vorstellung, die Rolle einer anderen Person zu spielen, mag noch so reizvoll sein – im Hinblick auf die vielfachen Möglichkeiten, Aspekte unserer Persönlichkeit auszuprobieren, die wir bisher vernachlässigt haben –, etwas in uns sträubt sich dennoch: Wir befürchten, unser vertrautes Ich könne sich verändern; wir haben Angst vor dem unbekannten Ich, das statt dessen vielleicht zum Vorschein kommt.

„Wer bin ich eigentlich?" ist in unserer entfremdeten Welt zu einer allgegenwärtigen Frage geworden. Das Spiel mit der fremden Rolle wird oft als Bedrohung erlebt: Zeigt sich mein wirkliches Ich gerade daran, daß ich eine bestimmte Rolle besonders gut spielen kann? Was mache ich dann aber, wenn ich trotzdem lieber so bleiben würde, wie ich mich normalerweise gebe? Eine Möglichkeit wäre, grundsätzlich nur sympathische Rollen zu spielen. Dann brauchte ich nichts zu befürchten. Oder ich erkläre von vornherein, daß ich mich auf gar nichts einlassen werde: „Ich schau mir das erstmal an." Im Zweifelsfall sage ich am besten: „Ich kann nicht", das ist eine hübsche Umschreibung für: „Ich will nicht" und bringt uns beide aus dem Schneider. Wenn ich sage: „Ich kann nicht", dann heißt das ja auch, daß ich wollte, wenn ich könnte. Aber du kannst von mir eben nicht einfach etwas verlangen, wozu ich gar nicht in der Lage bin.

„Ich kann nicht" ist eine allgemein beliebte Verweigerungstaktik. Im Psychodrama bezieht sich „ich kann nicht" vor allem auf Rollenspiele. Der Teilnehmer weiß, daß er „es einfach nicht schafft". Er versteht nichts davon, er ist zu ungeschickt und zu schüchtern. Er wird verlegen. Man merkt ihm an, daß er Lampenfieber hat. „Ich kann nicht schauspielern; ich kann nicht einfach jemand anders sein... Und vor so vielen Leuten geht es erst recht nicht... Ich weiß nicht, was in ihr vorgeht – also kann ich mich gar nicht so verhalten wie sie... Wie soll ich seine Mutter spielen können, wo ich sie doch noch nicht einmal kenne?... Ich trau' mich einfach nicht."

Eine andere Form der Verweigerung besteht darin, Angst vor Rollenspielen in eine grundsätzliche Kritik zu verkleiden, Rollenspiele als etwas Schädliches darzustellen: „Im Rollenspiel lernt man doch nur, sich möglichst geschickt zu verstellen. Rollenspiele sind gefährlich, weil sie die Wirklichkeit so verdrehen, daß man völlig den Durchblick verliert."

Beide Verweigerungsstrategien stellen den Moderator des Psychodramas vor ernsthafte Probleme: Jeder von uns, der in irgendeiner Form mit Gruppen gearbeitet hat, weiß ja aus Erfahrung, daß Verweigerung ausgesprochen ansteckend ist: „Was er nicht kann, kann ich auch nicht. Wenn er sagt, daß es uns schadet, so schadet es uns vielleicht wirklich." Man muß sich daher mit diesen Problemen auseinandersetzen und nach Lösungen suchen.

Die beste Lösung ist ein geeigneter Einstieg. Selbst die ausführlichsten Erklärungen können nicht vermitteln, was ein gelungener Einstieg viel einfacher sagen kann: Jeder kann hier mitmachen; es geht ganz einfach, und Spaß macht es auch; jeder Beitrag ist willkommen. Der Gruppenleiter übernimmt schon während des Einstiegs die Führungsrolle und gibt damit zu erkennen, daß er bereit ist, die Hauptverantwortung für die gemeinsame Arbeit zu tragen. Niemand wird sich selbst überlassen, niemand muß mit seinen Ängsten allein fertigwerden. Der Einstieg erzeugt ein Klima der Spontaneität, das den Verweigerungstendenzen der Gruppe entgegenwirkt und das Widerstände weitgehend aufzufangen hilft. Im Verlauf des Einstiegs wird es den meisten Teilnehmern gelingen, „das Eis zu brechen" und mehr oder weniger aktiv mitzuarbeiten; die übrigen werden die Erfahrung machen, daß ihre Verweigerung nicht bestraft wird, daß sie vielmehr immer wieder zur Mitarbeit ermuntert werden, bis sie ihre Hemmungen überwunden haben.

Ich habe im Umgang mit Widerständen – sie sind besonders da zu erwarten, wo man es, wie in Kliniken oder ambulanten Behandlungszentren, mit akuten Krisensituationen zu tun hat –, nicht zuletzt auch aufgrund der Erfahrungen mit meinen eigenen Hemmungen, einen Stil entwickelt, der sich vom „klassischen" Moreno-Psychodrama in mancher Hinsicht unterscheidet. Ich greife weitgehend auf Techniken zurück, die den „Theaterdonner" und „Bühnenzauber" des Psychodramas in den Hintergrund treten lassen zugunsten eines psychotherapeutischen Ansatzes, der sich mehr an der Vorgehensweise anderer Therapiegruppen orientiert. Eine eigentliche „Bühne" gibt es nicht. Der Schauplatz der einzelnen Szenen kann beliebig wechseln. Wenn wir einen Kreis bilden, befindet sich die „Aktionsfläche" meistens in der Mitte, manchmal aber auch in einer eigens dafür in unserem Kreis freigehaltenen Lücke. Wenn ein Teilnehmer nicht in der Kreismitte arbeiten möchte, verlege ich die Aktionsfläche in der Regel dorthin, wo er gerade sitzt, und lasse ihn von seinem Platz aus arbeiten. Wenn er zusätzliche Unterstützung benötigt, kann ich mich neben ihn setzen und von dort aus die erforderlichen Anleitungen geben. Wir brauchen auch keine „bühnenreifen Auftritte".

Wenn andere Teilnehmer den Protagonisten nicht verstehen können, bitte ich sie, näher an seine Arbeitsfläche heranzukommen, damit er nicht unnötig laut sprechen muß. Ich möchte nicht, daß der Protagonist sich zwingen muß, seine Gefühle mit künstlich überhöhter Lautstärke zu verkünden; ich habe jedoch nichts dagegen, daß andere nahe bei ihm auf dem Fußboden sitzen, auch wenn es nicht unbedingt in die Szene paßt. Ich verhindere es oft, daß die Teilnehmer applaudieren; sie sollen nicht auf die Idee kommen, sie müßten ein Unterhaltungsprogramm aufziehen bzw. die Rolle des dankbaren Publikums spielen.

Ein paar verständnisvolle Worte oder eine Umarmung sagen und helfen viel mehr als das unpersönliche Händeklatschen. In einer kleinen Gruppe ergibt sich im Anschluß an eine Szene oft die Möglichkeit, die Teilnehmer einzeln zu fragen, was sie besonders beeindruckt hat. Für die Beobachter bedeutet dies eine Gelegenheit, aufgestaute Emotionen loszuwerden; für den Protagonisten wiederum sind solche stark gefühlsbetonten Reaktionen wichtige Rückmeldungen.

Applaus kann jedoch auch anspornen: wenn er etwa spontan ausbricht an dem Punkt, wo der Protagonist gerade einen Moment der Stärke erreicht, oder wenn eine große Gruppe damit ein ermutigendes Feedback geben kann. Applaus funktioniert dann gut in einer Gruppe, wenn ein persönlicher Kommentar darauf folgen kann. Als Schlußpunkt einer Inszenierung kann er unbefriedigend sein, besonders im therapeutischen Kontext.

Wenn es gilt, die „Ich-kann-nicht"-Sperre zu überwinden, helfen diese Techniken ein gutes Stück weiter. Gewissermaßen als Fortsetzungen des Einstiegs geben sie den Teilnehmern zu verstehen, daß jeder mitarbeiten kann, daß der Gruppenleiter mithilft, daß keine besonderen Vorkenntnisse erforderlich sind. Es kommt sehr darauf an, wie der Gruppenleiter das „Ich kann nicht" versteht. Wenn er es als schlichte Tatsache oder unwiderrufliche Selbsteinschätzung des Teilnehmers hinnimmt, steht er auf verlorenem Posten. Wenn er dieses „Ich kann nicht" jedoch vor dem Hintergrund der für den Teilnehmer neuen und bedrohlichen Situation als Ausdruck einer momentanen Stimmung wertet, dann hat er die Möglichkeit, sich damit auseinanderzusetzen. Ich gehe in der Regel davon aus, daß der Betreffende „kann" und es nur noch nicht weiß.

Eine Teilnehmerin weigert sich, an einem Rollenspiel mitzuwirken: „Nein, bloß nicht, ich kann das nicht! Nehmt doch jemand anders!" usw. Ich antworte ihr ganz ruhig – um anzudeuten, daß ich sie nicht zur Mitarbeit dränge, sondern ihr helfen will, es selbst auf einen Versuch ankommen zu lassen – und bediene mich dabei einer beliebigen Auswahl der folgenden Formulierungen: „Aller Anfang ist natürlich schwer – aber wie wär's, wenn du es ganz einfach trotzdem mal versuchen würdest? Vielleicht schaffst du's ja doch, das kannst du jetzt ja noch gar nicht wissen... Es kommt dir nur so vor, als ob es schwierig wäre." Einige zusätzliche Vorschläge werden ihr vielleicht helfen, ihre Entscheidung bewußter zu treffen und die Angst vor einer Blamage zu überwinden.

Im folgenden Beispiel steht Joan vor dieser Entscheidung:

Leiterin: Wie wäre es, wenn du versuchen würdest, die Frau von John zu spielen? John kann dann ja sagen, ob du's richtig machst.

L (zu John): Wenn Joan nicht so spielt, wie du dir das vorstellst, unterbrichst du einfach die Szene und machst sie darauf aufmerksam, ja?

L (zu Joan, die zögert): Willst du es erstmal versuchen, nur so zur Probe? Du kannst dir dann ja immer noch überlegen, ob du weitermachen willst oder ob dich jemand anders aus der Gruppe ablösen soll.

Joan: Ich glaube nicht. Ich glaube nicht, daß ich das kann.

L (zu Joan): Was möchtest du denn wirklich sagen: „Ich kann nicht" oder „Ich will nicht"? Wenn du im Grunde genommen „Ich will nicht" meinst, dann möchte ich jetzt nichts weiter dazu sagen; du würdest dich sonst nur unter Druck gesetzt fühlen. Versuch es mir zu sagen.

Joan: Ich versteh dich nicht ganz.

L: Probier doch einfach einmal aus, wie echt es sich anhört, wenn du „Ich will nicht" zu mir sagst.

Joan: Also gut. Ja, das ist es: Ich will nicht. Ich werde nicht tun, was du verlangst. Nein, ich will nicht!

L: Gut, du willst nicht.

Die letzte Anweisung ist eine paradoxe Intervention. Einerseits gibt die Leiterin die Erlaubnis zu rebellieren und unkooperativ zu bleiben. Andererseits bittet sie um Kooperation, indem sie die Worte „Ich will nicht!" wiederholen läßt. Das ist eine kreative Doppelbotschaft, wie sie von Erickson entwickelt wurde. Hier erlaubt sie der Leiterin, auf eine spätere Kooperation zu hoffen, die auf dem basiert, was gerade geschehen ist.

Joan könnte dann vielleicht in der Lage sein, mehr darüber zu sagen, warum sie nicht teilnehmen möchte, oder sie setzt sich einfach zurück und schaut zu. Später komme ich auf sie zurück, um zu sehen, ob sie dann mehr Lust hat teilzunehmen. Wenn die Person an ihrem ursprünglichen „Ich kann nicht" festhält, unterstelle ich, daß sie mir sagt, sie möchte es ausprobieren, wobei jede der obengenannten Techniken angewendet werden kann. Während unseres Gespräches achte ich dann sehr genau auf irgendwelche Anzeichen, die meine Vermutung bestätigen könnten, daß Joan ihre Meinung ändern möchte. Wenn ich sehe, daß Joan mit dem Kopf nickt, lächelt oder ein bißchen dichter an Johns Szene heranrückt, erleichtere ich ihr die weiteren Schritte, indem ich zum Beispiel in ihrer Nähe bleibe, bis sie sich sicherer fühlt. Vermutlich wird sie von den eingebauten Notbremsen – die Szene zu unterbrechen und um Unterstützung zu bitten bzw. sich ablösen zu lassen – keinen Gebrauch machen; andernfalls halte ich mich natürlich strikt an unsere Vereinbarungen.

Normalerweise gehe ich davon aus, daß man sich einer Psychodrama-Gruppe anschließt, um mitzuarbeiten, um etwas Neues auszuprobieren. Wenn sich diese Annahme im Einzelfall als nicht haltbar erweist, versuche ich zwei Dinge von vornherein klarzustellen: daß es legitim ist, die Mitarbeit zu verweigern, und daß man deshalb nicht ein für allemal abgeschrieben ist.

Ein Beispiel:

John (ausgesprochen aggressiv): Das ist doch lächerlich! Die anderen Therapeuten hier geben sich alle Mühe, uns ein bißchen Realismus beizubringen, und jetzt sollen wir uns auf so einen Humbug einlassen! Das ist doch alles unwirklich!

Eva: Du hast recht, es ist unwirklich. Wir tun etwas Unwirkliches, um die Wirklichkeit besser zu verstehen.

J: Meinetwegen – i c h mach da jedenfalls nicht mit! Ich kann mir nicht vorstellen, daß es mir helfen würde.

E: Ganz wie du willst. Ich werde dich aber immer mal wieder fragen, ob du es dir in der Zwischenzeit anders überlegt hast. Einverstanden?

J: (nickt zögernd mit dem Kopf).

Auch wenn John nicht schließlich doch noch – widerstrebend – auf meinen Vorschlag eingegangen wäre, hätte ich seine Einstellung akzeptiert und ihn gebeten, dazubleiben und den Rest der Szene als Zuschauer zu verfolgen. Der Vorteil dieser Strategie ist einmal, daß

John eine ablehnende Haltung einnehmen kann, ohne dafür bestraft zu werden, und zum anderen, daß es zwischen ihm und mir nicht zu einem Streit kommt, in den dann die ganze Gruppe hineingezogen würde.

Falls ein Teilnehmer seine Weigerung mit einer grundsätzlichen Kritik des Rollenspiels verbindet, könnte der Zeitpunkt für eine ausführlichere Diskussion gekommen sein. Vielleicht hält er einfach alles für unwirklich und aufgesetzt, vielleicht hält er auch einen gelehrten Vortrag über die Unmöglichkeit, den fremden Kopf zum eigenen zu machen. Sein Problem ist nicht, daß er sich persönlich der Aufgabe nicht gewachsen fühlen würde; er stellt vielmehr grundsätzlich das Psychodrama als Therapieform in Frage. Das folgende „Selbstgespräch" ist eine Zusammenfassung meiner Gedanken zu diesem Thema und damit gewissermaßen meine ganz persönliche Diskussionsgrundlage, von der aus ich die für mich entscheidenden Gesichtspunkte herauszuarbeiten versuche:

„Ich bin, wie ich bin. Das gilt auch im Psychodrama. Ich kann mich nicht in eine andere Person verwandeln. Ich bin, wie ich bin. Aber ich kann mich von verschiedenen Seiten zeigen und daher verschiedene Rollen spielen. In manchen Rollen werdet ihr mich leicht wiedererkennen. Wenn ich zum Beispiel Janes Freundin spiele und mit ihr darüber spreche, warum wir beide im Studentenwohnheim so unbeliebt sind, werdet ihr mich kaum anders erleben, als ihr es von der Gruppenleiterin Eva gewohnt seid. Vielleicht ein bißchen umgänglicher, auch einer kleinen Plauderei nicht unbedingt abgeneigt, ansonsten aber doch Eva wie gehabt. Wenn ich John in der Rolle seiner Frau vorwerfe, daß er meine Gefühle mit Füßen tritt, werdet ihr eine Eva erleben, die mit der gleichnamigen Psychodrama-Leiterin nicht mehr viel gemeinsam hat; eure Überraschung dürfte sich wohl trotzdem in Grenzen halten. Vielleicht denkt ihr: ,Das ist eben Eva, wie sie sich zu Hause aufführt. Bei uns regt sie sich nicht so auf, weil wir für sie nicht ganz so wichtig sind.' Ihr habt recht. Die Eva, die da zum Vorschein kommt, wenn ich Johns Frau spiele, ist mir wohlbekannt: Ich kenne ihre schrille Stimme, den fast weinerlichen Tonfall, das beleidigte Gesicht; ich weiß, daß sie oft zehnmal das gleiche sagt. Aber normalerweise präsentiere ich mich in der Öffentlichkeit nicht von dieser Seite.

Weder Janes Freundin noch Johns Frau stellen mich vor größere Probleme. Ich weiß, daß ich beide Rollen selbst oft genug spiele; sie gehören – neben vielen anderen – zu meinem Alltagsrepertoire. Ich finde sie nicht unbedingt immer sympathisch, aber ich erkenne mich selbst in ihnen wieder: Sie sind mir geläufig und bestens vertraut. Die Schwierigkeiten fangen erst an, wenn ich mich von einer Seite zeigen soll, die ich normalerweise auch vor mir selbst verberge. Ich spiele die berühmte Choreographin Tamara. Ich beherrsche die Szene, bin die treibende Kraft, stehe pausenlos unter Dampf und keine Sekunde still. Ich muß die anderen in meinen Bann ziehen. Ich schaue ihnen tief in die Augen. Es gibt keine Pause. Ich kann nicht stehenbleiben. Nach der Szene wundert ihr euch: ‚Das war echt bühnenreif, ganz anders, als du sonst bist!‘ Ich habe ein eher schales Gefühl. Es war gar nicht so anders; es war wiederum niemand anders als ich selbst, aber diesmal von einer Seite, die ich nur selten zeige – weil ich mich schäme. Mir ist nicht wohl bei dem Gedanken, daß ihr mich jetzt vielleicht nur noch als ‚so eine‘ seht. Ich brauche ein bißchen Zeit, um mich zu beruhigen und wieder die Eva zu werden, die ich besser kenne. Danach kann ich versuchen, mir klarzumachen, was eigentlich passiert ist. Ein anderer Therapeut hilft mir dabei. So wie ‚Tamara‘ sich verzweifelt bemüht, ihrer inneren Zerrissenheit zu entfliehen, indem sie sich aufreibt in rastloser Aktivität und andere als Spielbälle ihrer Launen behandelt, so habe ich als Kind oft meine Mutter erlebt: im Grunde einsam und verlassen, ohne einen Funken Hoffnung. Ich habe sehr darunter gelitten.“

Natürlich soll dieser Monolog nicht der Gruppe mitgeteilt werden. Dies sind Gedanken, Erinnerungen und Reaktionen, die die Basis für meine Arbeit mit Teilnehmern darstellt, die Widerstand zeigen.

Wir können nicht einfach auf Knopfdruck jede gewünschte Rolle vorspielen. Letztlich können wir immer nur uns selbst darstellen. Weil wir von uns selbst aber immer nur einen kleinen Ausschnitt im Blick haben, erleben wir im Rollenspiel oft echte Überraschungen. Vielfach sind es freudige Überraschungen: Wir entdecken wieder, was wir längst im Alltag verschüttet glaubten. Die desillusionierte Hausfrau spielt die Rolle ihrer heranwachsenden Tochter, und sie genießt es.

187

Ihre Resignation scheint mit einem Mal verflogen. Ihre verhaltenen Bewegungen, ihre müde Stimme, ihre schüchternen Gesten sind wie ausgewechselt; sie entwickelt ein sprühendes Temperament, sie ist unwiderstehlich liebenswert und im nächsten Moment unausstehlich trotzköpfig – ganz wie ein Teenager. Eine streitsüchtige junge Frau, deren spitze Zunge in der Gruppe gefürchtet ist, spielt eine Krankenschwester, die sich mit liebevoller Geduld um einen neuen Patienten kümmert.

Die Überraschung („Ich wußte gar nicht, daß ich dazu fähig bin") ist dabei oft auch eine Befreiung („Ich bin ja doch noch nicht so völlig ausgebrannt, doch nicht immer nur sarkastisch; die anderen in der Gruppe haben es sicher gemerkt und mögen mich jetzt vielleicht lieber").

Andererseits können solche Überraschungen auch Verwirrung stiften. So ging es mir nach der Szene, in der ich Tamara gespielt hatte – eine Frau, die so ziemlich alle Eigenschaften besaß, die mir zuwider sind. Meine Gedanken überschlugen sich: „Was ist da eigentlich abgelaufen? Es kam mir gar nicht so vor, als würde ich bloß spielen. Aber das ist ja gerade das Schlimme. Ich wußte gar nicht, daß ich überhaupt so sein kann. Jetzt weiß ich es – und ich glaube nicht, daß ich mich damit einfach abfinden kann. So gefalle ich mir ganz und gar nicht. Ich komme damit überhaupt nicht klar. Ich möchte nicht mehr daran denken. Und ich wünsche mir, daß die anderen es auch vergessen. Was soll ich denn machen, wenn sie jetzt glauben, daß ich wirklich so bin?"

Auch dies ist ein Beispiel dafür, wie wir reagieren, wenn wir an uns selbst Verhaltensweisen entdecken, die nicht zu unserem alltäglichen Repertoire gehören, die wir nicht verstehen, die uns nicht gefallen. Verwirrung, Angst und Handlungsunfähigkeit sind häufige Folgen. Solche Reaktionen stellen sich vor allem ein, wenn wir unliebsame Rollen spielen – Beziehungsfallen bauende, freundlich-abweisende Eltern; streitsüchtige, giftig stichelnde Ehefrauen und ihre in eisigem Schweigen verharrenden Männer usw.

Die daraus entstehenden inneren Konflikte können sich als sehr fruchtbar erweisen. Sofern es dem Gruppenleiter gelingt, die zu erwartenden Ausweichmanöver – „Das war ja alles nur Theater... ich hab' ja nur gespielt... in Wirklichkeit wäre das ganz anders gelaufen" – wirksam aufzufangen, wird es ihm auch möglich, dem betreffenden Teilnehmer Anstöße zur Verarbeitung der Konfliktsituation zu geben und ihm bewußt zu machen, daß er im Grunde nur die uneingestandene Seite seines Ich dargestellt hat. Wie das Verständnis wächst, so löst sich die Verwirrung allmählich auf und erreicht den Punkt ihrer konstruktiven Wende, an dem sich neue Dimensionen der Selbsterfahrung und damit auch des Ausdrucks bislang verdrängter Gefühle erschließen. „Ich mache die Erfahrung, daß ich energisch, aktiv und temperamentvoll sein kann, ohne dabei in jene manische Unrast zu verfallen, die ich früher an meiner Mutter zu spüren glaubte. Trotzdem habe ich etwas von meiner Mutter an mir – schließlich leite ich diese Psychodrama-Gruppe. Aber ich weiß auch, daß ich ganz anders bin als sie. Ich kann eine Person darstellen, die meiner Mutter ähnelt, und werde mich dabei doch nicht in ihr Ebenbild verwandeln."

„Negative" Rollen – die böse Schwiegermutter, die keifende Frau, der strenge Vater – werden in Gruppen, die an psychischen Problemen arbeiten, oft sehr ungern gespielt. Wir wollen nicht vor aller Augen als „schlechter Mensch" dastehen. Selbst wenn wir zu unserer Rechtfertigung anführen könnten, daß wir den Schurken nur spielen, um jemand anderem zu helfen, haben wir noch Bedenken: immerhin würde ja offenkundig, daß uns das Schurkenstück nicht ganz fremd ist.

Eine Frau in unserer Gruppe hatte eine „typisch jüdische Mutter". Noch bevor sie in einer Szene mit einem jüdischen Mann den Part ihrer Mutter übernahm, gestand sie uns, daß sie Angst hatte, diese Rolle zu spielen – die Rolle einer Frau, die sich in ihrer weinerlichen, überbesorgten, liebkosenden Geschwätzigkeit und Geschäftigkeit so gründlich unterschied von ihrer ruhigen und zurückhaltenden Tochter. Sie fürchtete, ihr Rollenspiel würde zur grausamen Parodie; aber je länger sie spielte, desto besser verstand sie – zu ihrem eigenen Erstaunen –, daß ihre Mutter sie und die anderen Kinder leidenschaftlich geliebt hatte.

Ein weiterer Grund für die Abneigung gegen bestimmte Rollen ist die Befürchtung, man könnte vielleicht die Selbstbeherrschung verlieren. Ein Teilnehmer, der die Rolle eines zornigen, strafenden Vaters spielen soll, hat Angst, er könnte während der Szene allzu wütend werden und tatsächlich jemanden schlagen; aus Angst, ihre Tränen nicht zurückhalten zu können, weigert sich eine Frau, in einer besonders traurigen Szene mitzuspielen usw.

Falls ich vermute, daß die Teilnehmer solche Befürchtungen hegen, versuche ich, sie darauf anzusprechen, um mit ihnen zusammen nach Auswegen zu suchen. Vielleicht beschließen wir, daß man die Szene gegebenenfalls unterbrechen kann. Vielleicht geben wir dem Sohn ein Kissen, so daß er sich zur Not gegen die Schläge des Vaters schützen kann. Vielleicht ändern wir aber auch die Szene und lassen den Vater sicherheitshalber erst einmal auf ein Kissen oder eine Matratze einprügeln, bis sein Zorn einigermaßen verraucht ist. Die Frau, die nicht weinen mochte, muß vielleicht vor der fremden erst ihre eigene Tränenszene spielen. Vielleicht hilft ihr aber auch schon ein offenes Gespräch in der Gruppe, ihre Hemmungen zu überwinden.

Eine andere Möglichkeit, „negativen" Rollen ihren Schrecken zu nehmen, ist natürlich das demonstrative Beispiel. In einer neuen Gruppe übernehme ich daher solche Rollen oft zuerst selbst und frage dann nach einer gewissen Zeit, ob jemand anders mit der Person, die ich gerade spiele, Fühlung aufgenommen hat und mich ablösen könnte. Wenn in einer neuen Gruppe jemand das Risiko auf sich nimmt, negative Gefühle zu porträtieren, weise ich die Gruppe anschließend zumeist noch besonders darauf hin, daß der Betreffende die Rolle übernommen hatte, um uns einen Gefallen zu tun, und daß sein Rollenporträt natürlich – wie eigentlich jedem aufgefallen sein müßte – ganz und gar nicht seiner sonstigen Art entsprach. Außerdem beobachte ich sehr genau, ob die anderen Teilnehmer in bezug auf dieses Rollenspiel irgendwelche Anzeichen der Mißbilligung erkennen lassen; wenn dies der Fall ist, muß auch darüber geredet werden, denn unausgesprochener Widerwille verstärkt Verweigerungstendenzen. Schon nach kurzer Zeit – nach zwei oder drei Sitzungen – wird die Gruppe mehr Toleranz gegenüber „Bösewichtern" entwickelt haben. Während die Teilnehmer allmählich häufiger auch negative Gefühle in ihr Rollenspiel einfließen lassen, entdecken sie wahrscheinlich, daß sich daraus vielfältige zusätzliche Möglichkeiten ergeben. Wer keine Fehler hat, muß – wie jeder weiß – auch auf manches Vergnügen verzichten. In der Psychodrama-Gruppe kann man seinen „Fehlern" nachgehen, ohne dafür büßen zu müssen. Einmal leitete ich eine Gruppe an einem Tages-Behandlungszentrum, wo jugendliche und erwachsene Patienten wegen der Benutzung des gemeinsamen Aufenthaltsraums in ständiger Fehde lagen; eine der erfolgreichsten Phasen unserer gemeinsamen Arbeit begann mit einem Rollentausch: Die Erwachsenen tobten auf der Bühne herum, drehten das Radio auf und tanzten zu heißen Rhythmen, während die Teenager in die Rolle der leidgeprüften Moralprediger schlüpften. Eine Teilnehmerin aus einer Studentengruppe konnte ihre eigene Situation viel besser verstehen, nachdem sie die Rolle ihrer Mutter gespielt und dabei erfahren hatte, wie hilflos sich die anderen ihren Machenschaften ausgeliefert fühlten. Viele von uns stehen die meiste Zeit ihres Lebens unter dem Zwang, sich „zusammenzunehmen" und ihre Gefühle – positive wie negative – möglichst zurückzuhalten; ist es da nicht geradezu eine Erlösung, einmal einen miserabel gelaunten, schimpfenden und fluchenden Familienvater zu spielen?

Widerstand aus der Gruppe nimmt uns Psychodrama-Leitern oft den Mut. Unsere eigenen Vorbehalte verstärken sich; wir versuchen, uns selbst einzuschätzen, und verfangen uns dabei in denselben Zweifeln und Befürchtungen, die wir auch in der Gruppe angetroffen haben: „Soll ich denn wirklich versuchen, ihnen etwas aufzudrängen, was sie eigentlich ablehnen? Ich weiß ja selbst nicht so genau, wie man ein Rollenspiel anfängt; also darf ich mich auch nicht wundern, wenn sie sagen, daß sie damit noch nicht zurechtkommen. Psychodrama ist irgendwie etwas Aufgesetztes. Wir hätten es leichter, wenn wir einfach miteinander reden würden. Ich bin dafür ausgebildet, mit anderen Leuten zu reden. Ich weiß, wie man das macht. Wir sollten uns einfach ein bißchen unterhalten und das Rollenspiel erst einmal vergessen."

Diese Verunsicherung nimmt noch zu, wenn wir merken, daß ein Rollenspieler seinen Auftritt nur mühsam verarbeiten kann, oder wenn jemand offensichtlich Angst hat, eine Rolle zu spielen, die ein schlechtes Licht auf ihn werfen könnte: „Habe ich überhaupt das Recht, ihn zu einem solchen Wagnis zu überreden? Was mache ich denn, wenn es schiefgeht? Und was mache ich, wenn er jetzt diesen

Wutanfall seines Vaters nachspielt und dabei tatsächlich die Beherrschung verliert? Außerdem bin ich selbst irgendwie ziemlich aufgedreht und durcheinander, und ich möchte nicht, daß er das merkt. Es wäre mir wohl doch lieber, wenn er es nicht riskieren würde..."

Mir persönlich hilft in solchen Fällen vor allem die Gewißheit, daß ich warten kann. Ich werde nicht gleich ungeduldig, wenn es mir nicht im Handumdrehen gelingt, die ganze Gruppe in ein atemberaubend spannendes Psychodrama zu verwickeln. Ich mache meine Vorschläge der Reihe nach und versuche auch nicht, alle Hürden auf einmal zu nehmen. Ich sehe meine Aufgabe darin, den Teilnehmern eine bewußte Entscheidung für oder gegen die weitere Mitarbeit zu ermöglichen. Für manche Leute ist das Psychodrama ungeeignet. Sie leiden darunter, daß sie in ihrem Leben bereits viel zu viel Theater spielen mußten, und schon der bloße Gedanke an einen neuerlichen Auftritt ist ihnen unerträglich. Ich versuche zu erreichen, daß diese Teilnehmer sich möglichst genau vorstellen können, was sie erwartet; die Verantwortung für ihre Entscheidung liegt dann letztlich bei ihnen selbst. Solange ich mich darauf beschränke, Entscheidungshilfen zu geben, habe ich auch nicht jedes Mal das Gefühl, Widerstand auf Biegen oder Brechen bekämpfen zu müssen; mir wird vielmehr bewußt, daß der betreffende Teilnehmer sich in einem Konflikt befindet: Er will mitarbeiten – sonst wäre er nicht hier – und sträubt sich gleichzeitig dagegen. Ich weiß, daß ich seine Entscheidung auf jeden Fall unterstützen kann. Ich kann sein endgültiges „Ich will nicht" akzeptieren, unabhängig davon, ob es nur für eine bestimmte Rolle oder für die Gruppenarbeit insgesamt gilt. Und wenn er andererseits beschließt, den nächsten Schritt zu wagen, werde ich ihm auch dabei helfen.

Im Umgang mit Verweigerungen gibt es kein Patentrezept. Ich hoffe, daß die geschilderten Beispiele Ihnen helfen, für die konkreten Probleme Ihrer Gruppe Ihre eigenen Lösungsstrategien zu entwickeln. Die Frage nach dem individuellen Stil stellt sich grundsätzlich für jede der hier besprochenen Techniken; entscheidende Bedeutung erlangt sie aber gerade im Umgang mit dem so wichtigen Problem der Verweigerung, das empfindlichstes Fingerspitzengefühl erfordert. Wenn Kinder wissen wollen, wieweit sie uns vertrauen dürfen, probieren sie oft einfach aus, wo die Grenzen liegen; Sie kennen das ja sicher. Zwischen einer Gruppe und ihrem Leiter wiederholt sich dieser Prozeß. Denken Sie dabei an die hier angesprochenen Probleme und experimentieren Sie so lange mit verschiedenen Lösungen, bis Sie mit dem Ergebnis zufrieden sind. Ob die Gruppe sich zusammenfindet, ob eine tragfähige Vertrauensbasis entsteht, hängt weitgehend davon ab, ob Sie die richtige Strategie gewählt haben.

14
Trance
und
Psychodrama

Unter dem Einfluß von Milton Erickson und seinen Nachfolgern beschäftigten sich in den achtziger Jahren viele Therapeuten mit Hypnose und Trance. Die enge Verbindung zwischen Hypnotherapie und Psychodrama fiel mir auf, als ich persönlich mit Erickson arbeitete. Ich war in einer Trance und hörte ihn mit meinem Mann sprechen, der auch anwesend war. „Sehen Sie", hörte ich ihn sagen, „sie hat sich schon ganz schön entspannt. Ihre Augen sind leicht weggerollt. Ihr Gesicht ist gerötet. Die Atmung hat sich verlangsamt." Ich war überhaupt nicht davon überzeugt, daß er mich richtig beschrieb, aber aus irgendeinem Grunde war mir nicht danach, ihm zu widersprechen. Offensichtlich war es für Erickson wichtig zu glauben, daß ich mich in einem Trancezustand befand. Ich wollte nicht so unhöflich sein, ihm zu widersprechen. Wenn ich jetzt auf diese Erfahrung zurückblicke, weiß ich, daß ich tatsächlich in einer Trance war. Die Trance war leicht genug, um diese unwesentlichen Gedanken zuzulassen, und tief genug, um mich in eine Welt von Erinnerungen einzutauchen, von denen ich nicht gewußt hatte, daß sie existierten. Später bemerkte ich die körperlichen Symptome der Trance. Ich gähnte und streckte mich und fühlte eine ungeheure Wärme und ein Prickeln in meinen Armen. Etwas an der Art und Weise, wie Erickson sprach, hatte mir dieses Erlebnis gestattet, ohne daß ich mir dessen voll bewußt gewesen war.

Es ist schwierig zu beschreiben, welche Qualität Ericksons Sprache hatte. Er erklärte nicht einfach Alan etwas, sondern schien „für mich zu sprechen". Auf ähnliche Weise hilft der Leiter im Psychodrama dem Protagonisten, indem er den Doppelgänger spielt oder die Technik des Selbstgesprächs benutzt.

Als ich später die detaillierte Analyse der Arbeitsweise von Erickson las, die von Bandler und Grinder stammt, wurde mir klar, daß der Leiter eines Psychodramas tatsächlich sehr ähnlich arbeitet. Der Hypnotherapeut bestimmt das Tempo des Klienten, wobei er zu Beginn den Rhythmus des Klienten aufgreift. Der Hypnotherapeut analysiert, auf welche Weise sein Klient hauptsächlich die Welt wahrnimmt, und verwendet dies, um sich mit dem Klienten zu verbinden, wobei er ihn nur ganz allmählich durch Trance zu einer veränderten Erfahrung führt. Der Doppelgänger geht ebenfalls im gleichen Tempo und in der gleichen Weise vor wie der Protagonist. Sowohl der Hypnotherapeut als auch der Leiter eines Psychodramas arbeiten darauf hin, sich mit dem Patienten zu „verbinden". Keiner von beiden läßt sich auf lange Diskussionen ein. Ziel beider ist es, ein Teil der Welt des Protagonisten zu werden, ihm eher durch „Infiltration" zur Veränderung zu verhelfen als durch Analyse, Gespräche oder Rollenmodelle.

Vielleicht kann man die Ähnlichkeit zwischen Trance und Psychodrama am besten beschreiben, wenn man über die „kritische Distanz" zwischen Individuen spricht. Dieser Terminus kommt aus der Zoologie und beschreibt den akzeptierten physischen Abstand zwischen Tieren, beispielsweise den Abstand zwischen Vögeln, die auf Telefondrähten landen, oder die Distanz, bei der eine Katze eine andere Katze angreifen wird. Die Distanzen sind mit mathematischer Genauigkeit festgelegt, so daß man diese Erkenntnisse sogar bei der Zirkusdressur verwenden kann. Auch beim Menschen dient die „kritische Distanz" zur Regulierung von Verhalten. Bei den meisten Gesprächen gibt es eine durchschnittliche Distanz zwischen den Sprechern, die begleitet wird von bestimmten Worten, die diese Distanz wahren helfen. Wenn sich Personen beim Essen gegenübersitzen oder bei der Arbeit, die sie verrichten, wenn sie sich bei einem Spaziergang unterhalten, wenn sie auf einem Sofa sitzen oder zusammen im Bett liegen – in all diesen Fällen verlassen sie sich darauf, daß die Distanz zwischen ihnen ziemlich konstant bleibt. Der Abstand reguliert die Möglichkeit, miteinander in Berührung zu kommen. Worte wie „Herr, Frau, Kumpel,

Freund, Kind, Liebling, Schatz" zeigen den passenden Abstand an. Ist er einmal gefunden, dann wird der Abstand eingehalten, bis sich in der Beziehung etwas ändert, was wiederum eine Veränderung der Distanz nach sich zieht. Häufig werden solche Veränderungen durch Rituale wie eine Hochzeit oder verschiedene Pubertätsriten markiert. Kritische Distanz bedeutet „sichere" Distanz. Sie beinhaltet, daß die Sprecher sich darauf verlassen können, daß die Gesprächspartner innerhalb ihres „Raumes" bleiben, einander weder bedrängen noch verlassen. Wenn das garantiert ist, kann jeder sich auf seine gewohnte Weise verhalten und sicher davor sein, daß ihm jemand zu nahe kommt.

Im Psychodrama ist die kritische Distanz nicht mehr vorhersagbar. Der Doppelgänger berührt den Protagonisten häufig. Die anderen Mitspieler im Stück können näherkommen oder weggehen, je nachdem, wie sie sich fühlen, oder sie können z. B. Kissen auf den Protagonisten stapeln, um zu demonstrieren, daß sie ihn mattsetzen. Der Protagonist kann folglich seine normalen Verteidigungsstrategien nicht aufrechterhalten. Er fühlt sich verletzbar und ist verwirrt. Er muß die sicheren Grenzen seiner vertrauten Welt verlassen und öffnet sich wohl oder übel für spontane, kreative Veränderungen.

Auch in einer Trance wird die kritische Distanz häufig verändert. Der Hypnotherapeut berührt oft seinen Klienten, um zum Beispiel auf einen erhobenen oder schlaffen Arm hinzuweisen, oder er beugt sich dicht zu seinem Klienten, um Atmung oder Gesichtsfarbe zu beobachten. Gleichzeitig spricht er in einer Art, die den anderen als „Gegenüber" ignoriert. Tatsächlich verlangt er keine Antwort. „Sie müssen nicht einmal meiner Stimme zuhören", würde Erickson sagen, so als ob er ganz allein im Raum wäre und mit sich selber spräche. Wie soll da der Klient seine gewohnte Distanz finden?

Sowohl der Leiter eines Psychodramas als auch der Hypnotherapeut verhindern eine Diskussion. Während der Arbeit kommt es dem Klienten nur selten in den Sinn, etwas darüber zu sagen, was gerade vor sich geht. Hinterher vermeiden auch beide, Hypnotherapeut und Leiter des Psychodramas, längere Gespräche, damit die Arbeit nicht durch Intellektualisieren verwässert wird. Wenn es kein Gespräch gibt, wie kann der Klient sich dann selbst in die gewohnte Verteidigungsposition bringen? Der Klient, der nun genau weiß, wie er auf diese Techniken reagieren kann, beginnt sich auf seinen Führer zu verlassen, den Hypnotherapeuten oder den Leiter des Psychodramas. Ich glaube, daß die Klienten sich in beiden Fällen häufig in einer Trance befinden.

Aber es gibt noch mehr dazu zu sagen. Der Protagonist hat sich in eine Situation begeben, die völlig neu für ihn ist und in der er von vertrauenswürdigen Helfern geleitet wird. Oft entdeckt er dabei in sich selbst die erstaunliche Fähigkeit, anders als gewohnt zu denken, andere Vorstellungen zu entwickeln und sich anders zu verhalten. Bei beiden Methoden erlebt der Protagonist eine Geschichte, die sein Unbewußtes anrührt. Bei der Hypnose nach Erickson folgt er der Geschichte, die der Hypnotherapeut entwirft, einer Geschichte, die für sein Leben auf besondere Weise relevant ist, die ihm häufig die Absurdität seiner Standardreaktionen verdeutlicht und ihn in die Lage versetzt, erfrischt und mit einer neuen Perspektive aus der Trance zu erwachen. Im Psychodrama erzählt der Protagonist seine eigene Geschichte, und obwohl die Charaktere und die Handlung ihm bekannt sind, fühlt er sich doch ständig überrascht und herausgefordert. Er sieht die vertraute Situation dort auf der Bühne, aber er erlebt sie im Hier und Jetzt und reagiert spontan. Die anderen Mitspieler der Aufführung lassen ihn seine gewohnten Gefühle spüren, aber mit dem Unterschied, daß er freier er selbst sein kann. Er wehrt weniger ab. Die Mitspieler und Doppelgänger scheinen ihn gleichzeitig frustrieren und unterstützen zu können. Häufig wird er sich selbst bei Dingen ertappen, die er vorher nie zu tun oder zu sagen gewagt hätte, Dinge, von denen er nicht einmal wußte, daß sie in ihm stecken.

Sowohl Trance als auch Psychodrama arbeiten mit dem Paradox. Der Hypnotherapeut, der sagt: „Sie brauchen noch nicht einmal meiner Stimme zuzuhören" plant jedes Wort als Botschaft an das Unbewußte seines Klienten. Der Klient, der die Freiheit hat, nicht zuzuhören, lauscht jedem Wort. Der Leiter eines Psychodramas stellt die Charaktere so zusammen, daß sie die Schwierigkeiten und Frustrationen des Protagonisten übertreiben. Doch sowohl der Psychodrama-Leiter als auch die Mitspieler sollen dem Protagonisten helfen. Hypnotherapeut und Leiter eines Psychodramas tragen beide die volle Verantwortung für die Sitzung. Gleichzeitig geben sie dem Protagonisten häufig das überwältigende Gefühl, zum ersten Mal voll verantwortlich zu sein. Aus diesem Paradox entspringen Spontaneität und Kreativität.

Sowohl der Hypnotherapeut als auch der Leiter im Psychodrama ermöglichen eine Erfahrung, die per definitionem außergewöhnlich ist und so die Qualität eines Rituals oder einer „höheren Realität" bekommt. Im Gegensatz zu Gruppen- oder Einzeltherapie, die vor allem auf verbaler Information beruhen, schaffen Psychodrama und Hypnose eine Arena, in der der Klient in eine andere Welt eintauchen kann, die Welt von Vergangenheit oder Zukunft, in eine Welt mit größerer Intensität. Beide benutzen oft „Geschichten", um dem Dilemma des Klienten einen Rahmen zu geben. Der Hypnotherapeut erzählt eine Geschichte, die dem Klienten zunächst irrelevant erscheinen mag. Er wird jedoch bald feststellen, daß er tatsächlich gemeint ist. Ich erinnere mich, daß Erickson mir eine Geschichte nach der anderen erzählte über Personen, die er kannte und die sich in eingefahrenen Gleisen befanden. In eingefahrenen Gleisen? Konnte er uns damit meinen? Niemals! Und doch muß ich zugeben, daß mein Mann und ich uns zu Hause dabei ertappten, wie wir uns aus einigen Situationen befreiten, wo wir uns auf „eingefahrenen Gleisen" bewegt hatten. Der Leiter eines Psychodramas arrangiert ein Stück, in dem der Protagonist Autor und Star zugleich ist. Psychodrama und Hypnotherapie stellen den Klienten ins Zentrum seines Dilemmas und helfen ihm, dieses Dilemma zu erforschen mit Mitteln, die ungewöhnlich und bekannt zugleich sind und von zeitloser Würde. Darin ähneln beide Verfahren schamanischen Ritualen wie z. B. dem Medizinrad oder der Sandmalerei.

Psychotherapeuten unterscheiden sich darin, wieviel Verantwortung sie ihren Patienten zuweisen. Dies zeigt sich u. a. darin, was und wieviel der Therapeut während der Sitzungen spricht. Einige halten es beispielsweise für das Beste, nichts zu sagen, bis der Patient einen Weg findet, das Gespräch zu beginnen. Im allgemeinen ist ihr Verhalten darauf ausgerichtet, die Botschaft zu vermitteln: „Das ist dein Leben. Das ist deine Sitzung. Du bist der einzige, der die Verantwortung dafür tragen kann." Andere nehmen eher eine Art Elternposition ein, treiben die Konversation voran, geben ihren Patienten Erklärungen und Ratschläge. Ihre Botschaft heißt: „Du bist mit deinem Problem zu mir gekommen. Ich habe Erfahrung auf diesem Gebiet. Ich werde dir helfen, es zu lösen." Sowohl der Hypnotherapeut als auch der Leiter eines Psychodramas tragen die volle Verantwortung für die Sitzung (vgl. Kapitel 1). Wie beim Ritual spürt der Klient, daß er zu jemandem gekommen ist, der die Bedingungen arrangiert, um ihm zur Heilung zu verhelfen. Nicht der Protagonist trägt die Verantwortung, sondern der Leiter.

Es ist wahrscheinlich kein Zufall, daß Hypnotherapie und Psychodrama mit anderen therapeutischen Verfahren kombiniert, aber auch als eigenständige Therapieform benutzt werden können. Es gibt viele Therapiegruppen, die sich wöchentlich oder monatlich treffen. Andererseits ist es nichts Ungewöhnliches, nur ein- oder zweimal in seinem Leben zu einer oder mehreren Hypnosesitzungen zu gehen und vielleicht erst mehrere Jahre später zu einer weiteren Sitzung zu kommen. Das gleiche gilt für das Psychodrama. Die „Heilung", die stattfindet, kann ein Ereignis von großer Tragweite im Leben des Klienten sein. Sie entfaltet ihre Wirkung beim Klienten nach und nach: zurückgekehrt in seinen Alltag, kommt ihm Stück für Stück die Erinnerung an das in der Sitzung Erlebte.

15
Der
Abschluß

Eine Situation dramatisch zuzuspitzen ist viel leichter, als sie hinterher wieder aufzulösen. Eine Freiwillige aus dem Zuschauerraum wurde durch eine Reihe wichtiger Szenen ihrer Kindheit geführt, bis es schließlich zur entscheidenden Begegnung kam: Sie traf ihre verstorbene Mutter oder jemanden, dem sie Unrecht getan hatte usw. Sie war mit Eifer und Leidenschaft bei der Sache. Auf dem Höhepunkt der Szene brach sie in Tränen aus. Ihr Gegenüber hatte nichts mehr zu sagen. Der Gruppenleiter erklärte, das Psychodrama sei damit zu Ende. Die Zuschauer applaudierten und verließen den Saal. Viele standen noch ganz unter dem Eindruck der erregenden Abschlußszene; viele hatten aber auch das Gefühl, daß da noch etwas fehlte, und fragten sich, wer wohl der armen Seele wieder auf die Beine helfen würde.

Der Gruppenleiter könnte auf die Frage nach den Folgen eines so unvermittelten Abbruchs antworten, die heilsame Wirkung liege gerade in der dramatischen Katharsis; jedes weitere Gespräch würde diese Wirkung abschwächen, das dramatische Erlebnis verwässern und damit die Teilnehmer letztlich um die Früchte ihrer Arbeit bringen. Später ließ unser Therapeut die Szene noch einmal Revue passieren: „Psychodrama ist halt so eine Art Feuerwehr, und für diesen Zweck mag das ja auch genügen", sinniert er: „Ich käme so jedenfalls nicht klar! Ich muß weiterarbeiten mit den Leuten, die zu mir kommen. Ich muß die Scherben aufsammeln und wieder zusammenfügen. In dieser Hinsicht habe ich leider überhaupt nichts an die Hand bekommen."

Solche und ähnliche Schilderungen höre ich immer wieder, seit ich Psychodrama-Kurse für Fachtherapeuten durchführe... Was ist, wenn ich nun doch irgendwann den Mut habe, ein Psychodrama anzufangen – und plötzlich merke, daß ich gar nicht weiß, wie ich es zu Ende bringen soll? Daß ein Psychodrama mit einem Einstieg anfängt, hat sich inzwischen herumgesprochen. Gibt es aber auch eine Möglichkeit, von dem individuellen Psychodrama des Protagonisten wieder zum Gruppenprozeß zurückzukommen? Kann man am Ende so etwas wie einen vorläufigen Abschluß erreichen? Wie kann ich dem Protagonisten und den anderen Teilnehmern ihre Hemmungen nehmen? Dies alles sind Fragen, die ein Gruppenleiter legitimerweise stellen wird, bevor er psychodramatische Techniken in sein Repertoire aufnimmt.

Ein in den psychodramatischen Prozeß gewissermaßen eingebautes Problem besteht darin, daß eine ohnehin verfahrene Situation in der szenischen Zuspitzung oft noch auswegloser erscheint. Die Zuschauer identifizieren sich mit dem Protagonisten, stimmen sich emotional auf ihn ein und fühlen sich am Ende der Szene genauso hilflos wie er. Der Protagonist wiederum versucht, aus einer Szene, die ihn emotional voll gefordert hat, zur Gruppe zurückzufinden. Wahrscheinlich fühlt er sich jetzt verletzbar, irgendwie verwirrt und mehr als sonst auf die Unterstützung der Gruppe angewiesen.

Ich möchte ein paar Worte über den Unterschied zwischen *Auflösung* und *Abschluß* sagen. Die Auflösung eines Problems kann sich auf vielen Ebenen abspielen. Wenn zum Beispiel ein Familienkonflikt dargestellt wird, so wird er teilweise dadurch gelöst, daß die Szene gespielt wird. Der Protagonist findet häufig allein durch die dramatische Darstellung seines Problems Erleichterung. Ein weiterer Teil der Lösung könnte durch einen alternativen Lösungsvorschlag kommen, den ein anderes Gruppenmitglied äußert. Wenn der Protagonist in der Lage ist, sich dem Problem emotional voll zu stellen, so hilft auch das ihm, seine Schwierigkeit aufzulösen. All dies können jedoch nur Teillösungen sein, weil ein Psychodrama per definitionem eine experimentelle Situation ist. Es kann in eine Richtung weisen, es kann einige Schmerzen lindern – aber die eigentliche Auflösung muß im wirklichen Leben stattfinden.

Ein Abschluß ist dagegen etwas, was der Leiter eines Psychodramas durchaus erreichen kann. Ein geglückter Abschluß ist u. a. am Gefühl der Abrundung am Ende der Sitzung zu erkennen. Es gibt zwei gefährliche Fallgruben, denen nur zu entgehen ist, wenn das Problem des Abschlusses befriedigend gelöst wird. Die erste Falle wurde in der Szene zu Beginn dieses Kapitels beschrieben: Die Protagonistin hat keinerlei Kontakt mehr zur Gruppe, nur deren Beifall verbindet sie noch mit der Wirklichkeit. Im günstigsten Fall konzentriert sie sich ganz auf ihre Gefühle und findet dadurch vielleicht doch noch den Weg, das ursprünglich von ihr eingebrachte Problem anzugehen. Im ungünstigsten Fall hat die Protagonistin den Eindruck, in ihrer Wehrlosigkeit ausgenutzt zu werden. Sie weiß nicht, was die Zuschauer mit ihrem Beifall sagen wollen. Finden sie ihr Dilemma unterhaltsam? Mögen sie sie trotz ihrer Probleme oder gerade wegen ihrer Probleme?

Die zweite Falle entsteht durch unsere Unfähigkeit, das Gefühl der Hilflosigkeit zu ertragen, das sich häufig unter den Zuschauern ausbreitet, wenn sie Zeugen eines besonders tragischen Konfliktes geworden sind. Die Teilnehmer tragen dann oft eine künstliche Selbstsicherheit zur Schau und verfangen sich in Rationalisierungen. Nach einer Szene mit seiner lieblosen Mutter stellen sie dem Protagonisten jede Menge Fragen: „Wann hattest du zum ersten Mal dieses Gefühl? Hat deine Mutter deine Geschwister genauso behandelt? Hat dich deine Mutter auch irgendwann einmal gelobt?" Bei mir heißt dieses Gruppenspiel „Oberstaatsanwalt". Der Protagonist antwortet – wobei die Situation für ihn oft noch verwirrender wird, da er seine aufgewühlten Gefühle unterdrücken muß, um überhaupt auf die Fragen der Gruppe eingehen zu können. Vielleicht verkleidet die Gruppe ihre Rationalisierungsbemühungen auch als Problemlösungs-Vorschläge: „Hast du schon einmal daran gedacht, zu Hause auszuziehen?... Am besten ist, du sagst ihr die Meinung und gehst. Ich finde, du solltest deiner Mutter nicht ständig Vorwürfe machen – jeder Mensch hat schließlich seine Fehler... Wenn sie das nächste Mal wieder so anfängt, sagst du am besten gar nichts mehr dazu – laß sie doch einfach reden!" In diesem Fall spielt die Gruppe „Psychiater", und für den Protagonisten entsteht der Eindruck, sein Problem sei eigentlich nur für ihn selbst ein Problem, alle anderen könnten damit ohne weiteres fertigwerden. Sowohl der „Oberstaatsanwalt" als auch der „Psychiater" stellen den

Protagonisten eher vor zusätzliche Probleme, anstatt ihm aus seiner momentanen Grenzsituation – zwischen öffentlichem und privatem Bereich – herauszuhelfen.

Im Verlauf des Psychodramas deutet sich oft von selbst an, in welcher Richtung nach einem Abschluß gesucht werden muß. In vielen Fällen bietet sich die psychodramatische Erkundung alternativer Problemlösungen an. Eine Teilnehmerin arbeitet zum Beispiel an einem tiefgreifenden Konflikt, der mit ihrem Mann und einer anderen Frau zusammenhängt; als Abschluß könnte sie ein paar Szenen aus der Zukunft spielen – wie würde ihr Leben in einem Jahr aussehen: 1. wenn sie zu einem festen Standpunkt gelangt und ihr Mann diesen Standpunkt akzeptiert und weiter mit ihr zusammenlebt; 2. wenn sie zu einem festen Standpunkt gelangt und ihr Mann sich von ihr trennt (die Szene würde zehn Monate nach der Trennung spielen); 3. wenn sie sich zu keinem Standpunkt durchringen kann und weiterhin versucht, sich irgendwie mit der gegebenen Situation abzufinden?

Einem jungen Mann, der mit sich selbst kämpft, ob er seine Mutter verlassen soll, hilft vielleicht der Vergleich zwischen einer Szene, in der seine Familie seinen plötzlichen Abschied diskutiert, und einem Dialog mit seinem eigenen Gewissen, in dem er seine Gefühle erforscht, nachdem er doch noch ein Jahr geblieben ist. Auch die Wiederholung einer bestimmten Szene ist eine Möglichkeit, alternative Lösungen zu erkunden, sofern der Protagonist beim zweiten Mal eine andere Strategie ausprobiert, also zum Beispiel sehr offen und ausführlich mit seiner Mutter redet, nachdem er sich im ersten Gespräch eher wortkarg und zugeknöpft gegeben hat. Die Beschäftigung mit alternativen Lösungen vermittelt oft das Gefühl, eine Sache vollständig durchgearbeitet zu haben. Der Protagonist steckt nicht mehr, wie es vorher den Anschein hatte, in einem ausweglosen Dilemma; er kann jetzt verschiedene Lösungsmöglichkeiten gegeneinander abwägen und selbst entscheiden, welche in seiner Situation die günstigste ist. Anschließend kann man die anderen Teilnehmer auffordern zu beschreiben, was sie an der Szene gefühlsmäßig besonders beeindruckt hat. Am Ende der Sitzung wird die Gruppe auseinandergehen in dem Bewußtsein, ganze Arbeit geleistet zu haben.

Nicht immer kann man alternative Lösungsmöglichkeiten untersuchen. Es kommt oft vor, daß die gegebene Situation solche Erkundungen nicht zuläßt – weil vielleicht die Zeit fehlt, oder weil der Protagonist sich emotional verausgabt hat – und die Gruppe dann, gerade nach einer sehr eindringlichen Szene, das unbefriedigende Gefühl hat, in der Luft zu hängen. In solchen Fällen muß ich als Leiterin dem Protagonisten und den anderen Teilnehmern helfen, die aus der Szene entstandenen Eindrücke zusammenzufügen. Zu diesem Zweck gehe ich nach dem Einzel-Psychodrama wieder zur Gruppenarbeit über. Ich lenke die Diskussion am kurzen Zügel, damit sie sich nicht in den Fallstricken des „Oberstaatsanwaltes" oder des „Psychiaters" verfängt. Vielleicht setze ich die ganze Gruppe als Doppelgänger ein (vgl. Kapitel 4); ich müßte dazu – zusammengefaßt – ungefähr folgendes sagen: „Die Szene eben hat euch ja offensichtlich sehr zu schaffen gemacht – ich habe Seufzer gehört und Tränen gesehen. Was haltet ihr davon, wenn ihr euch jetzt alle an der Szene beteiligt und selbst in die Hauptrollen schlüpft? Es geht ganz einfach: Jeder erklärt zuerst, für wen er spricht, und sagt uns dann, was er oder sie an der Stelle der betreffenden Person gesagt hätte bzw. noch sagen möchte. Dies war jetzt Bobs Szene, also könntet ihr zum Beispiel sagen: ‚Ich bin Bob und ärgere mich immer noch über Mama', oder: ‚Ich bin Bobs Mutter, und ich weiß, daß Bob mich nicht mehr liebt.'"

Während verschiedene Teilnehmer ihre Gefühle zum Ausdruck bringen, löst sich allmählich die aufgestaute Spannung. Die Zuschauer haben Gelegenheit, in Worten zu beschreiben, mit welchen Gefühlen sie die Szene des Protagonisten erlebten; und der Protagonist hört, daß sie sich emotional ganz in seiner Nähe befinden.

„Inwiefern hat dich das, was du eben gesehen hast, persönlich betroffen?" ist eine Frage, die vielleicht eher als andere mit einer unmittelbaren, gefühlsmäßigen Reaktion beantwortet wird. Wenn ich mit Gruppen arbeite, die gewohnt sind, theoretisch zu diskutieren – Diskussionsgruppen, Forschungsgruppen, verbal orientierte Therapiegruppen –, bestehe ich in der Regel darauf, daß die „Besprechung" zurückgestellt wird, bis der Protagonist einige spontane Rückmeldungen bekommen hat: „Ich weiß, daß ihr jetzt wahrscheinlich über meine Techniken reden wollt, oder vielleicht auch über irgend etwas anderes, was euch an der letzten Szene aufgefallen ist; ich finde es aber besser, wenn ihr eure Gefühle nicht gleich wieder ausblendet. Ich weiß, daß die meisten von euch bei der Szene voll mitgegangen sind. Könntet ihr sagen, was euch betroffen hat?" Gewöhnlich fordere ich die Teilnehmer auf, sich mit kurzen persönlichen Kommentaren direkt an den Protagonisten zu wenden. Wenn wir Mary sagen lassen: „Ich hätte nie gedacht, daß John so sehr an seiner Familie hängt", dann befinden wir uns schon auf dem besten Weg, in Rationalisierungen abzugleiten. Wir unterhalten uns in Johns Gegenwart ü b e r John. John fühlt sich dabei nicht sonderlich wohl und weiß auch nicht so recht, was er dazu sagen soll. Sagt Mary statt dessen: „Es hat mich sehr beeindruckt, wie wichtig dir deine Familie ist. Ich habe dich nie zuvor so reden hören", so wird John in seinen Gefühlen unmittelbar bestätigt und bestärkt.

Es kommt mir in diesem Zusammenhang nicht darauf an, daß die einzelnen Teilnehmer jeweils ausführlich ihre eigene Situation schildern. Statt dessen fordere ich die Teilnehmer auf, nur kurze Kommentare zu geben, die ihnen helfen sollen, einerseits ihre eigenen emotionalen Erlebnisse der vergangenen Stunde zu verarbeiten und andererseits auf die Gefühle des Protagonisten einzugehen. Wenn ich merke, daß jemand weiterarbeiten möchte, sage ich zum Beispiel: „Das hört sich an, als hättest du auch noch etwas zu diesem Thema auf Lager. Mach dir noch mal ein paar Gedanken dazu – vielleicht können wir ja nächste Woche daran arbeiten, wenn es dann noch paßt." In jedem Fall versuche ich, die an ein Psychodrama anschließende Diskussion so zu strukturieren, daß „klar Schiff" gemacht wird, daß möglichst wenig unerledigt liegenbleibt.

Meistens vermittelt schon der oben beschriebene Prozeß das Gefühl, so etwas wie einen Abschluß erreicht zu haben. Zwar stehen am Ende keine fertigen Problemlösungen, aber die Teilnehmer konnten ihre emotionalen Reaktionen auf das Psychodrama zum Ausdruck bringen und wenigstens flüchtig sondieren, was dieses Psychodrama für sie selbst zu bedeuten hatte. Sie sagen nicht mehr: „Das ist Johns Problem, und es muß möglichst schnell gelöst werden", sondern: „Dieses Gefühl der Krise und der Unzufriedenheit kenne ich auch von mir selbst. Das ist der Punkt, an dem ich noch weiterarbeiten muß. Vielen hier in der Gruppe geht es ähnlich."

Es kommt jedoch auch vor, daß für die Gruppendiskussion keine Zeit mehr bleibt oder daß diese Diskussion unbefriedigend verläuft. John zum Beispiel wirkt nach wie vor verstört und konfus, was auch immer gesagt wird, so daß die anderen schon fast verzweifeln und sich ziemlich hilflos vorkommen. Der eine oder andere Teilnehmer fühlt sich vielleicht nicht mehr an die von mir aufgestellten Diskussionsregeln gebunden, und schon wird John mit Kritik, Vorschlägen und Fragen attackiert. Es mag auch sein, daß ein Teilnehmer vollkommen die Fassung verliert, hemmungslos weint und/oder Hals über Kopf zur Tür hinausrennt. Ich finde es in solchen Fällen sehr wichtig, daß der Gruppenleiter mit seinem eigenen Eindruck vom unfertigen Stand der Arbeit nicht hinter dem Berg hält. Wenn der Gruppenleiter das Problem beim Namen nennt, vermittelt er den Teilnehmern das Gefühl, daß er, der Verantwortliche, sehr wohl weiß, worum es geht. Der Gruppenleiter kann darauf hinweisen, daß es noch sehr viele offene Fragen gibt. Er kann den Teilnehmern erklären, daß er mit solchen Situationen eigentlich immer rechnet, daß er nicht erwartet, sich nach jeder Sitzung im Gefühl tiefster Zufriedenheit sonnen zu können, und daß eine unvollständige Arbeit nicht unbedingt eine nutzlose Arbeit sein muß. Vor allem kann der Gruppenleiter Vorschläge machen, wie dem Teilnehmer, der am wenigsten mit sich selbst ins reine zu kommen scheint, vielleicht geholfen werden könnte. Ich sage in solchen Fällen zum Beispiel: „Wir müssen zum Ende kommen, obwohl ich weiß, daß wir noch längst nicht fertig sind. John, ich habe irgendwie den Eindruck, daß dir das, was da eben passiert ist, noch ziemlich zu schaffen macht. Hast du jemanden, mit dem du bis zur nächsten Sitzung einmal darüber reden kannst?" (Wenn John keinen Therapeuten hat, kann man zum Beispiel vereinbaren, daß er einen anderen Teilnehmer anruft oder im Laufe der Woche kurz bei mir vorbeikommt.) Oder auch: „Manchmal führt uns diese Arbeitsweise in eine Sackgasse, und dann sind wir alle mehr oder weniger enttäuscht. Laßt dieses Gefühl der Enttäuschung möglichst ganz bewußt auf euch wirken, auch wenn es unangenehm ist. Je deutlicher es Gestalt annimmt, desto mehr werdet ihr erfahren über die Sackgassen, in denen ihr selbst steckt." Oder, wenn jemand mitten in der Sitzung plötzlich gegangen ist: „Ich weiß, daß viele Sympathien jetzt Barbara gehören, weil sie so verzweifelt war, daß sie es hier nicht mehr ausgehalten hat. Möchte ihr jemand nachgehen? Möchte jemand bei ihr zu Hause vorbeischauen? Oder habt ihr das Gefühl, ihr könnt euch darauf verlassen, daß sie selbst weiß, was für sie das Beste ist? Ich fände es gut, wenn einer von euch ihr ausrichten könnte, daß wir zur nächsten Sitzung wieder fest mit ihr rechnen. Wer möchte das übernehmen? Wie ich sehe, haben einige von euch immer noch das Gefühl, daß diese Sitzung in mancher Hinsicht vieles offengelassen hat. Mir ist das alles auch noch nicht so ganz klar. Am besten lassen wir uns die Eindrücke von dieser Sitzung im Laufe der Woche noch einmal durch den Kopf gehen und schauen dann beim nächsten Mal, was dabei herausgekommen ist." Oder, wenn die Zeit drängt: „Wir müssen jetzt Schluß machen; es wäre sicher noch viel dazu zu sagen, ich weiß, und es sind auch noch lange nicht alle Fragen geklärt. Für heute müssen wir es aber dabei belassen. Diese Situation ist im Psychodrama gar nicht so selten – und oft sehr produktiv. Bis zum nächsten Mal!"

Mit diesen Bemerkungen gibt der Gruppenleiter zu verstehen, daß er weiterhin die Verantwortung trägt, daß ihm die momentane Mißstimmung nicht entgangen ist und daß er sich selbstverständlich darum kümmern wird. Wenn er schon die Sitzung schließen muß, so möchte er den Teilnehmern doch wenigstens das Gefühl mitgeben, daß sie auch in einer schwierigen Situation nicht allein stehen.

Hohe Erwartungen torpedieren oft die Effektivität des Gruppenleiters: „Ich müßte eigentlich jedem in der Gruppe helfen können. In meiner Gruppe wird es keine Komplikationen geben, schon gar nicht zum Schluß. Und wenn doch, dann arbeite ich eben weiter, bis alles geklärt ist." Da haben wir's – ein riesenhaftes perfektionistisches Ich wirft seinen Schatten voraus, während der verunsicherte Therapeut sich zaghaft vorantastet, ängstlich bedacht, nur ja keinen Fehler zu machen. Wenn er sich dagegen erst einmal befreit hat von der Vorstellung, in jeder Situation einen Ausweg und für jeden Konflikt eine Lösung wissen zu müssen, dann wird er auch – so paradox das klingen mag – mit sehr viel mehr Selbstvertrauen an seine Aufgabe herangehen können. Je mehr es ihm gelingt, sich von unrealistischen Ansprüchen zu lösen, desto besser wird er sich auf die tatsächlichen Gegebenheiten einstellen können.

16
Psychodramatische Techniken in der Praxis: zwei Beispiele

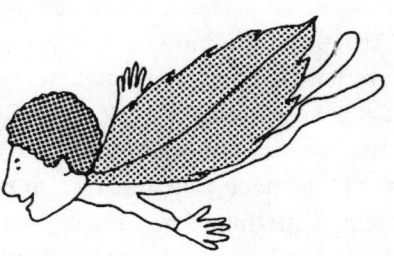

In den vorangegangenen Kapiteln habe ich mich bemüht, Ihnen anhand verschiedener spezieller Techniken die psychodramatische Arbeitsweise ein bißchen näherzubringen. Abschließend sollen nun zwei Beispiel aus meiner eigenen Praxis etwas ausführlicher geschildert werden. Die zugrunde liegenden Techniken werden Ihnen bekannt vorkommen und bedürfen daher keiner zusätzlichen Erläuterungen mehr. Ich möchte Ihnen in diesem abschließenden Kapitel einen Eindruck vermitteln von der Praxis psychodramatischer Arbeit im allgemeinen, im besonderen von meinem eigenen Stil und den damit verbundenen Gefühlen und Gedanken, und nicht zuletzt von der ungeheuren Faszination, die diese Arbeit gerade in ihren erfolgreicheren Phasen auf mich ausübt, mit der sie mich ganz in ihren Bann zieht.

Beispiel 1: Psychodrama für stationäre Patienten

Wir befinden uns in der psychiatrischen Abteilung eines großen Krankenhauses in San Francisco. Einmal in der Woche leite ich hier eine „Psychodrama"-Gruppe. Manche Patienten bleiben nur zwei oder drei Tage, andere bis zu vier Wochen. Manche kennen mich, die meisten aber nicht. Während wir auf dem Weg zu unserem Gruppenraum gemeinsam die langen Krankenhausflure entlanggehen, stelle ich mich den neuen Patienten vor und bitte sie dabei gleichzeitig, mir auch ihre

Namen zu nennen. Einer der Patienten legt mir zur Begrüßung den Arm um die Schultern. Wir sitzen im Kreis; einige Mitarbeiter der Klinik haben sich zu uns gesellt: Judy, eine Rehabilitationsberaterin, die auch an Psychodrama-Kursen teilgenommen hat und regelmäßig zu unseren Sitzungen kommt; der Klinikangestellte Bob, der bei jeder sich bietenden Gelegenheit den Kontakt mit Patienten sucht und in seinem Mitteilungsbedürfnis kaum Zurückhaltung kennt (ich muß ihn manchmal bremsen, damit er über der Beschäftigung mit seinen eigenen Schwierigkeiten nicht ganz von den Problemen der Patienten abkommt) und Marie, eine Schwesternschülerin, die so schüchtern ist, daß sie nichts sagen kann, ohne dabei rot zu werden. Ich schaue mich um. Es passiert so gut wie nichts. Man schaut stur geradeaus oder auf den Fußboden. Hier läuft wieder einmal eine Gruppensitzung. Hier läuft nichts.

Ich beende das Schweigen. „Mein Vorschlag ist, daß ihr alle einmal an jemanden denkt, der euch besonders gut kennt – also an eine Person, die euch sehr nahesteht, wie zum Beispiel ein Familienangehöriger, jemand, mit dem ihr zusammenlebt, oder ein guter Freund. Und dann schlage ich vor, daß ihr die Rolle dieser Person spielt und euch selbst mit ihren Worten beschreibt." So abstrakt kann man eine einfache, konkrete Aufgabe formulieren! „Du bist Martha, und du hast eine Tante namens Jane. Jetzt bist du Tante Jane und erzählst uns, daß Martha dir auf die Nerven geht, weil sie einfach ihre Finger nicht von deinen Sachen lassen kann." Das Einfachste wäre, ich würde die Aufgabe vorführen. Warum tue ich's dann nicht? Ich weiß es nicht. Das heißt, eigentlich weiß ich es doch, aber ich möchte es lieber auf sich beruhen lassen.

Eine Patientin, eine elegant gekleidete Schwarze namens Valerie, hat meine Erklärungen verstanden und ist bereit, den Anfang zu machen. „Ich bin meine Freundin Betty Ann: ‚Valerie, du bist viel zu naiv! Meistens weißt du ja nicht einmal, wovon du überhaupt redest – und das in deinem Alter!'" Ich bitte sie, noch ein bißchen länger Betty Ann zu bleiben und uns, der Gruppe, mehr über Valerie zu erzählen. „Ja, wißt ihr, sie ist so naiv, daß sie einfach alles glaubt, was ihr Freund ihr verspricht – egal, wie oft er sie schon enttäuscht hat. Und stur ist sie! Und schüchtern. Aber sie kann auch sehr stark sein." Ich danke ihr. Wir könnten jetzt mit der Arbeit beginnen, eine Szene mit Valerie und ihrem Freund anfangen. Aber wir sind noch beim Einstieg, und ich möchte auch von den anderen noch etwas hören.

Wir gehen der Reihe nach vor; ich habe das Gefühl, daß wir uns damit leichter tun, als wenn wir uns geeinigt hätten, jeweils auf freiwillige Wortmeldungen zu warten. Jeder Teilnehmer leistet seinen Beitrag zu dieser Übung.

Mary Jo ist eine junge Frau Mitte zwanzig; ihre Eltern stammen aus Italien. Seit ihrer Kindheit ist sie Dauerpatientin in psychiatrischen Krankenhäusern. „Ich bin meine Schwester Toni: ‚Ach ja, Mary Jo ist schon in Ordnung, sie nimmt nur immer alles viel zu tragisch. Sie sollte lieber ihre Tabletten nehmen, dann würde sie auch ihre Depressionen loswerden' (sie glaubt tatsächlich, es wäre damit getan, daß ich brav meine Pillen schlucke). ‚Sie ist zu viel allein. Sie sollte wieder heiraten und den ganzen Psycho-Kram vergessen.'"

Linda, eine kräftige Schwarze um die Dreißig: „Ich bin meine Stiefmutter. Sie rennt die Treppe herunter und macht mir die Tür auf: ‚Das hat mir gerade noch gefehlt – die schon wieder! Wenn sie ihren Vater doch endlich mal zufriedenlassen würde! Lange mach ich das nicht mehr mit! Und ihm paßt es sowieso nicht, daß sie in ihrem Alter noch wie eine Klette an ihm hängt. Aber es ist sinnlos, ihr das klarzumachen.'"

Ein verdrießlich aussehender, knapp vierzigjähriger Mann mit langen Haaren: „Steve denkt nur an sich. Ich bin seine Frau und finde keinen Weg zu ihm. Er beschäftigt sich nur mit seinen Problemen, und davon hat er gerade genug."

Der Klinikangestellte (in meinen Gruppen gilt die Regel, daß jeder mitarbeitet, auch die Betreuer): „Ich bin Polly, eine Freundin von mir. ‚Bob will immer nur arbeiten. Ich kann das einfach nicht verstehen. Warum kommt er nicht mal nach Sausalito und spannt ein bißchen aus und genießt das Leben? Arbeit, Arbeit, Arbeit!'"

Eine Frau mittleren Alters, in Jeans, mit ungepflegter Frisur und abweisendem Gesichtsausdruck: „Ich kann das nicht."

Ich erkläre ihr noch einmal, was zu tun ist; ich denke laut nach: vielleicht kann sie es ja doch und will nur nicht; ich schaffe es immerhin, daß sie uns etwas von ihrem Mann erzählt – aber umstimmen läßt sie sich nicht: „Heute kann ich das nicht." Als Patientin befindet sie sich in einer paradoxen Situation: „Kranke sind hilflos. Wie kann man also von mir erwarten, daß ich selbst etwas gegen meine Probleme tue? Wie soll jemand, der so hilflos ist, überhaupt etwas tun können?"

Jim, ein stämmiger, untersetzter Mann mittleren Alters: „Ich bin meine Tochter Helen. Sie ist zwanzig. ‚Warum kann das mit meinem Vater nicht wieder so werden wie früher? Als er noch gearbeitet hat, haben wir alle zusammen gewohnt. Damals sind wir oft im Park spazierengegangen und haben Ausflüge gemacht und viel Spaß zusammen gehabt. Ich wünsche mir, daß er wieder Arbeit findet, damit wir uns eine Wohnung mieten und wieder zusammenziehen können.'"

Ich entschließe mich, zuerst mit Jim zu arbeiten, obwohl natürlich auch noch andere in Frage kämen. In seiner Stimme liegt etwas Drängendes. Offensichtlich hat er noch mehr zu sagen. Außerdem weiß ich, daß Jim von den anwesenden Patienten nicht der einzige ist, dessen Hauptproblem in der Vater-Tochter-Beziehung liegt. Die Schwester, die mich auf dem laufenden hält (sie nimmt sich jede Woche zehn oder fünfzehn Minuten Zeit, um mir einen kurzen Überblick zu geben), erzählte mir vorher, daß Mary Jos Vater an einer unheilbaren Form der Hodgkinschen Krankheit leidet und daß Mary Jo davon nichts gesagt hat. Und Linda hat uns vorhin ja auch schon auf ihre Probleme mit ihrem Vater und ihrer Stiefmutter hingewiesen.

Jim erklärt sich gern bereit, den Dialog mit seiner Tochter Helen fortzusetzen. Ich bitte Judy, die Rehabilitationsberaterin, Helens Rolle zu übernehmen. Beide, Jim und Judy, gehen mit ihren Stühlen zur Kreismitte. Judy wirkt (als Helen) zerbrechlich und bedrückt.

Helen: Wann ist es soweit, Papa? Du weißt doch, wie schön es früher war, was wir alles zusammen gemacht haben! Wann ziehen wir in unsere neue Wohnung ein?

Jim: Wenn ich Arbeit gefunden habe. Du weißt ja, daß ich ständig auf der Suche bin.

H: Wirklich?

J: Natürlich – du weißt doch, daß ich mich genauso freue wie du, wenn wir wieder zusammen sein können. Und ich bin sicher, daß es nicht mehr lange dauert.

212

Ich bitte die beiden, die Szene für einen Moment zu unterbrechen. Jims ausgeprägtes Verantwortungsbewußtsein hat mich sehr beeindruckt. Er will dafür sorgen, daß alles wieder gut wird – und geht ins Krankenhaus. Es klingt ein bißchen nach Heuchelei; wahrscheinlich hat er insgeheim eine mächtige Wut auf seine Tochter. „Was empfindet ihr zwei wirklich füreinander? Könnt ihr uns in eure geheimen Gedanken einweihen?"

Jim: Also, ich bin ganz ihrer Meinung. Es wird Zeit, daß ich wieder einen Job finde und... und wieder geregelter Arbeit nachgehe. Ich will tun, was ich kann, damit es ihr wieder gutgeht.

Eva: (Er verheimlicht mir seine wahren Gefühle; ich starte einen zweiten Versuch) Wie stehst du wirklich zu der ganzen Sache?

J: Nun ja, es wäre halt schön, wenn wir wieder zusammenziehen könnten.

E: (dritter Versuch) Und wie fühlst du dich, wenn du mit ihr darüber sprichst?

J: Ich komme mir vor wie ein Taugenichts, wie ein Versager.

Ich danke ihm und frage dann nach Helens geheimen Gedanken.

Helen: Ich möchte wirklich gern wieder mit ihm zusammenleben, aber ich warte jetzt schon so lange, daß ich langsam die Lust verliere. Er hat schon seit zwei Jahren keine feste Arbeit mehr. Manchmal überlege ich mir, ob ich wirklich noch länger auf Papa warten soll oder ob ich mir nicht lieber wieder einen Mann suche und doch wieder heirate. Vielleicht wäre das besser für mich, ich weiß es nicht.

Ich bitte Judy, sich wieder in den Kreis zu den anderen zu setzen, und gehe in die Mitte zu Jim: „Ich möchte, daß du über das alles einmal laut nachdenkst, und ich möchte dir dabei helfen: Ich werde mit dir sprechen als ein Teil von dir selbst, gewissermaßen als deine zweite Stimme, was meinst du?" Er ist einverstanden, und ich fange an, seinen Doppelgänger zu spielen.

Doppelgänger: Wenn meine Tochter nur wirklich so reden würde! Aber sie hat noch nie etwas davon gesagt, daß sie auf eigenen Füßen stehen will.

Jim: Ja, ich wäre wirklich froh, wenn sie selbständiger wäre! Es ist gar nicht gut für sie, wenn sie bei mir wohnt.

D: Ob ich ihr das jemals sagen würde?

J: Nein, es würde mir schwerfallen. Und ich würde mich ja wirklich freuen, wenn ich Arbeit bekäme und das Leben für uns beide etwas schöner würde.

D: Werde ich denn Arbeit bekommen?

J: Aber ja, ganz bestimmt! Ich bemühe mich doch wirklich!

D: Jetzt schwindle ich ein bißchen. So viel Mühe gebe ich mir nun auch wieder nicht.

J: Nein, ich schwindle nicht. Ich kann mir nicht leisten, jeden Tag in die Stadt zu fahren, aber ich würde doch sagen, daß ich mich im Durchschnitt viermal in der Woche nach neuen Stellenangeboten umsehe.

D: Wie lange liegt mein letzter Job jetzt zurück?

J: Ungefähr zehn Monate.

D: Bestehen denn wirklich Aussichten, daß sich da in nächster Zeit etwas ergibt?

J: Nicht in meinem Beruf als Technischer Zeichner. Ich werde wohl wieder nur etwas Vorübergehendes bekommen. Auf jeden Fall werde ich völlig umsatteln müssen.

D: Jetzt schwindle ich aber wirklich! Ich will doch bloß meine Tochter und mich selbst zufriedenreden.

J: (seufzt tief, schaut mich an, lächelt, schüttelt dabei den Kopf).

D: (nimmt die gleiche Haltung ein).

Beide lachen.

Ich bitte Jim, das Gespräch mit seiner Tochter wieder aufzunehmen, und fordere Judy auf, Helen so darzustellen, wie Jim sie beschrieben hat – unselbständig und ganz darauf fixiert, wieder bei ihrem Vater wohnen zu können. Jim erklärt ihr, ein wenig zögernd, es sei für sie vielleicht gar nicht so gut, mit ihm zusammenzuleben; sie sei ja noch so jung! „Es wäre besser, jeder von uns würde sein eigenes Leben leben und wir würden uns nur ab und zu mal treffen, zum Essen vielleicht, oder wie's halt gerade kommt."

Ich beobachte Jim und habe den Eindruck, daß er mehr oder weniger eine Schau abzieht. Er sagt das, was die Therapeuten für richtig halten. Es hat zwar den Anschein, als wolle er damit im Grunde auch für sich selbst sprechen, aber ob er den Mut hat, auch im Ernstfall so zu reden? Ich bezweifle es. Zwei Menschen, die sich leere Versprechungen vorgaukeln, wie so viele. Die alles tun, um sich nur ja nicht ihre eigenen Schwächen eingestehen zu müssen. Alles, nur das nicht!

Die Szene wird in der Gruppe diskutiert. Ich unterbinde Rückfragen, Ratschläge und überhaupt alle Versuche, so zu tun, als gäbe es einfache Antworten. Mir geht es um Gefühle. Was hat euch besonders beeindruckt? Woran hat euch die Szene erinnert? Kommt euch Jims Situation irgendwie bekannt vor? Habt ihr eine ähnliche Beziehung erlebt, ähnliche Erfahrungen gemacht?

Mary Jo sagt, zu Jim gewandt: „Es ist immer schlimm für die Kinder, wenn die Eltern leiden. Wenn bei uns in der Familie Krach wäre, würde ich bestimmt alles versuchen, um die Sache wieder in Ordnung zu bringen." Ihre Stimme zittert ein wenig. „Deine Tochter glaubt wahrscheinlich, daß du allein nicht zurechtkommst, nachdem du dich von deiner Frau getrennt hast. Sie will dir helfen. Sie will dir die Frau ersetzen." Zum ersten Mal scheint Jim wirklich betroffen zu sein. Er nickt. So könnte es sein.

Mir fällt wieder ein, daß Mary Jos Vater an einer unheilbaren Form der Hodgkinschen Krankheit leidet und daß Mary Jo während ihrer beiden Klinikaufenthalte im letzten halben Jahr darüber nicht gesprochen hat. Jetzt frage ich sie nach ihrem Verhältnis zu ihren Eltern. Die Worte sprudeln aus ihr heraus:

„Ich denke andauernd darüber nach. Wenn einer von ihnen krank wird, muß ich mich um sie kümmern. Sie sind alt und hilflos. Ich könnte sie nicht alleinlassen. Von meinem Bruder ist nichts zu erwarten, dem ist das alles egal. Und meine Schwester hat selbst eine Familie zu versorgen. Ich frage mich immer wieder, was wohl aus mir wird, wenn ich meinen Vater pflege, bis ich selbst eine alte Jungfer bin, aber ich komme zu keinem Ergebnis."

Sie ist jung und hübsch, und ich könnte mir vorstellen, daß sie es schafft. Ich frage sie, ob sie noch weiter an diesem Problem arbeiten und vielleicht laut darüber nachdenken möchte, mit Judy als Doppelgängerin. Ich habe erst daran gedacht, sie eine Szene mit ihren Eltern spielen zu lassen, mich aber dann für die Doppelgängerin entschieden, weil ich erreichen will, daß Mary Jo sich selbst offen gegenübertritt und zu ihren eigenen widersprüchlichen Gefühlen Zugang findet. Mary Jo ist einverstanden.

Mary Jo: Ich besuche sie gar nicht einmal so oft und rede auch nicht sehr viel mit ihnen, aber sie sind sehr gut zu mir. Mein Vater schickt mir Geld; ich will das gar nicht, aber er tut es trotzdem. Und meine Mutter ist immer so besorgt um mich!

Doppelgängerin: Ich habe das Gefühl, daß ich ihnen sehr viel schuldig bin.

M: Das stimmt. Sie haben es im Leben sehr schwer gehabt. Mein Vater ist ein italienischer Einwanderer aus kleinen Verhältnissen und hat sein ganzes Leben lang geschuftet, bis sie sich im letzten Jahr ein kleines Haus kaufen konnten. Das sollte nach all den Sorgen mit uns Kindern – eines ist sehr früh gestorben – ihre Entschädigung sein. Sie zogen in ihr Strandhäuschen, und da leben sie jetzt, und er ist krank, und auch ihre Kräfte lassen allmählich nach. (Sie beginnt am ganzen Körper zu zittern.) Mein Vater kann nichts mehr machen, er kann sich nicht mal mehr ein Ei kochen.

D: Ich muß ihnen helfen. Sie brauchen Hilfe. Ich werde für sie da sein. Das bin ich ihnen schuldig.

M: Ja, das bin ich ihnen wirklich schuldig. Sie haben es immer so schwer gehabt, und ich bin wegen dieser Geschichte von einem Krankenhaus ins andere gegangen. Ich verdanke ihnen sehr, sehr viel. Und wenn ich mir vorstelle, daß einer von ihnen eines Tages nur noch ein hilfloses Bündel Mensch sein könnte, und wenn ich sehe, wie die Knoten in Papas Hals immer dicker anschwellen... (Sie weint. Es bricht aus ihr heraus, als hätte sie seit einer Ewigkeit nicht mehr geweint – ein gellender, durchdringender Klageschrei.)

Linda steht auf und geht zur Tür: „Ich kann einfach niemanden weinen sehen!" Mary Jo steht auch auf. „Es ist ja schon gut. Ich will nicht, daß sich jemand meinetwegen aufregt." Marian, die Krankenschwester, versucht, Linda zu beruhigen und zum Bleiben zu bewegen. Auf meine Bitte erklärt sich Mary Jo bereit, die Szene fortzusetzen.

Doppelgängerin: Ich mag gar nicht daran denken, wie hilflos sie sind, weil ich mir selbst oft so hilflos vorkomme.

Mary Jo: Außer mir weiß wahrscheinlich niemand, wie es wirklich aussieht. Aber ich bin tatsächlich hilflos. Die anderen tun gar nichts. Sie hören mir ja nicht einmal zu, wenn ich mit ihnen darüber reden will. Ich bin eben die Verrückte. Ich bin verrückt. Meine Schwester hat es selbst zu mir gesagt.

D: Also bin ich bereit, meine eigenen Wünsche aufzugeben.

M (mit einem tiefen Seufzer): Was bleibt mir anderes übrig? Aber ich werde ja sowieso nicht wieder heiraten, und Kinder habe ich auch nicht.

D: Ich bin ja doch zu nichts gut, aber wenigstens liebe ich meine Eltern.

M: Ja, ich liebe sie wirklich! Und sie sind so alt und schwach geworden (beginnt erneut zu weinen). Sie sind schon über siebzig, und sie werden nicht mehr lange leben (weint).

D (wartet, bis Mary Jo aufhört zu weinen): Warum zähle ich selbst denn überhaupt nicht? Es muß doch irgendwie gehen, daß ich meinen Eltern eine gute Tochter bin und trotzdem noch mein eigenes Leben lebe!

M: Ja, das ist es. Das wünsche ich mir, aber ich weiß einfach nicht, wie ich es machen soll.

D: Vielleicht später einmal. Das ist jetzt wichtig.

Mary Jo schaut zu mir herüber: „Ich möchte jetzt aufhören." Ich nicke ihr zu: „Ja." Mary Jo sieht jetzt entspannter aus, und sie zittert auch nicht mehr. Es ist still geworden im Raum. Jeder spürt seinen eigenen Kummer. Ich frage nach der Wirkung der Szene. Mehrere Teilnehmer drücken ihr Mitgefühl aus. Ich weiß, daß es ehrlich gemeint ist. Wir haben Mary Jo verstanden. Und uns selbst. Valerie sagt, daß sie genau das gleiche vorhatte: nach Texas zurückzukehren, um nur noch für ihre Eltern dazusein.

Bob, der Klinikangestellte, erinnert Mary Jo daran, daß sie vorhin nicht weiterarbeiten wollte, um Linda nicht noch mehr zu irritieren: „An dich selbst denkst du anscheinend immer erst zuletzt."

Ich frage Mary Jo, ob sie dieses Problem schon einmal mit ihrem Therapeuten besprochen hat. Sie habe es versucht, antwortet sie, aber es sei sehr schwer gewesen, wirklich, so wie heute, an die tieferen Gründe heranzukommen. Sie möchte aber mit ihrem Therapeuten weiter daran arbeiten und ihn fragen, ob sie in Zukunft vier – anstatt wie bisher drei – Termine in der Woche bekommen kann.

Valerie sieht Bob an, dann Mary Jo: „Wißt ihr, heute habe ich wirklich etwas gelernt. Ich bin genauso. Ich bin immer nur für andere da. Ich habe gerade genug Ärger und Scherereien, aber ich sage nie etwas dazu, und es würde mir auch nie einfallen, von anderen irgend etwas zu verlangen. Aber heute habe ich wirklich etwas gelernt, allerdings!"

Ich nicke mit dem Kopf. Heute habe ich ein gutes Gefühl. Es war ein guter Anfang für Mary Jo.

„Bis nächste Woche dann!" Die Gruppe geht auseinander.

Beispiel 2: Psychodrama für Ehepaare

Die Gruppe trifft sich jede Woche für drei Stunden. Die sechs Paare kennen sich recht gut. Sie sind hier, um gemeinsam an Eheproblemen zu arbeiten, und sie haben sich soweit aufeinander eingestellt, daß sie normalerweise konzentriert und intensiv arbeiten können. Viele von ihnen haben sich zu ihrem Vorteil verändert. Sie haben sich gegenseitig angespornt. Mein Assistent und ich verwenden in dieser Gruppe die verschiedensten erfahrungsorientierten Techniken; wir arbeiten mit Rollenspielen, Gestalt-Dialogen und Wahrnehmungsübungen und außerdem mit einer Video-Anlage, die von einem Kameramann (er ist unser dritter Therapeut geworden) bedient wird. Oft geht es um die individuelle Persönlichkeitsentfaltung. Wenn die Paare sich nach einer gewissen Anlaufzeit von den zermürbenden ehelichen Versteckspielen gelöst haben (manche schaffen es nicht und verlassen die Gruppe wieder), folgt oft eine Phase, in der jeder für sich an der Verwirklichung seiner ganz persönlichen Ziele arbeitet.

Herb erzählt uns, daß er sich entschlossen hat, sich von seinem Promotionsstudium in Psychologie beurlauben zu lassen. Was so verlockend als Gelegenheit zur praktischen Erprobung neuer Techniken angekündigt worden war, hatte sich schließlich als langweiliger Kurs herkömmlichen Stils erwiesen. Viele sind überrascht. Sie waren seinerzeit sehr beeindruckt, als Herb erklärt hatte, er wolle seine Karriere als Jurist aufgeben und umsatteln. Und jetzt? Es kommt zu einem ziemlich einseitigen und oberflächlichen Frage-und-Antwort-Spiel, das ich später als „Berufsberatungsgespräch" bezeichne: „Wie lange bist du beurlaubt? Willst du anschließend wirklich weitermachen? Gehst du wieder in deinen alten Beruf zurück, wenn es mit der Promotion nicht klappt? Könntest du wirklich so einfach mittendrin aufhören? Du hast dich doch so gefreut, als du zugelassen worden bist!" Mir gefällt das alles nicht besonders. Man spürt keine Gefühle, es wird nur geredet. Aber das fällt sicher nicht nur mir auf. Ich versuche mir einzureden, daß die Initiative ja nicht immer von mir ausgehen muß, daß ich ruhig auch einmal abwarten darf. Es gelingt mir nur mit Mühe. Herb beendet das Spielchen:

„Das bringt mir überhaupt nichts! Genauso redet mein Vater auch mit mir: ‚Denk an deine Karriere, Herb!' Früher habe ich ihm ja recht gegeben, aber heute sehe ich das anders."

Herbs Frau glaubt beobachtet zu haben, daß er sich mit anderen Menschen besser versteht, seit er nicht mehr so viel arbeitet.

Herb stimmt ihr zu. „Und meine Eltern liegen mir ständig in den Ohren. Wenn ich nicht irgendein hohes Tier bin, ist für sie schon Weltuntergang. Sie waren total von der Rolle, als ich in der Firma aufgehört habe." Ich fühle mich erleichtert. Herb arbeitet sich zu seinem inneren Konflikt vor: hohes Tier gegen kleines Licht. Kein Wunder, daß er nicht mehr weiter weiß. Ich versuche es mit einer Gestalt-Übung.

Eva: Langsam verstehe ich, warum ihr vorhin so lange um den heißen Brei herumgeredet habt. Und mir wird auch klar, warum du eine Beurlaubung beantragt hast, anstatt ganz aufzuhören. So hältst du alles in der Schwebe: Du kannst die Entscheidung vor dir herschieben und brauchst dir nicht zu überlegen, was du eigentlich willst. Genauso, wie du auch uns vorhin hingehalten hast.

Herb: Ich frage mich wirklich, ob ich nicht einfach aus allem aussteigen soll. Vielleicht werde ich dann glücklich, ich weiß es nicht.

E: Hättest du Lust auf ein Gespräch zwischen Herb jetzt und Herb dem Aussteiger? (Er sitzt auf einem Kissen, den Rücken an die Wand gelehnt. Ich werfe ihm noch ein zweites, großes Kissen zu.) Herb, der Aussteiger, sitzt dir auf dem anderen Kissen gegenüber. Was habt ihr euch zu sagen?

H: Junge, Junge... (lächelt, schüttelt den Kopf) du machst mir ganz schön zu schaffen! Du bist stark, ich weiß nicht, was ich machen soll.

E: Tausch mit ihm den Platz und laß ihn antworten (Herb setzt sich auf das andere Kissen).

Aussteiger: Du hast Angst. Aber die ist überflüssig, und das weißt du auch. Wozu denn der ganze Quatsch? Spiel doch einfach nicht mehr mit, sei doch einfach nur noch du selbst!

Herb: Gut und schön, aber du erzählst mir ja nur, was ich nicht tun soll. Ich spiele also nicht mehr mit – und dann?

A: Ja, und dann?... (Herb dreht sich um zur Gruppe:) Ich habe Angst, wirklich Angst!

Eva: Woran merkst du, daß du Angst hast?

H: Ich kann nicht richtig durchatmen... ich zittere... Ich glaube, dahinter steckt mehr als nur eine berufliche Krise.

Er hat wirklich Angst. Ich spüre es deutlich, und andere in der Gruppe auch. Manche rutschen unruhig auf ihren Stühlen herum. Ich bin aufgedreht; ich weiß zwar nicht, was uns erwartet, aber ich bin mir sicher, daß es wichtig ist. Hoffentlich kann ich damit umgehen. Ich darf ihn jetzt nicht lenken; ich muß ihn mitnehmen, wohin er auch gehen will, ihn führen, ohne die Richtung zu bestimmen. Das ist gar nicht so einfach, solange er so ängstlich aussieht.

Eva: Wo zitterst du?

Herb: Es ist eigentlich kein Zittern, mehr so eine Art Beben – am Oberkörper, an den Schultern, an den Armen. (Herb ist jetzt ganz auf sich selbst konzentriert und bemerkt offensichtlich die anderen gar nicht mehr.) Ich habe wirklich Angst!

E: Mach die Augen zu und versuche, in deine Angst hineinzuschauen. Laß eine Phantasielandschaft vor dir entstehen, ein Stimmungsbild.

H: Ich sehe etwas vorbeigleiten, wie ein Blatt im Wind.

E: Sei das Blatt. Erzähl uns, wo du bist, wie du aussiehst.

H: Ich bin frisch und grün, und der Wind spielt mit mir. Ich gleite hierhin und dorthin und lasse mich einfach treiben (lächelt). Es gefällt mir, so zu schweben... Nein, ich fürchte mich.

E: Wovor fürchtest du dich?

H: Ich habe Angst davor, auf den Boden zu fallen. Ich will nicht herunterfallen, nein, wirklich nicht! (Er lächelt und scheint ganz genau zu wissen, was er sagt – alles ist immer noch „in der Schwebe".)

E: Laß dich fallen. (Ich lächle zurück, aber ich weiß, daß ich jetzt von ihm etwas verlange, was ihm nicht leichtfallen wird.)

H: Ich will wirklich nicht! (lächelt immer noch) Also gut. Plötzlich trägt mich der Wind nicht mehr weiter, und ich falle auf den Boden. (Sein Gesichtsausdruck ändert sich; er sieht jetzt sehr ernst aus.)

Eva: Wohin bist du gefallen?

Herb: Ich liege auf der Erde, es gefällt mir ganz und gar nicht. Ich möchte wieder zurück auf den Baum und wieder anwachsen (seine Stimme zittert).

E: Wie geht es dir jetzt? Wie siehst du aus?

H: Braun und verschrumpelt (er zittert kaum merklich). Ich möchte jetzt aufhören (sieht mich dabei an).

Das ist sie, die „Todeszone", von der Fritz Perls sprach. Herb steckt mittendrin. Ich wüßte gern, ob die anderen denselben Eindruck haben wie ich: Herb scheint völlig erschüttert und weit, weit weg zu sein. Wie soll er da wieder herauskommen? Niemand versucht einzugreifen und Herb zurückzuholen. Mein Assistent spricht ihn an.

Assistent: Du bist noch nicht fertig. Du mußt noch einen Schritt weitergehen.

Herb: Wohin?

A: Unter die Erde.

H: Ich weiß, aber so weit bin ich noch nicht.

Eva: Wie fühlst du dich jetzt?

H: Kalt. Und sehr, sehr einsam.

E: Was macht dein Zittern?

H: Das ist vorbei. Ich bin jetzt ganz ruhig. Alles ist still in mir, still und ruhig.

Ich schaue von einem zum anderen. Einsamkeit, Ruhe, Stille –

Worte, die für jeden von uns so viel bedeuten. Man nimmt sie nicht so einfach hin, diese Worte. Ich möchte Herbs Einsamkeit jetzt nicht zerstören, aber ich möchte ihm helfen, seinen Kampf durchzustehen. Ich weiß immer noch nicht, wie er wieder zu uns zurückfinden soll.

Eva: Sprich mit deiner Stille!
Herb: Ich kenne dich, aber deine Zeit ist noch nicht gekommen.
Stille: Ich bin groß und weit. Ich bin hier und warte auf dich.
H: Ich weiß, aber ich bin noch nicht soweit. Es gibt noch so vieles, was ich gern tun möchte.

Herb sieht niemanden an. Er ist immer noch sehr allein. Ich frage ihn, ob er in die Gruppe zurückkommen und uns anschauen kann. Er tut es, aber ich merke, daß er noch keinen richtigen Zugang zu uns findet.

Während seiner Arbeit habe ich ab und zu nach seiner Frau gesehen; sie wirkte sehr betroffen. Jetzt hat sie sich zurückgelehnt; aus ihren Augen spricht eine tiefempfundene Zuneigung zu ihm. Ich fordere Herb auf, Anne anzusehen. Was dann kommt, ist einer der seltenen Momente wirklichen Verständnisses. Ein Moment des Vertrauens. Er sieht sie wirklich. Sie schaut ihn an, nimmt seine Hände, merkt, wie er ein kleines Stück zurückweicht, und zeigt ihm mit ihren Worten, daß sie seinen Konflikt verstanden hat und manchmal auch nachfühlen konnte. „Ich weiß, daß ich im Grunde allein bin, genau wie du.“ Alle ehelichen Versteckspiele werden erfunden, damit dieser Satz nicht ausgesprochen werden muß. Ein Satz, der eigentlich ein Paradoxon ist. Wo diese Erfahrung möglich wird, ist gegenseitiges Verständnis nicht mehr unerreichbar. Herb und Anne liegen sich in den Armen. Keiner von uns hält seine Tränen zurück. Ich fühle mich erleichtert, spüre aber auch eine gewisse Entfremdung. Die Arbeit ist zu Ende, aber ich habe meine eigenen Gefühle unterdrücken müssen.

Ich frage die anderen Teilnehmer nach ihren Eindrücken. Die meisten bekunden echte Betroffenheit – ausgelöst durch die Wahrnehmung ihrer eigenen Einsamkeit, durch Herbs und Annes tiefes gegenseitiges Verständnis und durch die Erkenntnis, daß wir letztlich doch alle ziemlich die gleichen Menschenleben leben. Einer sagt, er habe schon sehr früh den Faden verloren und sich dann mit seinen eigenen Gedanken beschäftigt. Auch das ist legitim.

Die Stellungnahmen aus der Gruppe helfen mir, zu meinen eigenen Gefühlen zurückzufinden. *Ich spüre, daß ich selbst tief bewegt bin; Tränen steigen mir in die Augen. Wir haben einen Abschluß erreicht – ein angenehmes Gefühl: die Arbeit war sinnvoll.*

Epilog

Als ich die in diesem Buch beschriebenen Techniken entwickelte, war die Situation der Psychotherapie eine andere als heute; vorherrschend war die psychoanalytische Sichtweise. Therapie galt im allgemeinen als ein Prozeß, der zwischen zwei Personen abläuft: zwischen einem Arzt und einem Patienten. Das wichtigste an diesem Prozeß war das Gespräch über die Lebensgeschichte des Patienten. Nur wenige Therapeuten, erklärte Außenseiter, wichen von diesem Modell ab, indem sie zum Beispiel mit Gruppentherapie und Psychodrama arbeiteten.

Die späten fünfziger und frühen sechziger Jahre sahen dann den Auftritt der Kritiker und Reformer. Sie kamen aus der Psychiatrie, der Sozialarbeit, der Soziologie und Psychologie – sämtlich Disziplinen, die von der Psychoanalyse beeinflußt waren und ihrerseits eigene Ansätze hervorgebracht hatten – und suchten nach neuen Wegen der Psychotherapie. Die Zeiten änderten sich, und mit ihnen die Symptome. Immer mehr Menschen zeigten Interesse an einer psychotherapeutischen Behandlung. Es ging dabei nicht so sehr um die Linderung wirklich krankhafter psychischer Symptome, wie zum Beispiel der hysterischen Paralyse, als vielmehr um eher verschwommene Vorstellungen von „verbesserter Leistungsfähigkeit" oder schlicht „Persönlichkeitsentfaltung". Die Therapiegruppe rückte in den Vordergrund, während das dyadische, ausschließlich verbale Therapiemodell allmählich den so lange behaupteten Vorrang einbüßte.

Fritz Perls, Virginia Satir, Don Jackson, Jay Haley und Stanley Keleman – um nur wenige Namen zu nennen – entwickelten neue Techniken, die das Moment der unmittelbaren Erfahrung betonten. John Bell, Virginia Satir und einige andere waren die ersten, die Paare und Familien zusammen behandelten und damit ein Tabu der traditionellen Psychiatrie brachen. Inzwischen wuchs auch der Einfluß Morenos, der bereits früher in New York das Psychodrama als Therapiemodell entwickelt hatte. Andere Therapeuten, darunter ich selbst, arbeiteten an ihren eigenen Methoden. Es war, als würden sich frische Quellen über eine verdorrte Landschaft ergießen. Die Wiederentdeckung des Psychodramas war eine dieser Quellen.

Die erfahrungsorientierte Wende erweiterte das Spektrum der Therapieverfahren. Zunehmend bediente sich die Psychotherapie auch anderer Disziplinen, die ihr neue Sichtweisen und Perspektiven erschließen konnten. Drama, Tanz, Kunst, Yoga, Zen, Pantomime, Aikido, Massage, Video-Feedback usw. wurden nach und nach in das therapeutische Repertoire eingegliedert. Und die Reformwelle schwoll weiter an. Obenauf schwammen viele Therapeuten – jetzt Gruppenmoderatoren, Trainingsleiter oder Berater genannt –, die zumeist in ihren jeweiligen Spezialgebieten hervorragend ausgebildet waren, im Hinblick auf klinische Kompetenz jedoch oft kaum mehr als Begeisterung und guten Willen aufzuweisen hatten. Ich stand ihnen mit gemischten Gefühlen gegenüber. Sie waren jung und engagiert und brachten neue Ansätze ein, die verkrustete Strukturen aufrissen und in Frage stellten. Waren sie aber auch gute Therapeuten? Hatten sie überhaupt eine Vorstellung von der Komplexität zwischenmenschlicher Beziehungen?

Die ersten Kritiker (ich selbst eingeschlossen) hatten die etablierten Traditionen, die sie attackierten, immer noch respektiert. Sie waren gut ausgebildete, verantwortungsbewußte und oft hoch angesehene Kliniker. Sie hatten allerdings nicht vorausgesehen, daß die Bereicherung und Popularisierung des therapeutischen Repertoires möglicherweise eine unerwünschte Folge haben würde: Das bewährte Fundament der klinischen Kompetenzen, über die jene Kritiker verfügten und auf die sie größten Wert legten, würde vielleicht bei anderen Therapeuten nicht mehr ohne weiteres vorauszusetzen sein.

Was verstehe ich nun unter „klinischen Kompetenzen"? Ich meine die Kenntnisse und Fertigkeiten, die uns festzustellen ermöglichen, wo Störungen vorliegen, und uns helfen, geeignete Gegenmaßnahmen zu finden. Klinische Kompetenzen sind die Grundlagen unserer Arbeit. Zu ihnen gehören, in jeder klinischen Situation, Sensitivität für die ablaufenden Prozesse, eine langfristig orientierte Vorstellung davon, was normal und was machbar ist, und die Fähigkeit, zum richtigen

Zeitpunkt die richtigen Worte zu wählen. Der kompetente Kliniker kennt seine Möglichkeiten und Grenzen und wird keinen Patienten annehmen, den zu behandeln er sich nicht ausreichend qualifiziert fühlt. Klinische Kompetenzen werden nicht im Schnellverfahren erworben. Man muß sich vielmehr jahrelang ganz dem intensiven Studium anderer Menschen widmen, sich mit ihren Entwicklungsrhythmen und Bewußtseinsprozessen und den Beziehungen zwischen beiden befassen – und das alles im Rahmen eines Ausbildungsprogramms unter der Betreuung und Anleitung eines erfahrenen Klinikers.

Als ich die ersten Seiten dieses Buches schrieb, wollte ich in erster Linie jenen verunsicherten Therapeuten – der alten Schule – Mut machen, die zwar liebend gern einige der neueren Techniken ausprobiert hätten, sich aber letztlich doch nicht dazu durchringen konnten. Sie wußten sehr viel und hatten oft schon eine erfolgreiche Praxis geführt, bevor sie als Studenten zu mir kamen in dem Gefühl, daß die erfahrungsorientierten Techniken ihnen helfen könnten, ihre Arbeit noch wirkungsvoller und reichhaltiger zu gestalten. Ich wollte (und will) ihnen helfen, ihre Zurückhaltung gegenüber neuen Therapieformen zu überwinden, und sie überzeugen, daß es eine prima Sache ist, Rollenspiele zu spielen, Tische und Stühle zu verrücken, aktiv und ungezwungen auf Erkundungsreise zu gehen.

Aufgrund der neueren Entwicklung der Psychotherapie ist mir noch ein anderes Anliegen besonders wichtig geworden. Ich möchte dem vielversprechenden Nachwuchs helfen, klinische Kompetenzen aufzubauen. Viele dieser jungen Therapeuten haben keine Scheu vor aktivierenden Techniken. Typisch für ihre Einstellung ist der Student, der gleich in seiner ersten Sitzung mit einer Familie Rollen tauschen, zwei Gruppen bilden (die eine kommentiert jeweils das Verhalten der anderen) oder Atem- und Entspannungsübungen durchführen läßt. Sein Repertoire an Techniken mag schier unerschöpflich sein – und dennoch gerät er in Schwierigkeiten. Ohne wissenschaftliche Schulung und ohne jahrelange Erfahrung aus erster Hand wird er kaum verstehen können, was in den von ihm so lebendig gestalteten Situationen wirklich vor sich geht. Er muß sich vorkommen wie ein Freizeitberater: Er kann alle möglichen Anregungen einbringen und die Situation ständig aktivieren; was ihm aber fehlt, sind Strategien, die der Familie helfen würden, jene Aktivitäten in einer Veränderungsperspektive zu integrieren. Er merkt, daß die Sitzung weder einen inneren Zusammenhang hat noch zu einem wirklichen Abschluß gelangt.

Ich hoffe, daß dieses Buch allen, die an der Verbesserung ihrer klinischen Kompetenzen arbeiten, eine kleine Hilfe ist. Die Diskussion allgemeinerer Konzepte – zum Beispiel in den Kapiteln über Doppelgänger, Abschlüsse oder Verweigerungen – sollte dem interessierten Kliniker helfen, seine Techniken in einen therapeutischen Gesamtzusammenhang einzuordnen, so daß die Erfahrungen, die er seinen Patienten ermöglicht, auch tatsächlich im Sinne ihrer Persönlichkeitsentfaltung wirksam werden können. In den letzten zehn Jahren hat der psychodramatische Ansatz zunehmende Verbreitung gefunden. Er ermöglicht Patienten, Therapeuten und anderen am Behandlungsprozeß beteiligten Personen in vielfacher Hinsicht reichhaltigere, anregendere und unmittelbarere Erfahrungen. Vielleicht kann ja auch dieses Buch ein wenig dazu beitragen, daß in Zukunft noch mehr mit dem Psychodrama gearbeitet wird. Ich würde mich freuen.

Eva Leveton, Juni 1976

Seit ich diese Worte schrieb, habe ich gelernt, daß die Psychotherapie zyklischen Veränderungen unterliegt. Die Phase, die von Phantasie und Imagination bestimmt war, wurde abgelöst von einer Zeit, in der angehende Therapeuten ängstlich die „richtige" Prozedur lernen, weil sie die Gefahr des Eklektizismus fürchten. Schließlich reflektiert Therapie die Werte der Gesellschaft, in der sie betrieben wird. Solange Psychotherapie sowohl als eine Kunst als auch als eine Wissenschaft betrachtet wird, wird es Menschen geben, die daran interessiert sind, mit Hilfe aktiver dramatischer Techniken Heilung zu bewirken. Für sie ist dieses Buch bestimmt.

Eva Leveton, Frühjahr 1991

Glossar

Die im folgenden erläuterten Begriffe werden dem Leser zum großen Teil durchaus geläufig sein. Ich habe allerdings auf die Erwähnung der herkömmlichen Bedeutungen verzichtet – sie sind in jedem Handbuch nachzuschlagen – und statt dessen versucht, einen Überblick über die im Psychodrama, in der erfahrungsorientierten Therapie und in der Theatersprache üblichen Besonderheiten des Wortgebrauchs zu geben. Außerdem möchte ich dem Leser wenigstens in Form stichwortartiger Steckbriefe einige Autoren vorstellen, deren Arbeiten ich zahlreiche wertvolle Anregungen verdanke.

AUFLÖSUNG: Das Psychodrama gelangt zur Auflösung, wenn die innere Anspannung der Teilnehmer nachläßt und gleichzeitig neue Gesichtspunkte, Problemlösungen oder Einsichten gewonnen werden.

BERNE, Eric: Autor der Bücher „Transactional Analysis in Psychotherapy" und „Games People Play" (dt. „Spiele der Erwachsenen"); Begründer der Transaktionsanalyse, d. i. eines individual- und gruppendynamischen Ansatzes, der sich hauptsächlich der Gruppentherapie und „Spielanalyse" als Behandlungsmethoden bedient.

BRÜCKE heißt die Verbindung, die der Gruppenleiter zwischen den verschiedenen Szenen eines Psychodramas und den vorangehenden bzw. sich anschließenden Diskussionen herzustellen versucht.

BÜHNE ist hier jede beliebige Aktionsfläche, die für ein Psychodrama zur Verfügung steht.

DEMONSTRIEREN heißt vorführen, wie eine bestimmte Rolle gespielt oder ein Rollenspiel kommentiert werden könnte, was Spontaneität bedeutet usw. Dies ist eine wichtige Aufgabe des Gruppenleiters im Psychodrama.

DISTANZIERUNG bedeutet hier zweierlei:

1. abweisendes Verhalten gegenüber anderen Personen, Schaffung „psychischer Distanz";

2. Plazierung einer anderen Person in einem räumlichen Abstand, der die subjektive Einschätzung der Beziehung ausdrückt.

DOPPELGÄNGER: Ein Mitspieler, der einen anderen Teil der Persönlichkeit des Protagonisten personifiziert.

DRAMATHERAPIE: Eine Therapierichtung, die in den 80er Jahren entwickelt wurde. Sie verwendet Techniken aus Drama und Theater, um emotionale Reife und individuelle Veränderungen zu fördern.

EINSTIEG in ein Psychodrama: als „Anwärmphase" entscheidend für Beteiligung und Spontaneität; außerdem zusätzliche Informationsgrundlage für die weitere Arbeit.

ENCOUNTER: psychotherapeutischer Ansatz; beruht im Kern auf einem Dialog, der von jedem Partner verlangt, das Verhalten des anderen offen und ehrlich zu kommentieren.

ERFAHRUNGSORIENTIERT sind Therapieformen, die den Beteiligten aktive Mitwirkung und daher neue (Selbst-)Erfahrungen ermöglichen – im Gegensatz zur eher analytischen, „gesprächszentrierten" Therapie.

ERICKSON, Milton H.: Hypnotherapeut, der die klinische Hypnose weiterentwickelte, indem er Metaphern und Geschichten einsetzte. Die Patienten arbeiten an ihren Problemen, während sie sich in einem Zustand der Entspannung befinden.

ESALEN: Thermalbad und Ausbildungszentrum in Big Sur/Kalifornien. Fritz Perls und Virginia Satir waren dort lange Zeit als hauptamtliche Lehrkräfte tätig.

GESTALT: Zentralbegriff eines von Fritz Perls entwickelten psychiatrischen Ansatzes, der von der Annahme ausgeht, daß der Mensch unbewältigte psychische Vorgänge grundsätzlich zum Abschluß bringen möchte, um nicht endlos Gefangener derselben Denkfiguren zu bleiben – so wie ein hungriger Mensch ständig neue Tischlein-deck-dich-Phantasien hervorbringt, bis sein Hunger gestillt ist.

GRUPPENLEITER ist verantwortlich für die gesamte Psychodrama-Gruppe; jede Gruppe hat nur einen Leiter, möglicherweise aber mehrere „Regisseure" (für verschiedene Szenen).

HALEY, Jay: Mitglied der ursprünglichen Mental-Research-Institute-Gruppe, die über System- und Kommunikationstheorie arbeitete und das Double-Bind-Konzept entwickelte; jetzt Direktor des Family Therapy Institute in Washington, D. C.; Autor von „Uncommon Therapy" und „Problem-Solving Therapy".

JACKSON, Don: Mitglied der ursprünglichen M.-R.-I.-Gruppe (vgl. unter Haley, Jay); Herausgeber einer Zusammenfassung der Arbeiten dieser Gruppe: „Human Communication" (2 Bde.).

KATHARSIS: Entladung emotionaler Spannung im Psychodrama; in einer bestimmten Szene zum Beispiel als plötzlicher Ausbruch bislang unterdrückter Wut oder Trauer.

KELEMAN, Stanley: Dozent für Bioenergetik (Lehre von den Wechselbeziehungen zwischen körperlichen und psychischen Prozessen); Therapeut und Autor von „Living Your Dying" (dt. „Lebe dein Sterben").

KÖRPERERFAHRUNG: therapeutische Technik, die ein besseres Verständnis für unseren Körper und seine fünf Sinne vermitteln soll.

KONFLIKT: Das Spannungsfeld gegenläufiger Kräfte ist der Kern des Psychodramas. Aus den beiden Seiten eines inter- oder intrapersonalen Konflikts ergibt sich die für ein Psychodrama unentbehrliche dialogische Struktur.

KORN, Richard: Psychotherapeut in Berkeley/Kalifornien, arbeitet mit psychodramatischen Techniken; Direktor am Berkeley Institute for Training in Psychodrama; Ausbildung bei J. L. Moreno.

LEWIN, Kurt: Begründer der Feld-Theorie, d. i. eines sozialpsychologischen Ansatzes, der davon ausgeht, daß eine spezifische Situation nur unter Berücksichtigung des Kontextes angemessen zu verstehen ist.

MITSPIELER: Nach Moreno sind dies die Personen, meist seine

Mitarbeiter, die den Protagonisten unterstützen sollen, indem sie Rollen in dessen Drama übernehmen. Ich verwende diesen Begriff für jede Person, Mitarbeiter oder Gruppenmitglied, die im Drama des Protagonisten mitspielt.

MORENO, J. L. begründete das Psychodrama als psychiatrische Theorie und als pädagogische bzw. psychotherapeutische Methode; Autor von „Psychodrama" (3 Bde.).

MORENO, Zerka: Psychodramatikerin und Co-Autorin von J. L. Moreno bei „Psychodrama" Teil 2 und 3 sowie Herausgeberin zusammen mit J. L Moreno, A. Friedemann und R. Battegar von „The International Handbook of Group Therapy".

PATIENT ist, wer so sehr leidet, daß er bereit ist, für die Dienste eines anderen, der Linderung verspricht, zu bezahlen.

PERLS, Fritz: Begründer der Gestalttherapie. Autor von „Ego, Hunger and Aggression" (dt. „Das Ich, der Hunger und die Aggression"); „Gestalt Therapy" (mit Ralph Hefferline und Paul Goodman; dt., 2 Bde: „Gestalt-Therapie. Wiederbelebung des Selbst" und „Gestalt-Therapie. Lebensfreude und Persönlichkeitsentfaltung"); „Gestalt Therapy Verbatim" (dt. „Gestalt-Therapie in Aktion"); „The Gestalt Approach: Eyewitness to Therapy" und „In and Out the Garbage Pail".

PHANTASIE: Jedes Rollenspiel erfordert Phantasie; der Begriff bezieht sich hier aber in erster Linie auf Bereiche außerhalb der realen Lebenswelt des Rollenspielers. Eine Phantasierolle kann zum Beispiel in einem anderen Land, in einem anderen Lebensabschnitt oder auch in Träumen spielen; man kann sich in ein Tier, einen Felsen, einen viel reicheren oder viel ärmeren Menschen verwandeln usw.

PORTRÄTIEREN meint hier den Versuch eines Rollenspielers, bestimmte Charakterzüge einer anderen Person darzustellen.

PROTAGONIST: Hauptfigur im Psychodrama.

PROZESS bedeutet „Vorgehensweise"; wenn vom „psychodramatischen Prozeß" oder von der „Vorgehensweise des Gruppenleiters" gesprochen wird, dann um zu beschreiben, w i e das Psychodrama sich entwickelt, w i e der Gruppenleiter bestimmte Entscheidungen trifft usw.

PSYCHODRAMA: Der Begriff wurde von Moreno eingeführt, wird hier aber in einem weiteren Sinn benutzt und umfaßt dann alle Rollenspiele, die geeignet sind, zur Selbsterfahrung und/oder Persönlichkeitsentfaltung beizutragen.

RATIONALISIERUNG: psychischer Abwehrmechanismus – die emotionale Sprengkraft einer bestimmten Situation wird durch Überbetonung kognitiver Analysen entschärft; in Psychodrama-Gruppen, besonders während der Diskussionsphasen, häufige Ausweichstrategie.

REGISSEUR ist verantwortlich für ein Einzel-Psychodrama (einer Gruppe können mehrere Regisseure angehören, die sich in der Leitung der einzelnen Psychodramen abwechseln).

ROLLENSPIELEN heißt, an einem Psychodrama teilnehmen. Rollenspiel darf nicht mit Schauspiel verwechselt werden. Rollenspiel ist eine spontane Aktivität, deren Gelingen einzig abhängt von der Fähigkeit des Individuums, sich auf die Rolle einzustellen, die sich aus seinen Reaktionen auf die anderen Teilnehmer entwickelt. Schauspiel basiert zwar auch auf Rollenspiel, erfordert aber darüber hinaus eine umfassende Ausbildung, die den Absolventen befähigt, Manuskripte und Drehbücher auswendig zu lernen, bühnen- bzw. filmreif zu spielen und bestimmte Darstellungen beliebig oft bis ins Detail zu wiederholen.

ROLLENTAUSCH findet statt, wenn zwei Rollenspieler miteinander den Part wechseln, wenn also zum Beispiel in einem Vater/Sohn-Dialog der Vater den Sohn und der Sohn den Vater spielt. Eine hervorragende Erörterung des Rollentausches finden Sie in Adam Blatners „Acting-In. Practical Applications of Psychodramatic Methods" (New York; Springer, 1996).

SATIR, Virginia: Autorin von „Conjoint Family Therapy" (dt. „Familienbehandlung") und „People Making". Die Entwicklung der Familientherapie und der erfahrungsorientierten Techniken verdankt ihr entscheidende Impulse.

SATIRE: hier Oberbegriff für Ironie und Humor als psychodramatische Kontrastmittel, d. i. als Hilfen zum Perspektivenwechsel.

SCHAUSPIEL: besondere Kunstform, die vorzugsweise in Theaterstücken oder Filmen ihren Ausdruck findet. Schauspiel wird oft mit Rollenspiel verwechselt, obwohl letzteres nur einen kleinen Teil der Schauspielkunst ausmacht, die darüber hinaus Mimik, Stimmvariation, Körperbewegung, Charakterdarstellung und zahlreiche andere Sparten umfaßt.

SELBSTKONTROLLE ist (hier) die Fähigkeit eines Individuums, seine Gefühle zu beherrschen. Der Gruppenleiter muß beachten, daß das Psychodrama die Selbstkontrolle gefährden und unvorhergesehene Tränen- oder Wutausbrüche hervorrufen kann.

SKULPTUR: erfahrungsorientierte Technik – der „Bildhauer" „modelliert" die Körperhaltung eines oder mehrerer anderen/r Teilnehmer(s) so, daß eine bestimmte emotionale Beziehung zum Ausdruck kommt.

SOZIODRAMA: von Moreno eingeführte Bezeichnung für szenische Darstellungen, die sich auf Probleme der Gesamtgruppe – zum Beispiel Konflikte zwischen Teilnehmern verschiedener Hautfarbe – beziehen.

SOZIOGRAMM: psychodramatische Technik – einer der Beteiligten gruppiert die anderen um sich herum als Stellvertreter der für ihn wichtigsten Bezugspersonen; die räumliche Distanz entspricht dabei der Art der jeweils dargestellten Beziehung.

SPIEGELN: Eine Technik im Psychodrama, bei der ein Mitspieler den Protagonisten imitiert, um einen Aspekt seines Verhaltens zu zeigen, dessen sich der Protagonist nicht bewußt ist.

STANISLAVSKIJ, Konstantin: Begründer einer (Moskauer) Schauspielschule, die die persönliche Erfahrung und Sinninterpretation des Schauspielers in den Mittelpunkt stellt, woraus sich das Prinzip der „methodischen Darstellung" ableitet. Viele der von Stanislavskij entwickelten Übungen sind auch für die psychodramatische Arbeit von Bedeutung; Autor von „Die Arbeit des Schauspielers an der Rolle" und „Mein Leben in der Kunst".

STIL: individuelle Arbeitsweise; die für einen bestimmten Gruppenleiter charakteristische Art des Vorgehens.

STRATEGIE: von einem Gruppenleiter oder einem Regisseur zu einem spezifischen Zweck ausgearbeiteter Plan für ein bestimmtes Psychodrama.

SZENE: in sich geschlossene psychodramatische Situation mit gleichbleibender Rollenverteilung. Es ist oft sinnvoll, ein Psychodrama in mehrere, nach unterschiedlichen Zwecken gestaltete Szenen zu unterteilen.

TELE(-pathie): Moreno prägte diesen Begriff, um die Dynamik von Anziehung und Abstoßung zwischen den Gruppenmitgliedern zu beschreiben. Die Gruppen-„Tele" bestimmt die Präferenzen der Teilnehmer untereinander.

VERWEIGERUNG: psychische Abwehrhaltung, mit dem sich eine Person gegen die Gefahren durch Veränderungen schützt, indem sie sich weigert zu kooperieren oder auf andere Weise die Ziele des Leiters sabotiert.

WACHRUFEN VON KINDHEITSRINNERUNGEN (auch bezeichnet als Altersregression): die lebhafte, bis ins einzelne gehende Erinnerung an Kindheitserfahrungen, die ansonsten verschüttet sind.

WAGNIS: eine Erkundungsreise in die unbekannten Bereiche der Psyche ist für jeden Teilnehmer ein Wagnis.

ZAUBERLADEN: psychodramatische Technik – menschliche Eigenschaften stehen zum An- und Verkauf und werden dabei unter die Lupe genommen.

Literatur

BANDLER, R./GRINDER, J., The Structure of Magic. Palo Alto, Calif., 1975 (dt. Die Struktur der Magie, 2 Bde. Paderborn: Junfermann, 1981/82).

BLATNER, A., Acting-In. Practical Applications of Psychodramatic Methods. New York: Springer, 1996.

BLATNER, A./BLATNER, A., Foundations of Psychodrama, History, and Practice. New York: Springer, 1988.

EMUNAH, R., Drama Therapy with Adult Psychiatric Patients, in: The Arts in Psychotherapy, 10, 1983, S. 77-84.

EMUNAH, R., Acting for Real: Drama Therapy Process and Technique. New York: Brunner/Mazel, 1994.

FAGAN, J./SHEPHERD, I. (Eds.), Gestalt Therapy Now. Palo Alto, Calif.: Science and Behavior Books, 1970.

FOX, J., The Essential Moreno: Writings on Psychodrama, Group Method, and Spontaneity. New York: Springer, 1988 (dt. Psychodrama und Soziometrie. Schriften zu Psychodrama, Gruppenmethode und Spontaneität. Köln: Edition Humanistische Psychologie, 1989).

GREER, V. J./SACKS, J. N., Bibliography of Psychodrama (1920-1972).

HALEY, J., Conversations with Milton H. Erickson, M. D. (3 Bde.). Triangle Press, 1985.

MORENO, J. L., Psychodrama, Vol. 1. Beacon.: Beacon House, 7. Auflage 1985.

MORENO, J. L., The Theatre of Spontaneity. Beacon: Beacon House, 1983.

MORENO, J. L., Psychodrama: Action Therapy and Principles of

Practice, Vol. 3. Beacon: Beacon House, 1969.

MORENO, J. L./MORENO, Z., Psychodrama Vol. 2. Beacon: Beacon House, 1959.

PERLS, F., The Gestalt Approach & Eyewitness to Therapy. Palo Alto: Science and Behavior Books, 1981.

PERLS, F., Gestalt Therapy Verbatim. Mansfield.: Gestalt Journal Press, 1992 (dt. Gestalt-Therapie in Aktion. Stuttgart: Klett-Cotta, 1996).

PERLS, F./HEFFERLINE, R./GOODMAN, P., Gestalt Therapy. New York: Brunner Mazel, 1973 (dt. Gestalt-Therapie, 2 Bde. Stuttgart: Klett-Cotta, 1992/94).

ROLFE, B., Behind the Mask, Persona Books, 1977.

SPOLIN, V., Improvisation for the Theatre. Chicago: Northwestern University Press, 1996 (bietet eine Fülle von Anregungen für den Einstieg; dt. Improvisationstechniken für Pädagogik, Therapie und Theater. Paderborn: Junfermann, 1993).

WINNICOTT, D. W., Playing and Reality. New York: Routledge, 1982.

WINNICOTT, D. W., Home Is Where We Start From: Essays by a Psychoanalyst. New York: W. W. Norton, 1990 (dt. Der Anfang ist unsere Heimat. Stuttgart: Klett-Cotta, 1990).

Die Autorin

Eva Leveton ist Familientherapeutin und eines der Gründungsmitglieder des Family Therapy Center in San Francisco. In den letzten 25 Jahren betrieb sie eine Privatpraxis in Marin und in San Francisco und führte in den USA und Europa Kurse in Familientherapie, Einzeltherapie sowie Psychodrama durch.

Als Expertin auf dem Gebiet der erfahrungsbezogenen Techniken veröffentlichte sie zwei Bücher: „Adolescent Crisis, Approaches to Family Therapy" und „A Clinician's Guide to Psychodrama", beide Bücher erschienen 1984 bzw. 1992 bei Springer Publishing.

In Zusammenarbeit mit ihrem Mann, Alan Leveton, drehte sie einen fünfstündigen Lehrfilm über Familientherapie: „Children in Trouble; Families in Crisis." Außerdem unterrichtet sie Psychodrama am California Institute of Cultural Integration und leitet Seminare in Clinical Practicum Case am Drama Therapy Department.

Psychotherapie

iskopress

Fanita English
Transaktionsanalyse
**Gefühle und Ersatzgefühle
in Beziehungen**
252 Seiten, Paperback
ISBN 3-89403-423-8

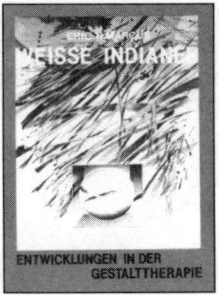

Eric Marcus
Weiße Indianer
Entwicklungen in der Gestalttherapie
200 Seiten, Paperback
ISBN 3-921648-44-0

Joseph E. Shorr
Psychoimagination
Phantasie als therapeutische Technik
214 Seiten, Paperback
ISBN 3-921648-38-6

Neue Perspektiven